—徐井宏　张红敏 主编—

共 赢
——国内外科技金融案例研究

A case study of
domestic and foreign science
and technology finance

清华大学出版社
北 京

内 容 简 介

　　《共赢》一书以科技与金融的互融共赢为核心，分国际篇、国内篇和清华产业篇三大产业篇章进行了系统探讨，提供了丰富翔实的案例。国际、国内两篇均以科技金融政策开宗明义，着重介绍了风险投资、科技银行以及股权众筹、互联网银行等科技金融的创新案例，论述了企业或行业的先行者在科技金融模式上的探索之路。清华产业显然是科技金融共赢关系最合时宜的中国案例，30年的科技金融探索之路，使得清华产业实现了跨越式发展。

　　这本书的适用范围很广，既可以为政府相关部门的决策提供借鉴，也可以供高等院校和科研院所的研究参考，亦能成为普通读者用以了解科技金融的趣味性读物。

图书在版编目（CIP）数据

　共赢：国内外科技金融案例研究/徐井宏，张红敏主编．—北京：清华大学出版社，2017
　ISBN 978-7-302-46165-4

　Ⅰ．①共…　Ⅱ．①徐…②张…　Ⅲ．①高技术企业－企业融资－案例－研究　Ⅳ．①F276.44

　　中国版本图书馆 CIP 数据核字（2017）第 013927 号

责任编辑：刘志彬
封面设计：汉风唐韵
责任校对：宋玉莲
责任印制：沈　露

出版发行：清华大学出版社
　　　　　网　　　址：http://www.tup.com.cn，http://www.wqbook.com
　　　　　地　　　址：北京清华大学学研大厦 A 座　　　　　邮　　编：100084
　　　　　社 总 机：010-62770175　　　　　　　　　　　　邮　　购：010-62786544
　　　　　投稿与读者服务：010-62776969，c-service@tup.tsinghua.edu.cn
　　　　　质量反馈：010-62772015，zhiliang@tup.tsinghua.edu.cn
印 装 者：北京密云胶印厂
经　　销：全国新华书店
开　　本：185mm×260mm　　　　印　　张：14.75　　字　　数：253 千字
版　　次：2017 年 3 月第 1 版　　　　　　　　　　　　　印　　次：2017 年 3 月第 1 次印刷
印　　数：1～4000
定　　价：59.00 元

产品编号：072991-01

科技金融编委名单

序

当前，中国经济正处于一个寻求突破的关键时刻。

中国能否顺利迈入发达国家的门槛，就看未来这十年。

同全球大国中领先的经济体美国相比，中国目前的人均 GDP 仅为其 20％左右。由此可见，中国赶超的空间是巨大的。

中国实现赶超的关键是创新，也唯有创新方能以一持万，为中国的发展再立新功。为此，中国政府和领导人反复提出，要建立创新型国家。

创新的两个关键要素是科技和金融。科技是创新的基础和源泉。金融的运作将科技加速转换为生产力，是创新的催化剂。

他山之石，可以攻玉。在这方面，中国必须虚心的借鉴并吃透世界上最先进国家的体制和经验，取长补短将其转换成适合中国的养分，并最终创立中国自己的科技和金融体制。

《共赢》这本书，恰恰是抓住了科技与金融这两个关键词，并将之与创新有机的结合在一起，为当前如火如荼的中国创新大潮提供了一个可读性、全面性极强的工具箱。

《共赢》第一部分的重点在于借鉴。美国能成为世界上人口在 1 000 万以上的大国中人均发展水平最高的国家，这并不是偶然的，最根本的原因就是创新。硅谷和华尔街的跨界合作，催生了一大批创新类的企业。因此，该部分重点的介绍了近几十年以来，美国在科技金融方面最重要的创新。该部分既分析了美国国会和白宫为此做出探索并制定的各类法案和各项政策，也谈到了美国在金融领域的重大创新。此外，此部分还专门举出了美国几个极具代表性的金融创新案例，包括红杉资本、硅谷银行、《乔布斯法案》等等。这些都是最值得中国借鉴的国外先进经验。

《共赢》第二部分的重点在于现状。这部分紧密结合当前中国科技金融创新的现状，谈到了中国在这方面一系列的最新动态。该部分的介绍既突显了目前中国在科技金融创新领域的一些闪光点，比如说中国国内互联网金融的迅速崛起；也分析了一些不成熟的地方，比如中国国内的金融生态还有待提升。《共赢》一书在对这些现状、问题进行详尽描述、深入分析的基础上，同样对中国科技金融创新的未来发展进行了展望。

　　《共赢》第三部分的重点在于实践。这部分专门讲到了清华产业科技金融创新的一些最新成果，并非常详尽地为读者剖析了清华产业科技金融创新的最新实践。清华产业背靠科技领域具有创新优势的清华大学，目前在金融领域也有很多前沿的探索。在当前中国科技金融创新的发展阪上走丸、蔚为大观之际，《共赢》一书一定会为国内外科技金融创新带来进一步的提升。

　　清华控股的徐井宏先生是我在清华大学 1980 级的同年级校友。井宏先生既有清华学子务实、严谨之作风，亦拥有胸怀天下的博大情怀。在井宏先生的掌控下，清华控股已经成为国内乃至于世界范围内，高校科技企业的重要典范。井宏先生为这本书倾注了大量的心血，著作期间多次与我交流，相谈甚欢。此书初稿初成之际，我仔细地进行了阅读，真心地认为井宏先生为中国的科技金融创新做了一件大好事。我相信，《共赢》一书将成为中国科技金融创新的宝典、成为相关行业政策制定者以及从业人员的案头必备之书，将直接推进中国科技金融创新的进程，在此我特别祝贺我的老同学井宏先生大作付梓！

李稻葵

2016 年 12 月

前 言

为科技插上腾飞的翅膀：科技与金融共赢之路

《共赢》一书终于能够与读者见面了，本书内容主要是关于科技与金融的关系。

书名中的共赢，正是这种关系的写照。共赢是近几年商业领域的一大热词，但实际上，早在150多年前，达尔文在生物进化论中就提出共赢是生态圈中的基本特征；1964年，美国经济学家第一次将生态进化理论应用于商业发展中。

作为一种生态逻辑，无论是在自然界还是在商业世界，共赢都是生态系统进化中的最优选择。具体到科技与金融，在科技推动社会进步的过程中，与资本共赢这个生态逻辑同样得到了印证。

从人类近现代史上的三次工业革命中，不难发现两者的"正相关"关联。每场工业革命，都以一次科技跨越式发展为起点，进而带动商业组织形态的变化，这种变化对于资本也提出新要求，即带动金融业的变革，而金融创新反过来又成为商业和科技进步的催化剂。

科技与金融的互相作用一直保持到今日。用一句话来总结这种状态，就是经济和社会的发展源于科技、成于资本。如果把整个社会比喻成一辆汽车的话，那么科技就是汽车的发动机，资本则是汽油，在引擎全速转动下，需要更多汽油供应，才能实现车辆正常运转。

阅读本书你会发现，这种逻辑不仅在三次工业革命进程中都得到了验证，而且未来将发挥更为重要的作用：技术的更迭越发频繁，科技与金融走上良好的互动共赢之路的需求也越加迫切。

一、三次产业革命与金融创新的交融共赢

科学技术是第一生产力，这句话从第一次产业革命就体现出其真理性。18世纪60

年代,以棉纺织业的技术革新为始揭开了工业革命的序幕,以1785年瓦特蒸汽机的发明和广泛使用为枢纽,人类社会由此进入了"蒸汽时代"。

蒸汽机成为社会发展的新引擎。这次技术革命使大规模生产成为可能,商业上,人类开始大规模告别手工作坊,以工厂制取而代之;社会中,大量的农民离开土地,工业资产阶级和工业无产阶级形成和壮大起来。

生产规模化带来了对资本的规模化需求,具体体现在第一次工业革命中金融业的兴起和发展。

在工业革命之前,1602年荷兰联合东印度公司成立,这是世界上第一个股份公司,通过向全社会融资的方式,东印度公司成功地将分散的社会财富,变成了自己对外扩张的资本。1609年阿姆斯特丹证券交易所(Amsterdam Stock Exchange, AEX)在荷兰阿姆斯特丹诞生,成为世界历史上第一个股票交易所。第一家可上市交易股份公司正是荷兰东印度联合公司。

而1765年英格兰银行的创建被认为是一场金融革命。在第一次工业革命中,英格兰银行逐步发展成为现代中央银行,奠定了现代金融体系的制度基础。到1825年,英国已经建立700多家银行,构建了全国普及的银行体系,这个体系将居民储蓄的每一个先令有效地转移给了工业的发展。

1817年成立的美国纽约证券交易所由经纪人按照粗糙的《梧桐树协议》建立起来并开始营运。而随着美国西部大开发,铁路建设得到了快速发展,1830年诞生了第一只铁路股票。

第二次工业革命,以1882年美国科学家爱迪生建立了美国第一个火力发电站为代表,人类历史从"蒸汽时代"跨入到"电气时代"。

和第一次工业革命相比,电气时代无论是技术还是商业的变化都大大得到加速。

1866年,德国人西门子制成了发电机;1876年,定居美国波士顿的苏格兰人贝尔试通电话成功;1893年,德国人本茨发明了以内燃机为动力的四轮车,之后宝马、大众汽车成立,标志着现代汽车工业的开始。

这个时代,不仅商业组织形态发生了新的变化,资本推手的作用也更为明显。随着第二次工业革命的到来,社会生产更加集中和规模化,垄断组织卡特尔、辛迪加等相继形成。1895—1904年,在美国发生了第一次合并收购的浪潮,大工业家和金融家联合起来形成了工业托拉斯。

金融业本身也随之蓬勃发展。从19世纪的后期开始,铁路、制造业和矿业都有巨大的融资需求，企业纷纷发行股票，纽约证券交易所的股票市场成为美国证券市场的重要组成部分。1896 年道琼斯指数成立，此时，股票市场上股价波动不仅对借款者、投资者和那些在证券市场工作的人员意义重大，而且成为美国经济发展状况和活力的晴雨表。

其中最值得一提的是投资银行的出现，成为第二次工业革命中最重要的金融制度安排。在美国，随着二次工业革命带来经济结构改变，企业需要筹集巨额资金，而当时的美国银行体系无力提供规模化工业生产所需要的资金。投资银行提供的股票及债券发行、企业兼并重组、项目融资等业务应运而生，而后来的投资银行巨头，也正是从那时起步。其中摩根大通于 1871 年成立，雷曼兄弟在 1889 年开始承销股票，而成立于 1861 年的高盛在此阶段开始高速发展。

第三次工业革命开启于 20 世纪四五十年代，以原子能、电子计算机、空间技术和生物工程的发明和应用为主要标志。与前两次工业革命相比，第三次工业革命带来了速度革命，正如著名的"摩尔定律"所总结的，信息技术以每 18～24 个月就翻倍的速度在进步。这同时大大刺激了商业和金融创新的发展。

重温一下过去几十年来的"摩尔速度"。

1945 年，第一部电子计算机投入使用；

1968 年英特尔公司成立，后来发展成为全球最大的半导体芯片制造商；

1973 年，摩托罗拉推出 DynaTAC，现代手机开始发展；

1975 年，比尔·盖茨与保罗·艾伦创办微软；

1976 年，史蒂夫·乔布斯、沃兹尼亚克和韦恩三人创立了苹果公司；

1984 年 12 月，提供"多协议路由器"的联网设备的思科系统公司成立。

在这个过程中，第三次工业革命下通信技术的快速发展，极大地推动了人类社会经济、政治、文化领域的变革，社会生产的组织方式发生了转变，其首要表现是跨国公司的迅猛发展，目前跨国公司的生产总量已占全球生产总量的 1/3；其次是初创科技企业快速发展成为经济社会的重要力量，初创公司成长为行业巨头的时间比此前大大缩短。

第三次工业革命下的金融变革也更为剧烈。首先，全球化公司运营需要全球化的金融组织的支持。1945 年，国际货币基金组织和世界银行成立；1947 年，关税与贸易总协定成立，并于 1995 年改组成世界贸易组织。这三大机构分别活跃于国际货币、国际信贷和国际贸易领域，成为协调国际经济关系的重要机构。

创业经济则带动了丰富的金融服务创新。科技进步创造的财富,激发了个人对早期创业公司的投入,各国政府也发现了科技对经济的促进作用,通过放宽资金进入和设立面向中小企业的投资、风险投资和面向中小企业的资本市场更成为激发第三次技术创新的重要途径。

1945 年,英国诞生了全欧洲第一家风险投资公司——工商金融公司;

1946 年,美国哈佛大学教授乔治·多威特、波士顿美联储的拉福富兰德斯和一批新英格兰地区的企业家成立了第一家具有现代意义的风险投资公司——美国研究发展公司(AR&D);

1953 年,美国国会通过《小企业法案》,创立了小企业管理局(SBA),后又创建了小企业投资公司(SBIC 和 MESBIC);

1971 年,美国建立面向尚未赢利的中小企业的资本市场——Nasdaq;

1972 年,唐·瓦伦丁创办红杉资金(Sequoia)风险投资公司,迄今投资了超过 350 家新科技公司;

1978 年美国为了促进经济恢复进一步放宽了养老基金对风险投资的限制,美国劳工部的《雇员退休收入保障法》规定,允许养老基金有条件地介入创业投资事业;

1991 年的创业投资支持的高科技企业挂牌上市,又掀起了新一轮的高技术浪潮和创业投资大发展。

二、互联网时代的产业发展

除了三次工业革命,对人类社会影响最深的技术之一——互联网,带来了更多科技与金融的互动。

和前三次工业革命情况不同,中国经济完美的融入互联网浪潮中。1989 年互联网出现,仅 6 年后的 1995 年 5 月,中国第一家互联网公司瀛海威正式成立。自此中国经济发展打上了互联网烙印。

互联网时代,科技以更强劲的动力继续改变社会。首先,行业格局更为脆弱。特别是在"互联网+"和工业革命 4.0 的时代背景下,技术迭代速度加剧,而站上巅峰的企业名录不断被刷新,三年前的行业龙头今天可能不复存在;其次,开放成为企业发展的关键词。在互联网时代,公司的创新不再是封闭的,互联网不仅带来了各种行业融合的可能性,也带来了颠覆行业格局的能量。对于原有行业巨头,打败自己的很可能是一个从未在此领域的新进入者。而为了赢得持续发展，很多企业从单一做产品向做平台做生态转变，传统的领域划分被新模式模糊、颠覆。

在互联网精神成为被普遍认可的商业规律后，许多此前被写进商学院教科书中的商业"真理"也被改写。例如，社会对企业价值的评判变得更为多元，此前，盈利能力是判断一个企业成功与否的重要指标，但在互联网时代，许多独角兽公司看起来赚钱遥遥无期，却仍然能够获得全球风投的青睐。

总之，技术的前进推动着商业的变化，世界与以往有所不同了。以下列举的一些变化并非刚刚发生，但仍然能对我们的很多常识构成挑战。

1. 商业机遇：从有形到无形

在金融领域，抵押贷款几乎是和欠债还钱一样耳熟能详的常识，但在互联网时代，抵押物正从有形变得无形。

许多巨型公司并没有看得见摸得着的有形资产。正如世界经济论坛创始人 Klaus Schwab 在其新著《第四次工业革命》中所说："世界上最大的打车公司优步（Uber）本身并不拥有车辆；最受欢迎的媒体所有者 Facebook 没有创造任何内容；最有价值的零售商阿里巴巴（Alibaba）没有库存；最大的住宿供应商 Airbnb 没有房产。"而世界估值排名第三的房地产企业 wework 也没有自己的一间物业。

现在的商业领域不仅仅是以往的那个看得见、摸得着的有形物质世界。

没有了以往所属行业的实物资产，但是这些公司的成长是看得见的。一个无形的创意、一个用户痛点的解决、一项几页纸的专利技术可能成就未来世界的商业巨鳄，那些传统的商业银行抵押贷款的融资模式不再适应新产业发展需求。

2. 商业价值：从利润到用户

互联网商业价值的另一个变化是从利润为王到用户为王的转变。与摩尔定律齐名的梅卡夫定律指出了这一点：网络的价值与上网人数的平方成正比。

有专家对当今世界上估值最大的几家企业进行过比较，发现现代企业的估值与其财务报表的利润也不相符合。先来看一下传统行业，2016 年年初，中石油市值约为13 964亿元，而中国石油的 2015 年的净利润仅为 355.17 亿元，其市值与年利润比率约为 39 倍（实际上，在 2015 年年中，中石油的市值一度飙升至 2 000 亿，一举超过谷歌，成为全球第二）；到 2016 年创立百年的宝马汽车拥有全球最先进的制造生产线，同时也是目前全球最大的豪华汽车生产厂商，其全球销量保持持续增长，2015 年该公司销售利润为 95.9 亿欧元（约合人民币 680 亿元），其 2015 年市值约合人民币 5 909 亿元，其市值和年利润比率约为 8.7 倍；而创立 10 年的分享经济代表公司 Uber，作为最大的出租车公司（它们将自己定义为人们出行解决方案提供商），在全球 160 个国家拥有超过 800 万人（2014 年年底统计数字）的用户，根据最近一次的融资，它的估值超过了 500 亿美金（这个价值超过了 80% 的标准普尔的企业价值）。创立于 2009 年的 Uber 由于没有上市，无法获得其财务信息，但其创始人卡兰尼克在 2016 年 3 月对媒体表示，Uber 全球排名前 30 的城市每年盈利超 10 亿美元（与此同时，仅在中国市场，Uber 每年亏损也高达 10 亿美元）。

如果说市值代表了市场对于一家公司价值的认可，那么市场所认可的价值与其拥有的能力是不是成正比？无论是对于传统行业，还是互联网领域，答案都不再是肯定的（如图 1 所示）。

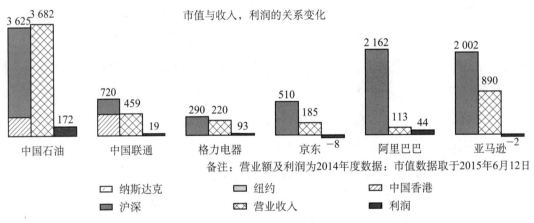

图 1　2014 年部分知名企业的市值与收入、利润的关系变化图

3. 商业速度：摩尔定律与反摩尔定律

摩尔定律的背后，实际上是新一代公司更为高效的市场研发能力。有了虚拟世界的加持，在现实社会中，IT 公司在较短的时间内完成下一代产品的研制，同时这也促使各个企业为未来的市场研究产品和技术。

技术快速变革，让小公司有机会参与推动颠覆式创新。吴军在《浪潮之巅》中提到：科技进步在量变过程中新的小公司无法和老的大公司相比，但在质变过程中，有些小公司会做得比大公司更好，而后来者居上，这也是硅谷等新兴地区出现了众多技术新贵的原因。

公司成长期因此大大缩短，有人对传统媒体和互联网时代的新媒体获取 5 000 万用户的所需时间进行过统计（如图 2 所示）：广播用了 38 年，电视用了 13 年，互联网用了 4 年，Facebook 用了 3.5 年，Twitter 用了 9 个月，Instagram 用了 6 个月。如图 2 所示。

获得 5 000 万用户所需要的时间

广播—38 年

电视—13 年

互联网—4 年

Facebook—3.5 年

Twitter—9 个月

Instagram—6 个月

愤怒的小鸟—35 天

图 2　不同媒体获取 5 000 万用户的所需要的时间

实际上，在技术更迭中，商业变化的速度也是惊人的。创建 13 年的淘宝公布了 2016 财年的营业收入达到 3 万亿，而沃尔玛用了半个世纪才实现这一销售额。

时间的脚步在加速、空间的距离在缩短，地球村在互联网时代真正成为现实。在网络上没有了国界的限制，技术让更多的小企业成长为行业巨头。与此同时，传统的世界 500 强企业名单不断被更新，21 世纪初的手机龙头老大摩托罗拉、诺基亚时至今日却都在这个市场销声匿迹。

企业站上行业霸主的时间在缩短，而企业被推下的速度也在加速，今天的寡头五年后也有可能会销声匿迹。

基于这样的新商业环境，Google 的前 CEO 埃里克·施密特提出了著名的反摩尔定律：如果一个公司今天销售和 18 个月前相同的产品和服务，那它的营业额将下降一半。

想一想，这一切将带来多么令人兴奋而又有些可怕的前景：5 年后的商业大佬将是今天的创业公司（如图 3 所示）。

许多公司并没有经受住考验

迅速更迭的世界中，企业正以前所未有的速度被淘汰。

标普指数S&P 500公司平均上榜年限

61年

减少了43年

18年

1958年　　2012年

美国公司退出率在1965—2012年增长了39%

图 3　标普指数 s&p500 公司平均上榜年限

三、新时期科技发展对金融诉求的改变

技术带来的商业变化,使社会资本的再配置发生了改变。金融业面临全面的挑战。有人说金融的本质是充当资金融通的中介,资金双方之所以需要中介是因为信息的不对称,而随着大数据、互联网等技术的出现,许多传统银行业也在直面金融脱媒的挑战。

信用、风险和杠杆构成了金融的内涵。有人说信用主要依赖企业的现金流、利润、抵押物,以及品牌声誉。但看看现在估值百亿美元的行业巨头,在它们创业之初可以说是三无:无现金流、无利润、无抵押物,创始人也是无名小卒,谁给了他们第一笔的投资? 这些投资人的价值判断是什么? 商业模式和生产组织的改变让互联网时代技术型企业融资发生了怎样的改变?

技术型企业的融资阶段越来越早期。现代社会的企业价值越来越追求用户的积累,原来的那种商业模式得到验证后再从市场进行直接或间接的融资模式发生了变化。创业企业最开始就需要获得规模化的用户群,这个被称为"烧钱"的过程,也就是融资向早期阶段推进。对于资本方来说,以往以抵押物为基础的信用基础缺失,但未来被投资方是否能够高速的成长,需要全新的判断标准。

贴近企业成为投资机构的重要工作。在中国越来越多成功的早期投资发生在创业孵化平台。为什么? 当传统的价值判断不再适用早期创业企业,那些贴近创业团队的孵化平台可以更近距离地接触和评判创业者的信用和风险,虽然这些孵化平台没有总结出对外宣讲的价值评判标准,但它们在内心早已有了对企业商业模式、创始人的企业家精神等方面的评判。

政府释放资源、营造环境让技术与资本更加紧密衔接。中国和全球其他国家政府都在不断推动资本向技术创新靠拢。2015 年 3 月 23 日在国务院发布《关于深化体制机制改革加快实施创新驱动发展战略的若干意见》中提出:一方面要释放创新要素,包括技术、人才等方面;一方面要发挥金融创新对技术创新的助推作用。其中包括提出要在天使投资的税收支持、创业投资引导基金以及保险资金投资创业投资基金方面加快推进进程。同时提出要强化资本市场对技术创新的支持,发挥沪深交易所股权质押融资机制作用,支持符合条件的创新创业企业发行公司债券。支持符合条件的企业发行项目收益债,募集资金用于加大创新投入。

投贷联动为技术创新添砖加瓦。投贷联动的实质是基于风险与收益之间关系而产生

的一种金融创新,通过股权和债权相结合的融资服务,有效覆盖企业现在与未来的投资风险,其核心就是以企业高成长带来的投资收益补偿银行债务性融资所承担的风险。在本书中,硅谷银行的案例,就展示了这家美国西部银行如何用投贷联动模式颠覆传统银行业务。

互联网金融让资本在技术领域的配置更加高效。金融的本质是安全、高效地将有钱人的资本配置给需要钱的人。以平安银行马明哲行长概括的平安互联网金融战略为例,平安互联网金融立足于"社交金融",将金融融入"衣食住行玩"的生活场景。这实际上,就是将以往金融机构的中介平台化功能弱化。

传统银行的作用是聚沙成塔的平台。无论是聚集小散户的资金,再放给需要大资本的商业公司,还是各类理财借助金融机构的信用,聚集散户资金投资大机构。而如今互联网的兴起,大数据挖掘的技术应用,使以往信息的不对称在降低,互联网金融的应用更加高效地为社会配置资本。

从金融的本质上说,互联网金融很好地体现了金融的本意和本质。金融的本质就是把需要钱的人和有钱的人打通,互联网金融借助于互联网,把金融的本质充分地体现出来。因为互联网和金融的内在精神高度一致,那就是"融",即如何让货币充分地流通起来,而互联网最大的一个特点就是让交流成本无限低,使信息无限流通。

站在传统银行角度看,互联网也具有破坏性:由于大数据技术的出现,数字世界、物理世界、生物世界之间的界限愈发模糊,第四次工业革命中实现多种技术相互融合。

面对这种创造性破坏,老牌制造业国家不想被第四次工业革命摧毁,就必须不断创新,敦促企业从命令和控制结构,转向更多协作的团队工作。而追求稳定的银行体系如何为它们的资金找到安全出路?

在本书中,你可以看到随互联网应运而生的、世界各地的具有互联网属性的科技银行,利用创新的业务模式、征信方法获得了成功。

我们也在书中介绍了中国银行系统内出现的科技银行,例如,北京银行中关村分行。实际上,在民间资本活跃的中国浙江出现的一批民营银行,它们更加贴近企业用户,而对企业价值和信用的判断也不再是传统的三张财务报表,新三表——水表、电表、海关报表成为了反映企业真实经营的写照,对企业主的信用判断不再是简单的其所拥有的资产,还加上了银行工作人员对企业主邻居们的走访。

科技与金融的共赢生态系统仍在发展和完善之中,对于创业者、公司管理层,金融从业者或是政府机构内的政策制定者,理解这个系统的内在逻辑和未来趋势,都有十分重要的意义,希望本书能够对此有所帮助。

目　录

国　际　篇

国　内　篇

清华产业篇

国际篇

第一章

美国科技金融政策，硅谷背后看不见的手

科技金融政策，就是通过政策来引导科技与金融结合，解决科技型中小企业融资的难题，促进科技创新的发展和国家经济水平的提升。

由于多种因素的考量，每个国家的科技金融政策，都有其自身的特点。当然，从结果上来看，美国是我们最需要去理解和学习的对象。美国众多科技金融立法远远领先世界其他国家，因其良好的实施效果，成为其他国家效仿的对象。因此，在本章中，我们重点介绍美国的科技金融相关政策。

为了满足科技企业的融资需求,美国不断修改完善旧的法律体系,针对市场出现新的金融工具和金融组织制定新的法律,逐渐形成了释放要素、扶持主体、加大投入、拓宽渠道、搭建平台等覆盖科技金融各个环节和领域的一整套完善的科技金融政策体系。例如,以《美国发明法》为代表的科技成果转化相关法案,释放经济发展的创新要素;以"创业美国"计划为代表的小企业促进举措,鼓励创新发展主体;以《雇员退休收入保障法》为代表的养老金入市法案,加大资金投入;以《乔布斯法案》为核心的众筹相关法案,拓宽科技型中小企业融资渠道;以《证券法》为代表的资本市场相关法案,为新兴科技企业搭建融资平台(如图 1-1 所示)……

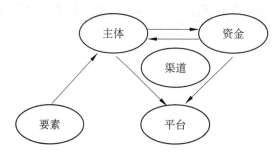

图 1-1 科技成果转化的构成要素

正是得益于一系列科技金融相关的法律及举措,美国科技金融体系才得以健全和发展,科技创新的世界领先地位日益突出与稳固。

一、创业美国计划:美国经济复苏的助推器

(一) 创业是美国经济的源泉

2008 年秋季,世界金融危机达到高潮,对美国中小企业造成重大影响。数据显示,2008—2009 年,美国新增企业数下降 11.8%,从 626 400 降为 552 600;而破产企业数则上升了 40%,从 43 546 变为 60 837。

2009 年,美国政府推出了"一个中心和三项改革"(即实施《美国复苏和再投资法案》及金融、医疗、能源—气候改革)的经济振兴计划,尽管在一定程度上遏制了 GDP 大幅下降的趋势,但失业率仍居高不下并持续攀升,改革未能收到预期的成效。

美国社会逐渐意识到,"创新是发展的核心,创业是美国经济之源"。即,经济低迷的主要原因是创新主体的缺失。没有创新能力的中小企业,抗风险能力和资金获得能力都比较弱,破产比例较高,严重影响了美国经济的发展。

在此背景下，2011年"创业美国"计划颁布并实施。这一计划最早来源于奥巴马在2011年2月的一份声明："企业家代表着美国的希望，企业家也在美国经济发展和创造就业方面发挥着重要作用，这是我们创立该计划的初衷，我们要给所有想要创业的美国人减少障碍并提供帮助。"同年，在这份声明的基础上，为了刺激美国经济复苏，奥巴马政府提出了"创业美国"计划。

"创业美国"计划致力于在全美鼓励和创造新的高成长企业，通过"公私合力"，实现政府、社会组织和企业间的协力合作，将创投机构、孵化器、投资者、创业者等合作伙伴凝聚在一起，促进美国具有创新能力的初创企业快速成长，在一定程度上促进美国经济复苏。该计划主要由白宫推出的"创业美国"系列政策和私营部门发起的"创业美国伙伴关系"计划两部分组成。主要面向清洁能源、医药、先进制造业、信息技术和其他创新领域的企业家。

（二）"创业美国伙伴关系"计划：搭建区域创业生态系统

"创业美国伙伴关系"（Startup America Partnership，SAP）计划是"创业美国"计划的重要部分。为了支持创业和创新活动，SAP计划通过柔性的劝说，鼓励地方政府、大学和世界500强企业参与，共同营造长期创业的生态系统，支持全美高速增长的创新型创业企业。计划旨在未来的三年，在1 000个城市支持和培养50万个企业家。

创建"创业美国伙伴关系"联盟。2011年1月，通过美国政府的柔性劝说，"创业美国伙伴关系"联盟正式成立，该联盟成员包括美国顶尖的创业者、大学、天使投资人、风险资本家、企业、基金会及其他领导人等。"创业美国伙伴关系"成立以来，成功获得了超过10亿美元规模的"伙伴"承诺，能够在未来三年里为10万家初创企业提供的产品、服务、指导和资金。

非营利组织为创业提供教育和资金支持。例如，青年创业家理事会成立新生代基金会，承诺投入超过1 000万美元，用来为100个新生代企业偿还贷款、提供启动资金等服务。黑石慈善基金会（Blackstone foundation）承诺在五年内投入5 000万美元，用来扩充建立大学创业中心平台；创业教学网络与Google、NEP、Pearson foundation等机构合作，为具有创新意识的高中生提供一流创业教育，以及其他的专业服务项目。

企业孵化器或园区为创业提供导师和培训服务。例如，Techstars network[①] 建立

---

① Techstars network是美国知名的创业孵化器，依托导师背后的资源网络推动创新创业。目前，TechStars共孵化出114家公司。其中包括著名的SendGrid、Occipital、Orbotix、CrowdTwist和OnSwipe等科技公司。

15个导师驱动型的创业企业加速器,并与"创业美国"计划合作搭建Techstars network,从而为地区网络成员提供交流与实践、培训等支持。波士顿创新园区联合微软、强生、黑石慈善基金会等机构,合作开展"大挑战计划",通过高成长创新企业间的竞赛,为最具潜力的初创企业提供3个月的高强度指导和免费办公场地等服务。

大企业为创业提供资金和经验。例如,英特尔资本为初创企业提供2亿美元的投资额度,同时英特尔的管理人员也将与创业企业分享创业实践经验;HP通过"惠普创业学习计划"进一步扩大了对创业者的支持力度,并联合孵化器为企业提供综合服务;IBM为初创企业提供1.5亿美元投资额度,并联合学术界和风险投资界为初创企业提供技能培训和创业指导;Facebook在全国开展"创业日"特别活动,帮助创业者接触到一流的工程师、专门的互联网知识和广泛的创业资源。

(三) 白宫"创业美国"计划:全面发挥政府的引导作用

白宫推出的"创业美国"系列创业刺激政策,通过政府的引导作用,带动社会力量共同助力创新创业。主要包含以下五个方面。

一是释放资本为创业加速。美国小企业管理局(SBA)将在5年内投入20亿美元。其中10亿美元投资引导基金作为匹配资金,用于引导私营部门投资于国家优先发展区域、新兴产业领域;另10亿美元早期创新基金作为匹配资金鼓励私营部门投资于创新型企业的早期阶段,从而连接起种子基金和传统投资之间的"死亡峡谷"。此外,美国政府还将减免小型商业投资的资本收益税和简化落后地区投资的税额抵扣条例。

"创业美国"计划目的是为企业家创造一种繁荣的政策环境。例如,面向小企业投资者的一个100%的资本收益税削减,这种税收极大的激励了小企业投资者的积极性。

一位俄亥俄州立大学的分子生物学家,在宾夕法尼亚开办了一家生物技术公司,旨在把一个有前途的新疗法从实验室推向市场。来自全国各地的十几位顶尖的研究人员和临床医生开发这种药物,这种药物有可能加快新的血管形成,促进伤口愈合,可能对糖尿病患者和动脉疾病的患者非常有好处。

但不幸的是,为了增加产品的稳定性和安全性,公司所需的研究和测试是非常昂贵的。

很大程度上,由于奥巴马政府对小企业投资的税收激励,公司期临床试验获得了"天使"投资者的200万美元以上资金。这些资金帮助这家企业完成第一阶段的研究,并为它开通了进入市场的快车道。

二是提供创业导师与创业教育。由 SBA 和能源部共同发起创业企业指导行动，资助了 4 个清洁能源企业加速器对全国超过 100 个初创企业进行创业指导；SBA 和劳动部门合作，启动了两个新的企业孵化器，为退伍军人企业家提供创业服务，打造新的高成长型军工企业；由美国国家科学基金投资 1 000 万美元为工程类院校建立一个专门教授创新和创业的全国性中心；美国能源部（DOE）提供 200 万美元，在三年里为六个区域创建学生创业竞争大赛，以激励青年企业家在清洁能源领域创新创业。

三是减少企业家创业障碍。国家安全部实施 EB-2 绿卡计划和 EB-5 签证计划，为在美国工作的专业技术人员设计非移民签证，吸引和留住优秀的移民企业家；通过 IBR（Income Based Repayment）计划[①]，限定青年企业家每年收入的仅 15% 用于贷款支付，并在 25 年后免除剩余债务，用以减少青年企业家的贷款负担；此外，美国政府还加大力度为创新创业企业提供种子补助金，并帮助企业更快地获取专利。

四是加快创新成果从实验室走向市场。国家科学基金会（NSF）建立了 NSF 创新中心，是为 NSF 资助的科学研究与技术提供商业化服务的社区；国家科学基金会设立"加速创新研究"奖；美国国立卫生研究院中心，为成果产业化提供资金、培训和指导；美国能源部资助了 5 个"创新生态系统"，搭建 3～5 个国家级孵化器，加速了从大学实验室到市场的转化；商务部经济发展管理局发布 i6 绿色计划，投资 1 200 万美元鼓励科技成果转化和高成长、高风险的科技型中小企业。

五是释放市场机会。启动"美国政策挑战"计划，利用互联网平台，政府发布有限提倡的行业及扶持政策，企业分享政策相关的商业计划；开放能源数据，企业家建立工具帮助消费者节约能源和金钱；开放教育数据，释放出创造力和企业家精神；开放健康数据，保证创新的新产品和服务。

（四）创新主体推动经济复苏

"创业美国"计划实施以来，有了资金和伙伴的支持，一大批科技型中小企业迅速崛起，充分发挥了创新主体的带动作用，带动就业，推动了美国经济的全面复苏。在这系列政策的努力下，美国中小企业景气有所回升，根据 2012 年的盖洛普公司最新调查，美国中小企业主对其企业现金流、财务状况和收入的乐观程度要好于 2008 年的任何时候，有

---

① IBR 计划，又称"量力而还"计划。计划规定，大学毕业生的还款金额有一个封顶，即最多为收入的 15%，其余可自由支配。

22%的企业主预期会增加其雇员,预期会裁员的企业仅为8%。

二、《乔布斯法案》:为互联网股权型众筹保驾护航

(一) 金融与互联网迟迟未能"联姻"

曾几何时,美国经济在资本市场与小型公司的高效对接中获得了巨大成功,但是金融危机后美国的银行和个人信贷紧缩,小型公司的间接融资渠道也随之收窄。

与此同时,互联网技术在各个产业领域"攻城略地",深刻地影响了人类的生产生活方式,改变了世界经济政治文化的发展。大数据、云计算、移动互联网等技术开始试图重塑金融模式。

然而,金融管制的窠臼,使得金融与互联网之间迟迟未能实现"联姻"。由于1934年证券法12(g)(1)中的500人法则:要求一般公司的资产超过1 000万美元,且在册股东超过500人即为公众公司。而成为公众公司的中小企业面临着资产、盈利、资质、融资额度等诸多管制和约束,很难获得融资。这一法案使得有大量的公司在不知不觉中触发了众筹①红线,关闭了众多科技型中小企业的众筹融资的大门。

小型公司融资状况恶化带来的直接后果就是整个社会的创新能力下降、失业问题凸显、经济增长后劲不足。

在此背景下,2012年,《乔布斯法案》第一、二部分获得国会通过;2015年,《乔布斯法案》第三部分获得通过。该法案放宽了互联网股权众筹的限制条件,为科技型中小企业开辟了新的融资渠道。

(二) 放宽众筹人数限制,降低投资门槛

《乔布斯法案》通过修改现行法律法规,放宽众筹人数和投资人资质的限制,增加了科技型中小企业众筹的资金规模。

提高了成为公众公司的门槛,增加众筹人数。此前的规定要求一般公司的资产超过1 000万美元,且在册股东超过500人即为公众公司。《乔布斯法案》则规定,要求资产超过1 000万美元,股东超过2 000人为公众公司。这一新规极大地提高了私募股权

---

① 众筹,是互联网金融的一种。即大众筹资,是指项目方通过互联网直接向大众募集项目资金的模式。《乔布斯法案》之后,众筹融资开始大规模兴起,比较知名的如Angelist等。

众筹的数量上限。

降低了投资者进入门槛。《乔布斯法案》推出之前只有净资产超过 100 万美元,或者至少连续 2 年年收入超过 20 万美元的人群才能进行投资。新规规定,允许普通人参与股权众筹。但对于不成熟的投资者,额度上设了限制:若投资者年收入或个人资产净值不超过 10 万美元,则在 12 个月内的最高股权众筹投资额为 2 000 美元。具体来说,要求投资额不超过投资者年收入或资产净值的 5%,收入较高者可以将上限提高到 10%;但个人投资者每年的最高股权众筹投资额为 10 万美元。《乔布斯法案》前后的限制条款对比如表 1-1 所示。

表 1-1 《乔布斯法案》前后的限制条款对比

	旧规	《乔布斯法案》新规
众筹人数	在册股东超过 500 人即为公众公司	股东超过 2 000 人要求注册为公众公司
投资资格	净资产超过 100 万美元,或者至少连续 2 年年收入超过 20 万美元	资格无限制,但额度有要求

(三)部分注册与审计豁免,降低融资成本

《乔布斯法案》设立了部分私募发行注册和审计豁免的新规定,降低企业融资成本,提高企业的众筹积极性。

一方面,部分注册豁免。《乔布斯法案》指出,通过众筹募集资金的上限为每年不超过 100 万美元,这些创业企业不必在美国证券交易委员会(Securities and Exchange Commission,SEC)注册,但是,这些企业需要向投资者提供有关企业运营的细节资料,包括公布持有该公司股份不少于 20% 的股东、企业管理人员的名单以及如何使用资金等信息。但《乔布斯法案》也规定,所有股权交易都必须通过 SEC 注册的券商或者基金来完成。

例如,之前享受简易注册且无须定期披露信息的,只能是低于 500 万的小额公开发行企业;由于额度太低,公司很少采用简易注册。在《乔布斯法案》中,免除注册的小额公开发行公司,发行额度提高至 5 000 万美元,激发了很多小公司的众筹积极性。

另一方面,部分审计豁免,避免产生对小公司而言过高的成本。《乔布斯法案》指出:融资计划不超过 10 万美元的企业可以提交自己的财务报告;融资计划在 10 万～50 万美元的企业不必进行审计,但必须进行外部财务评估;只有融资计划超过 50 万美元的企业才需要提交经过审计的财务报告。

（四）允许公开宣传，鼓励中介参与

《乔布斯法案》放松了对私募发行中介的宣传限制，并规定可以免除部分中介的注册登记，鼓励中介推动私募发行。法案允许中介机构对私募发行进行广泛宣传，争取获得购买者的认可，这一举措使得中介机构不必担心公开性的限制，扩大了中介的经营范围。

具体来说，如果个人仅从事以下三种行为，在私募发行中可以无须登记为经纪交易商：①个人维持某种"平台或机制"，该平台或机制允许发行、销售、购买、谈判，一般劝诱或与私募发行类似的中介活动；②个人或其关联人共同投资私募发行；③个人或其关联人提供与私募发行的辅助服务，例如，尽职调查和文书准备。

（五）"收放结合"掀起互联网众筹热潮

通过比较分析发现，虽然美国新推出的《乔布斯法案》放松了对科技型中小企业的众筹限制，但并没有放松对其的监管。《乔布斯法案》采取这种收放结合的方式，规范融资行为，防止不正当交易损害公众和投资者利益，提高投资者扶持中小企业的积极性，保障科技型中小企业通过互联网众筹来进行资金募集。

一方面，SEC仍然监管中介渠道。即使在一定条件下免除登记注册为经纪交易商，集资门户也需要在SEC登记。同时法案严格规定了资金门户必须是一个注册的全国性交易证券协会的成员，也要接受SEC检查、执法。

另一方面，严格防止中介渠道因证券发行不正当获利。《乔布斯法案》要求，在证券卖出21天前，中介渠道需要向SEC和潜在投资者公布发行者提供的所有信息，包括对发行公司高管证券法规执行情况的背景调查等，确保投资者充分了解投资者教育的信息和投资风险。法案还要求中介渠道要保护投资者私人信息，并采取相关措施防止与交易相关的欺诈。

由于《乔布斯法案》的助力，美国的众筹迅速发展，并且超过了英国，无论是互联网众筹平台的影响、众筹项目的数量还是筹集的金额都位居世界第一。2015年，美国新增众筹项目共8.9万个，占全世界的62.1%，企业或项目成功率高达25%。例如，Fundable、Crowdfunder、CircleUp以及AngelList的新型股权众筹平台也在近些年来逐步兴起……成功帮助诸多科技型中小企业获得发展资金，走向成功之路。

2015年众筹项目数量及金额国家排名（TOP10）如表1-2所示。

表 1-2　2015 年众筹项目数量及金额的国家排名(TOP10)

	众筹项目个数排行榜(个)		众筹金额总额排行榜(美元)
美国	19 794	美国	591 380 303
英国	4 239	英国	178 815 078
加拿大	1 813	加拿大	30 719 488
澳大利亚	450	澳大利亚	20 091 406
德国	357	日本	16 465 483
法国	324	法国	11 094 815
荷兰	198	德国	10 972 101
西班牙	193	中国	7 760 251
意大利	185	瑞典	5 979 134
瑞典	181	荷兰	4 860 795

数据来源:http://thecrowdfundingcenter. com/data/places? location=US.

三、《美国发明法案》:让技术"破茧"转化"成蝶"

(一) 科研实力并不等于经济实力

鉴于科技在"二战"中发挥的重要作用,美国政府加大科学研究的投入,由此衍生了数量巨大的科技成果,并使美国在高科技领域处于世界顶尖水平。

但在 20 世纪 70 年代末,美国的科研优势并没有转化为经济优势和市场优势,美国工业在世界市场的竞争力明显减弱。此时,日本和欧洲的产业技术取得长足进步,"日本制造""德国制造"替代"美国制造"成为普通美国人的首选。

全美上下开始探讨科研实力没有转化为经济实力的根本原因。舆论认为,科学研究与科技成果转化和应用的体制障碍是罪魁祸首:一方面,科研成果主体缺乏界定。在传统的体制下,大多数科研成果由美国联邦政府投资,发明专利的所有者自然是全体纳税人,由联邦政府代理,但是联邦政府作为主体,办事程序复杂、存在多重代理、激励机制不明确,导致缺乏科研成果转化的动力,导致科研成果转化率低。另一方面,社会资本虽然看好专利的价值,但是在产权界定不清晰的情况下,不敢投资该科研发明成果。

正是基于以上认识,美国政府陆续发布并实施了《拜杜法案》(1980 年)、《国家竞争技术转移法》(1989 年),明确了专利成果的权属问题,调动了参与主体进行科研成果转化的积极性。

尤其是 2011 年 9 月,美国总统奥巴马在弗吉尼亚州托马斯杰弗逊科技高中,签署了对美国现行专利体制进行重大变革的《美国发明法案》。舆论认为,该法案将加快专利审批和转化的进程,降低专利诉讼的成本,促进科技创新和经济增长。

据了解，《美国发明法案》对美国专利法的修订涉及专利流程的各个方面。

其中，最显著的变革就是将美国现有的"先发明制"转变为大部分国家所采取的"先申请制"，从而有效地保护了专利所有者的合法权利，有助于发明者和企业家投入到新的发明创造中。

美国专利商标局还将为企业提供专利纠纷解决渠道，以此降低企业陷入法律纠纷所耗费的各类成本，提高企业研发和申请专利积极性。

此外，《美国发明法案》还调整了现有技术、宽限期、先用权、最佳实施例等制度，增加了优先审查制度和对微型企业的扶持政策，简化了烦琐的专利申请程序，提高了专利审批和转化的效率。

《美国发明法案》像一个导火索，由此引发了一系列推动科技成果转化的重大举措，包括增加转化资金，创建转化机构，提升转化服务能力等各个方面，全面调动了科技成果转化相关主体的积极性，保障了转化渠道的畅通。

(二) 启动大学科研成果商业转化奖

由美国科学发展协会牵头规划和实施启动大学科研成果商业转化奖，主要由Coulter基金会和国家科学基金会(NSF)与美国科学发展协会(AAAS)主办，多个合作机构、基金会和组织协办。该奖项旨在激励大学院校科研成果商业化。Coulter基金会①和美国国家科学基金会为奖项提供400万美元的运作资金。

(三) 大学院校捐款侧重科技成果转化机构

美国政府鼓励社会基金向科研成果转化环节的倾斜。例如，Coulter基金会将参与约翰斯·霍普金斯大学、路易斯维尔大学、密苏里州大学和匹兹堡大学4家大学院校的转化研究合作项目。参与该项目的每个院校将筹集2000万美元的捐助资金，鼓励生物医学工程师与临床医生间的合作，以此研制改善患者治疗和人类健康的新技术。转化研究将促使处于大学院校实验室里的新创意和新发现转化为可直接增进人类健康的新产品和服务。

(四) 设立成果转化机构，提高转化服务能力

在这些法律的要求下，美国大学和政府机构纷纷建立促进科研成果转化机构，将科

---

① Coulter基金会是一个独立的、私人基金会，成立于2007年。通过资助科学、教育和医药等领域的项目，改善人们的健康和生活质量。

研成果转化作为科研工作的一项重要内容。在国家层面建立了著名的国家技术转让中心(NTTC)和联邦实验室技术转移联合体(FLC),负责将国家资助所产生的科研成果推向企业和社会。

(五)科技成果转化成经济发展新动力

《美国发明法案》及之后的一系列举措实施,建立了完善的知识产权转让体系,加快了科研成果的产业化进程。法律体系完善以后的科研成果转化体系如图1-2所示。

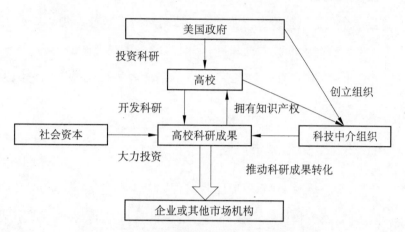

图1-2 法律体系完善以后的科研成果转化体系

在《美国发明法案》的推动下,科研机构加快了申请专利的步伐,根据美国大学技术经理协会(AUTM)统计,仅2012年,美国大学科研成果转化产生的产品和服务销售收入已超过1 200亿美元。而1996—2010年,美国大学技术转化产生的产品和服务对美国经济的贡献是3 880亿美元,并创造了超过300万个就业机会。以大学科研成果转化率提高为基础,还促进了美国高科技产业的兴起,例如,20世纪80年代后期兴起的互联网、电子信息、节能环保、新能源、生物等产业,让美国经济一次又一次站在全球科技创新的前沿,提高科研成果转化率对此起到了很大的作用。

四、《雇员退休收入保障法》:释放机构资金为风投"添翼"

(一)风投资金短缺 VS 养老金增值需求

伴随着中小企业的大量涌现,随之而来的融资需求暴增,仅凭家族和个人资金、投资公司等传统资金已无法满足。20世纪80年代,风险投资行业筹集规模出现较大的下降,达到阶段性低点。由于资金短缺,科技型中小企业的生存环境岌岌可危。寻找新的风险资本来源成为中小企业继续发展的首要议题。

与此同时,随着老龄化社会,人均收入增长,居民储蓄率持续较低等因素影响,美国的公共养老金计划已难以提供足够的退休生活保障,美国政府开始探索这笔巨款的增值方式。

如何衔接这种供求关系,成为了全美关注的热点。

1974 年的《雇员退休收入保障法》的颁布实施,允许养老基金进行投资,但设立谨慎人原则,即不允许养老金投资风险投资行业。这一原则断绝了养老金进入风投的法律桥梁。

这些养老基金天然追求低收益低风险,如何才能进入高风险的风险投资?

这一问题直到 1978 年美国国会修改了《雇员退休收入保障法》之谨慎投资原则,才得以实现。

(二) 利用投资组合降低入市风险

在 1978 年美国国会修改的《雇员退休收入保障法》中,新的谨慎投资人的法律标准采用了弹性标准,即将所有投资视为投资组合的一部分,而不能在单个资产品种的基础上做出判断,放宽了养老资金投资风险投资的限制。比如通常会安排 5%～10%的资金投资于风险投资行业,来试水养老金进入风投的效益和风险。再加上制度设计,例如,养老基金投资于基金公司的时候,采用有限责任制、同时对养老基金的投资过程和投资方向进行严格的监管,对于投资比例也进行控制,提高美国的大型养老基金进入风险投资领域的安全性。

1978 年美国对《雇员退休收入保障法》中谨慎人条款进行修改,规定如下:通过养老金计划的投资多样化(资产分散化),以实现主要损失的风险最小化,除非在其他情况下能够确信其他的行动方式是谨慎的……

(三) 做基金的基金,隔离风险

州政府管理的养老金资金可允许市场化投资,且多投资于基金,在获取较高利润的同时,大大降低了养老金的投资风险。美国拥有一大批由地方和州管理的政府公共养老金计划,资金总量达到 3.7 万亿美元,但由于单个计划资金规模相对较小,且由地方或州政府独立管理,所以可以开展市场化投资,一般投资于私募股权基金,进入风险投资行业,以支持中小企业发展。

加州公务员退休基金是全球排名第五大退休金管理者,管理着约 2 940 亿美元的资产。该基金主要以三种渠道投资于公募基金、私募股权基金、政府债券、股票市场和房地产等项目。

一是采取直接注资的方式投资私人股权公司,但不会成为私人股权公司旗下基金的有限合伙人。通过这种投资模式将可直接分享私人股权公司 20% 的利润和旗下基金 2% 的管理费。目前,基金已经投资过银湖公司、阿波罗资产管理公司和凯雷集团等股权投资公司。

二是实施另类投资管理计划(CalPERS AIM Program),即将资金注入私人股权基金,利用资金信托管理方式开展间接投资,如已经投资入股百什通基金。

三是与外部风险投资公司共同建立一些新兴领域的专业投资基金,直接投资于各类项目。

美国(OASDI)基金和加州公务员养老金管理运作如图 1-3 所示。

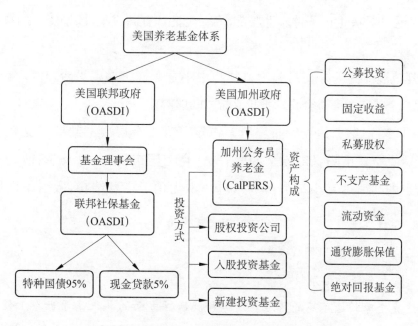

图 1-3　美国(OASDI)基金和加州公务员养老金管理运作

(四) 机构资金进入风投领域

《雇员退休收入保障法》出台以后,风险投资行业资金来源结构发生了显著变化,其中一个最突出的特征,就是以养老基金为代表的机构资金成为风险投资的主要资金来源,对于高科技企业的扶持能力大大增强。据统计,政策出台之后,风险投资行业筹集资金规模从 1976 年的 0.39 亿美元上升到 2014 年的 298 亿美元。

具体来说,美国个人退休账户(IRA)允许个人自主、灵活地配置资产。2011 年年末,美国个人退休账户资产共有 4.9 万亿,其中共同基金、证券公司分别管理了其中资产的 45%、38%。

五、纳斯达克的创建:盈利之前也能上市融资的平台

(一) 场外交易混乱,新兴科技企业缺乏融资平台

1938 年年底美国国会通过的《马洛尼法》要求场外交易商成立行业协会——美国证券商协会。1940 年该协会有 2 900 名会员,1970 年会员数量增加到 4 470 个。场外交易市场分散在全国各地,独立完成,监管困难。

与此同时,纽交所作为世界性的证券交易场所,为企业上市提供了成熟的市场。但纽约证交所公司挂牌上市条件非常严苛,将一大批具有高成长性、轻资产的科技型中小企业拒之门外。

为了规范混乱的场外交易和为科技型中小企业提供融资平台,1971 年纳斯达克(NASDAQ,全美证券商协会自动报价系统)正式建立。

2006 年 2 月,纳斯达克宣布将股票市场分为三个层次:"纳斯达克全球精选市场""纳斯达克全球市场"(即原来的"纳斯达克全国市场"),以及"纳斯达克资本市场"(即原来的纳斯达克小市值市场),进一步优化了市场结构,吸引不同层次的企业上市。

纳斯达克分为以下三个层次。

● 纳斯达克全球精选市场

纳斯达克全球精选市场的标准在财务和流通性方面的要求高于世界上任何其他市场,列入纳斯达克精选市场是优质公司成就与身份的体现。

● 纳斯达克全球市场

作为纳斯达克最大而且交易最活跃的股票市场,纳斯达克全球市场有近 4 400 只股票挂牌。要想在纳斯达克全国市场折算,这家公司必须满足严格的财务、资本额和共同管理等指标。在纳斯达克全球市场中有一些世界上最大和最知名的公司。

● 纳斯达克资本市场

纳斯达克资本市场，原名纳斯达克小市值市场，定位于为市值小于 20 亿美元的公司提供融资，专为成长期的公司提供的市场，纳斯达克小资本额市场有 1 700 多只股票挂牌。作为小型资本额等级的纳斯达克上市标准，财务指标要求没有全球市场上市标准那样严格，但它们共同管理的标准是一样的。当小资本额公司发展稳定后，它们通常会提升至纳斯达克全球市场。

随着纳斯达克市场的成立不断发展壮大，美国政府推行了规范的上市、信息披露、规范交易、转板、退市等有效举措，为高科技型、高增长性的中小企业提供了一个强有的融资市场。

（二）利用电子交易系统增加信息披露

在纳斯达克创建之初，管理者就有意识通过利用计算机技术来增加上市企业的信息披露、降低投资者风险，提高投资者进入市场的积极性。为此，纳斯达克采用了最先进的计算技术，依托纳斯达克的数据中心，选取了 500 多家做市商，从场外交易市场（OTC）挑选 2 500 家规模、成长性和业绩都领先的股票，形成交易系统。在该系统上，定期发布价格，形成交易情报数据。一方面，纳斯达克通过电子交易系统，增加了交易的透明度和信息披露度，为投资者和科技型中小企业创造了更加公平的金融环境；另一方面，电子交易使得股票市场运作成本低而相对低廉的上市费用，也促使美国资本市场的流动性显著增强。

（三）满足高科技型、高成长性企业上市的宽松条件

为了满足高成长性和高科技公司的需要，纳斯达克上市条件并不是特别看重短期盈利或者资产规模，上市条件降低了对于公司净资产、流通市值、运营年限等指标的要求，注重强调拟上市企业的成长性和符合技术趋势，这一举措吸引了许多优质资源上市。例如，京东属于高成长性的科技公司，且拥有新的商业模式。虽然上市时利润为负，但却被纳斯达克非常看好便欣然接受了京东的上市请求。正是基于这种宽松的上市条件，纳斯达克吸引了微软、脸谱、英特尔等一批优秀的科技企业上市。

纳斯达克上市标准如表 1-3 所示。

表 1-3　纳斯达克上市标准

标准一	标准二	标准三
股东权益 1 500 万美元；一个财政年度或者近 3 年里的两年中拥有 100 万美元的税前收入；110 万的公众持股量；公众持股的价值达 800 万美元；每股买价至少为 5 美元；至少有 400 个持 100 股以上的股东；3 个做市商；须满足公司治理要求	股东权益 3 000 万美元；110 万股公众持股；公众持股的市场价值达 1 800 万美元；每股买价至少为 5 美元；至少有 400 个持 100 股以上的股东；3 个做市商；两年的营运历史；须满足公司治理要求	市场总值为 7 500 万美元；或者，资产总额达及收益总额达分别达 7 500 万美元；110 万的公众持股量；公众持股的市场价值至少达到 2 000 万美元；每股买价至少为 5 美元；至少有 400 个持 100 股以上的股东；4 个做市商；须满足公司治理要求

注：表 1-3 中数据根据 http://www.nasdaq.com/ 上市标准整理而得。

　　值得指出的是，虽然纳斯达克交易所对挂牌企业的公司治理标准均有严格的要求，但纳斯达克资本市场的上市标准相对于其他两类市场更低，更加专注服务于处在发展早期阶段的科技企业。

　　企业想在纳斯达克上市，需符合以下三个条件及一个原则。

　　先决条件：经营生化、生技、医药、科技（硬件、软件、半导体、网络及通信设备）、加盟、制造及零售连锁服务等公司，经济活跃期满一年以上，且具有高成长性、高发展潜力者。

　　消极条件：有形资产净值在美金 500 万元以上，或最近一年税前净利在美金 75 万元以上，或近三年其中两年税前收入在美金 75 万元以上，或公司资本市值（MarketCapitalization）在美金 5 000 万元以上。

　　积极条件：SEC 及 NASDR 审查通过后，需有 300 人以上的公众持股（NON—IPO 须在国外设立控股公司，原始股东必需超过 300 人）才能挂牌，所谓的公众持股依美国证管会手册（SEC Manual）指出，公众持股人的持有股数需要在整股以上，而美国的整股即为基本流通单位 100 股。

　　诚信原则：纳斯达克流行一句俚语：Any company can be listed, but time will tell the tale（任何公司都能上市，但时间会证明一切）。意思是说，只要申请的公司秉持诚信原则，挂牌上市是迟早的事，但时间与诚信将会决定一切。

（四）做市商制度与监管，提供健康的市场环境

　　纳斯达克的做市商制度，使得买卖双方不必等到对方出现，由做市商承担另一方的

责任,以保障交易的顺利进行,为科技型中小企业上市提供了持续支持与服务。纳斯达克吸引了高盛、美林、所罗门兄弟等一批世界顶级的投资银行成为做市商,通过它们的行为使得上市公司股票在最优价位成交,同时又保障投资者利益。

做市商制度是一种市场交易制度,由具备一定资金实力和市场信誉的法人充当做市商,实时向投资者提供证券买卖价格,并按实时价格接受证券投资者的买卖要求,以其自有资金和证券与投资者进行交易,在交易中实现利润。做市商有责任在股价暴涨暴跌时参与做市场,有利于遏制过度投机,稳定市场。做市商之间的竞争从某种程度上也起到了稳定市场的作用。

纳斯达克实行多元的做市商制度,每只证券有多个做市商,且在一定条件下允许做市商自由进出。从1980年以来,纳斯达克平均每只证券的做市商数量不少于10家,且一些交易活跃的股票拥有40家或者以上做市商。以一系列规定极大地降低了信息不对称的问题,减少市场投资以及防止操纵股价,为科技型中小企业上市提供健康的平台环境。同时,纳斯达克的电子报价系统自动对每只证券的所有做市商报价进行收集、记录和排序,并随时将每只证券的最优买卖报价报告提供给投资者。

纳斯达克监管当局通过互联网严密监视交易异动行为,并针对这些行为及时发出异动提醒;通过对可能违规行为提前展开调查,让被调查对象提供合规证明,将侵犯投资者利益行为限制在最小范围内,这一系列行为都很好地保护了投资者的利益。

纳斯达克交易委员会依法开展两个方面的监管:股票发行监管和交易活动监管。股票发行监管对在上市发行活动实行严格审查,手段主要是检查所有在公开媒体上披露的有关公司信息,并有权事先得到公司某些重要信息,纳斯达克有权责令违规公司停止上市交易活动。交易活动监管是指该纳斯达克交易委员会对上市企业、做市商的交易活动的实时监管,避免操纵股价和内幕交易等行为。它通过电子系统实时监视所有交易活动,若发现违规行为即刻提交相关执法部门处理。

(五) 成就明日之星的资本市场

从1971年诞生以来,纳斯达克已经成为全球最成功的创业板市场,截至2014年年底其拥有接近3 000家上市公司。其中,纳斯达克资本市场拥有上市公司606家。纳斯达克全球资本市场,汇集了美国以及来自35个其他国家的大型企业,包括新浪、携程、去哪儿等;2014年纳斯达克全球资本市场拥有626家上市公司;2014年年底,纳斯达克全球精选市场上市公司数量达 1 549 家,公司市值均超过 100 亿美元,汇集了大量处于成熟期的高科技企业,如谷歌、微软、苹果、亚马逊、特斯拉等。

参考文献

[1] 丁宏 . 奥巴马政府"创业美国"计划的政策评析及其启示[J]. 世界经济与政治论坛,2012(4):70-79.

[2] 美国《创新法案》. http://www.nipso.cn/onews.asp? id=26231.

[3] 钟向群 . 广东省区域产权交易创新研究[D]. 中山大学,2010.

[4] 栾雪 . 无锡民营企业海外上市影响因素及股票价格表现实证研究[D]. 江南大学,2010.

[5] 肖洪武 . 科技成果推广与政府的科技管理[J]. 科技资讯,2006(6):202-203.

[6] 张冬梅 . 职务发明报酬权益与我国相应立法设计——我国知识产权制度中职务发明报酬问题研究[D]. 上海大学,2007.

[7] 何嫒莉 . 浅析我国海外反向收购的理论与实践[J]. 致富时代月刊,2010(7):72-73.

[8] 衣平平 . 我国创业板市场良性发展的几点建议[J]. 经济视角旬刊,2012(14):64-65.

[9] 褚雅蓉 . 中国中小企业海外上市的选择[J]. 财会学习,2008(3):75-77.

[10] 佚名 . 英国创业板 AIM[J]. 当代经理人,2009(3):53-54.

[11] 张长军 . 在纳斯克上市的中国网络公司的营销特点研究[D]. 华东理工大学,2006.

[12] 任晓玲 . 美国多举措促进创新成果产业化[J]. 中国发明与专利,2011(12):108-108.

[13] 佚名 . 纳斯达克——国际资本角逐的战场[J]. 中国总会计师,2012(10):152-153.

[14] 张晓凤 . 我国社会保障基金投资运营监管法律问题研究[D]. 山西财经大学,2010.

[15] 张永鹏 . 我国证券市场操纵行为及防范机制研究[D]. 西南交通大学,2005.

[16] 李炳安 . 美国支持科技创新的财税金融政策研究[J]. 经济纵横,2011(7):97-99.

[17] 黄军英 . 创业美国计划将带来什么?[J]. 科技潮,2011(8):42-45.

[18] 唐凤 . 如何促进中小企业良性发展——"创业美国"计划带给中国的启示[J]. 科学新闻,2011(10):53-55.

[19] 王才伟 . 美国私募发行中获许投资者制度研究——以乔布斯法案为视角[J]. 甘肃政法学院学报,2015(2).

[20] 佳音 . 从新旧版《乔布斯法案》,看美国股权众筹市场变化[J]. 商业价值,2015(12):60-63.

[21] 佚名 . 美国发明法案[J]. 电子知识产权,2012(11).

[22] 董玎,王韦玮,任晓玲 .《美国发明法案》签署生效:美国专利制度发生深刻变化[J]. 中国发明与专利,2011(11).

［23］谭娜．2011《美国发明法案》评析［D］．中南大学，2013．

［24］乐海燕．美国雇员退休收入保障法案（ERISA）研究［D］．武汉科技大学，2015．

［25］黄念．美国《雇员退休收入保障法》的政治经济分析［D］．中国社会科学院研究生院中国社会科学院，2010．

［26］李波．从纳斯达克看中国二板市场［J］．经济理论与经济管理，2001(2)：15-18．

第二章

风险投资的摇篮，美国 SBIC 计划

如何打通科技中小企业融资通道，成为第三次科技革命中，世界各国政府科技金融政策最重要的着力点。

随着第三次科技革命的到来，工业发达国家的科技型中小企业快速涌现，数量多、规模小且缺乏有形资产等特点决定了这些企业融资困难：当时的金融环境中，基于固定资产抵押的银行无法提供贷款；尚不发达的风险投资行业作用更是极为有限。

各国政府纷纷出手破冰，小企业投资公司计划（SBIC 计划）是其中最知名的中小企业扶持政策。在科技型中小企业申请贷款时，美国政府通过这个计划，向银行等金融机构提供信用担保，帮助科技型中小企业获取发展资金。

如今，SBIC 计划无疑是美国历史上支持风险投资最成功的模式，该计划如一阵顺势东风，使得风险投资机构从星星之火渐成燎原之势。

美国 SBIC 计划存在已有半个世纪之久,其政策初衷是支持中小企业的发展。

1953 年,在《小企业法》支持下,美国政府成立了小企业管理局(SBA),专门用以促进小企业①发展。

1958 年,美国国会通过了《小企业投资法案》,该法案进一步明确并加大了 SBA 的职能。在该法案的推动下,SBA 可以发执照给私营的小企业投资公司(简称 SBICs),由 SBICs 资助美国的科技型中小企业。

截至 2014 年 6 月,SBIC 计划已累计登记在册的公司多达 292 家,超过 16.6 万个小企业或创新项目获得该计划的投资,投资金额约 670 亿美元。英特尔、苹果、联邦快递、惠普等一大批著名的跨国企业因为 SBIC 计划而取得成功。

SBIC 计划是一个复杂的综合性政策设计。SBIC 计划中 SBA 的担保主要通过担保债券形式为 SBICs 提供充足的杠杆资金,SBICs 再通过债权投资、夹层资金、股权投资等形式实现对中小企业的扶持,进而帮助小企业的创新与创业。

因此,SBIC 计划被视为美国的政策性担保模式的代表。

获得担保债券的 SBICs 获得担保杠杆资金的同时,SBA 规定 SBICs 需按照要求半年付息一次,10 年期分期偿还;担保债券利息一般比 10 年期国债利率高 1.25 或 1.5 个百分点,目前 SBICs 的担保债权利息大约为 6.5%;同时每年 SBICs 需要付给 SBA1% 的管理费;当 SBA 批准 10 年杠杆资金额度时,SBICs 将缴纳 1% 的保证金,并在资金拨付时支付 2% 的使用费,以及 0.5% 的承销费。

创业投资(风险投资)最早源于美国,探其根源可追溯到 20 世纪的二三十年代,当时一些富有的家庭和个人投资者,为了求得较高回报,向一些新创办公司投资,提供创业资本。

20 世纪 40 年代以来,随着电子技术的迅速发展,美国大企业涉足开拓性投资领域日益增多,投资重点也开始倾向于从事与高技术相关的新产品的研制开发。这一时期,美国的一些金融机构也开始向研制新科技产品的企业提供资金,形成了最初的创业投资雏形。

1946 年,美国研究发展公司(ARD)成立,是美国现代第一家风险投资公司。其创立者包括波士顿美联储的拉福·富兰德斯,美国哈佛大学教授乔治·多威特,以及多个新英格兰地区的企业家。

尽管如此,在政府介入前,也就是 SBA 和 SBIC 计划出现前,风险投资在美国并没有

---

① 在美国,小企业通常是指员工人数在 500 人以下或年销售额在 500 万美元以下的企业。

形成一个真正的行业。因此,1958 年通过的《小企业投资法案》被认为是受到专业管理的风险投资行业的开端。

原因很简单,企业创业的早期过程,面临的不确定性最高,为此在该阶段创业的企业死亡率高达 90%,因而称之为"死亡之谷"。由于过高的死亡率,导致大量社会资本不会介入该时期的投资,成为投资的"市场失灵"的时期。

基于天使投资金融风险特性和经济效应及价值,要求政府给予重视并提供资金、政策、环境等方面的支持,有效推动其成长和壮大。这也正是 SBICs 在这个行业初起时的价值所在。

SBIC 计划并没有偏离其政策目标,因为风险投资的兴起,最大的受益者正是中小微企业,可以说完美地实现了计划制订者的初衷。SBIC 计划示意图如图 2-1 所示。

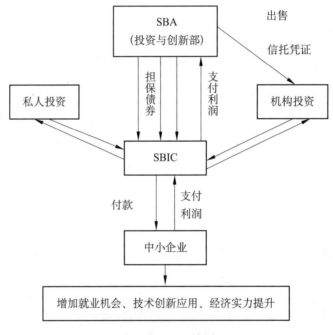

图 2-1　SBIC 计划

一、用杠杆融资支持中小企业发展

2015 年 10 月 7 日,一个私人股本收购了 ATS(航空技术服务公司),在这桩生意中,一家美国投资公司 NewSpring 资本从中获取了高额的回报资金。

这看起来是再正常不过的一桩风投退出生意,算不上什么大新闻。要知道,在经济形势好的背景下，美国平均每年有 5 500～6 500 项的天使项目被投资。

这桩生意的特殊之处在于，SBA 也从这笔生意中获得了 10％的净利润。因为 New Spring 是 SBA 的 SBIC 计划内的投资公司。

用开头的案例说明一下 SBIC 计划的具体模式是：NewSpring 的投资从 2013 年 7 月以来利用夹层基金的投资组合帮助 ATS 快速成长。航空技术服务公司 ATS 是北美关于运输飞机维护、修理等提供者的最大第三方，在 NewSpring 帮助下 ATS 不断扩大其核心业务。在 NewSpring 控股期间，ATS 业务覆盖地域不断扩大，ATS 收入和税前利润显著增加，一度成为英国《金融时报》的热点话题。

SBIC 计划的出台背景，是随着第三次科技革命的到来，工业发达国家的科技型中小企业开始快速涌现，但数量多、规模小且缺乏有形资产等特点加剧了科技型中小企业的融资困难。而在当时的金融体系下，科技型中小企业的融资需求远远得不到满足：一方面，银行基于固定资产抵押控制风险，无法为缺乏有形资产的科技型中小企业提供贷款；另一方面，风险投资机构虽然偏爱中小企业，但投资能力极为有限。在此背景下，科技担保机构应运而生，在科技中小企业向银行等金融机构申请贷款时提供信用担保，帮助科技中小企业顺利获取资金。

1937 年，地方性中小企业保证协会在日本东京建立，率先将中小企业的融资担保和信用评估相匹配，成为科技担保[①]的雏形。1953 年，美国成立 SBA，为中小企业发展创立了政策性担保模式——SBIC 计划。此后，德国于 1954 年、加拿大于 1961 年也相继建立各自的中小企业担保体系。随着世界科技创新的日趋活跃，从欧洲的意大利、英国、法国等国家，到亚洲的中国、印度、韩国等国家，以及非洲国家埃及，纷纷开始探索符合自身科技企业融资需求的科技担保模式。以 SBIC 计划为代表的科技担保在一定程度上引导了银行信贷资金的流向，缓解了科技型中小企业融资难题，开辟了金融支持科技的新领域。

从其功能上看，SBIC 计划的发展可以大致分为两个阶段：

第一阶段（1958—1994 年）：以优惠利率贷款为主要募资模式。

该阶段，SBA 为 SBICs 提供优惠利率贷款，通过政策性资金推动 SBICs 的发展。《小企业投资法案（1958）》批准小企业局依法负责 SBIC 计划，并为其提供优惠贷款支持。具体来说，SBICs 每投入 1 美元，小企业局便会对应提供最高 3 美元的低息贷款。

同时，SBIC 计划也在不断进行优化调整，《小企业投资法案（1958）》《小企业投资法

---

① 科技担保已经成为扶持中小企业融资的重要手段之一，目前世界上已经有 100 多个国家和地区建立了超过 2 250 个信用担保机构，主要包括政策性担保机构、商业性担保机构、互助性担保机构三大类。

案(1967 年修订版)《银行控股公司法案(1967)》等法案陆续出台。

1958—1994 年,SBIC 计划在鼓励创新创业方面发挥了重要作用,大约 7.8 万家小企业获得了 SBIC 计划累计 130 亿美元的低息贷款。该计划还成功培育出了英特尔、耐克等著名国际企业。

第二阶段(1994 年以后):杠杆融资成为募资模式新突破。

该阶段创新出了杠杆融资方式,债权担保融资和股权担保融资的出现意义深远。1994 年,SBA 在 1985 年对债务融资给予担保的基础上进一步完善债券担保机制,允许 SBICs 延迟优先支付,直至累计获取利润,促进了 SBICs 进行股权投资,同时推出股权担保融资模式。

SBIC 计划在这一阶段取得了快速发展,1994—1998 年,新注册的 SBICs 达 138 家,初始私有资本达 18 亿美元,超过了此前 35 年的总和。SBIC 计划累计投资的小企业约 3 万家,投资资金约 300 亿美元,美国小企业创新与发展盛况空前。

与美国传统财政资金使用方式相比,SBIC 计划的杠杆担保融资模式不仅能够充分调动民间资本的参与积极性,也能够节省财政资金,担保杠杆操作实现了财政资金的放大效应。这一举措,不仅显著提升了小企业风险投资的规模,而且在一定程度上降低了政府资金的压力和风险。

根据 SBIC 计划年报,在 2014 财政年度内 SBICs 管理的资本总量达 225 亿美元,其中 SBA 杠杆融资 107 亿美元,占总资产比重高达 47.6%,在发挥政府作用的同时提高了 SBICs 的积极性,保障了小企业扶持计划的顺利实施。在过去的 5 年,每 1 美元的 SBA 担保杠杆,为 SBIC 提供超过 2 美元融资,这一举措极大地提升了政府资金的杠杆作用。

截至 2014 年 6 月,SBIC 计划共有 292 家在册公司,投资了 16.6 万个小企业,投资金额达 670 亿美元,成功培育出了英特尔、苹果、联邦快递、惠普等一大批著名的创新型跨国企业。SBIC 计划下受资企业情况表如表 2-1 所示。

表 2-1　SBIC 计划下受资企业情况表

	2010 年	2011 年	2012 年	2013 年	2014 年	2014 年较上年变动(%)
受资助企业数/家	1 331	1 339	1 094	1 068	1 085	2.00
融资总额/亿美元	20.47	28.33	32.27	34.98	56.45	61.38
创造的就业机会	46 130	61 527	68 918	73 585	113 022	54.00

资料来源:SBIC Annual Report Fiscal Year 2014.

皮埃罗·斯加鲁菲(Piero Scaruffi)在《硅谷百年史——伟大的科技创新与创业历程》中认为,1958 年—20 世纪 70 年代初,SBICs 的确为许多初创小企业弥补了资金缺口。

西海岸最早的风险投资家威廉·德雷珀说得更直白些:"(没有 SBIC 计划)我可能一辈子也不会做风险投资……它把不能做和没有钱来做进行了区分。"

二、严格的资格审查

SBICs 的资金来源决定了其必须进行严格的风险控制。皮埃罗·斯加鲁菲认为,SBICs 的问题是,它每投资 1 美元,政府都要配套提供 3 美元的担保贷款。这虽然扶植了许多企业,但却不适合高风险的投资,因为政府的贷款担保通常意味着用纳税人的钱去补贴那些失败的投资项目,而银行则是最大的赢家。

为了保障 SBA 的政策性担保杠杆模式能够在真正意义上贴合 SBIC 计划宗旨,SBIC 计划经过数十年的探索完善,从《小企业投资法案》到《小企业投资公司管理规定》,制定了一套严格资格审查机制,切实保障入选的 SBICs 符合扶持科技创新的计划初衷,并有效地降低了该担保模式的风险。

例如,当一家投资公司对 SBIC 计划提交申请时,需提交资本证明、商业策划书、团队简介、公司所有权证明、公司管理费用计划、公司整体策划等一系列材料,主要材料如下所述。

(一) 常规资本运转正常

SBIC 计划规定私人资本的最低额度必须符合审查条件。如准备发行债券的 SBICs 的私人资本额不低于 1 000 万美元。但在 SBICs 能证明自身的资本额能保持长期稳定的财务可行性,最低额度资本可以相应降低,但不能低于 500 万美元;不发行债券的 SBICs 私人资本最低额为 500 万美元,但特殊情况下 SBA 会有特殊规定。即,如果申请者满足最低资本额,有可行的经营计划,有达到 500 万美元的时间表,最低额可能会放宽到 300 万美元。

(二) 商业策划书详尽

SBIC 计划规定 SBICs 须提交商业策划书,并接受审查会的评审。提交内容需要包括关于投资的具体计划,主要包括采取何种投资手段,主要面向什么行业,在什么阶段进行投资,投资的主要地域分布以及其他与投资相关的问题。

(三)管理队伍成熟

SBIC 计划允许个人、金融机构及非金融机构都创办 SBICs,但 SBICs 管理团队的相关能力审查必须具符合 SBA 的标准。如 SBICs 的管理人员必须至少在类似的投资公司、相应的职位上有超过 5 年的工作经验或经历;SBICs 的一般工作人员也应具有不少于两年的工作经验或经历。

(四)所有权与管理权分离

SIBC 计划的审查中严格规定了公司所有权与管理权必须分离的一系列条款。例如,在 SBICs 的私人资本中,不参与公司管理的人需要拥有 30% 以上的股份;SBICs 的股东或者有限合伙人,不可以是 SBICs 的关联方;SBICs 的管理者与所有者不得有控制与被控制的关系,也不能由同一个管理者控制;SBICs 的投资人至少要符合条件的三位以上组成,且不能有相互附属关系;各个投资者的投资金额与比例也许严格按照 SBIC 计划进行;任何单一的投资人都不能拥有超过私人资本总额 70% 的投资额。

(五)管理费用合理

SBIC 计划对于提交申请的投资公司在管理费用上也做了较为详尽的规定和审查。申请执照时,投资公司的管理费用计划合理才有可能取得 SBA 的同意。投资公司的工资、行政费用、业务拓展费用、记账费用、差旅费用等均需要符合规定,才有可能得到许可。

(六)投资对象限定

SBIC 计划严格审查投资公司的投资对象,规定了投资公司只投资于美国境内的具有较高成长性的小企业。例如,计划中明确了成长性小企业的标准是企业收入每年能保持 20% 以上速度持续增长;对于被投小企业的资质,要求相关母公司、子公司、附属企业在投资前两年,净资产值不超过 1 800 万美元,收入总额平均在 600 万美元以下。

三、全面的约束监管

美国政府 SBIC 计划的成功除了重重筛选的严格条件,更依托其日益完善的约束与监督机制。随着约束机制的不断完善和监督力度的不断加大,约束监管机制已在相当程度上提升 SBIC 计划投资的安全性与目的性,更加坚定了 SBIC 计划扶持小企业创新创业的决心。其内容主要包括如下几点。

(一)对投资行为进行限制监管

在投资范围上,《小企业投资法》明确规定了 SBICs 不能投资的类型。例如,禁止房地产项目融资、禁止没有常规连续性业务的公司融资、禁止农地、未耕田的融资,禁止外国企业融资等内容;不鼓励投资于主业不鲜明的综合性公司,特别是那些不实际提供产品或服务,只是提供长期资本的企业。

在投资对象上,SBICs 与有关成员的自我交易受 SBIC 计划的限制监管。即不得对投资对象进行永久性的间接或直接控制;不得向其资助的企业或企业的所有者、管理人员借款;不能对 SBICs 的股东、董事、管理人员和雇员等提供直接或间接资金。

在投资时间上,SBICs 需按照计划规定进行投资行为,且接受 SBA 的严格监管。SBICs 向小企业发放贷款或购买其债券的融资时间最少为 5 年,某些条件下,对特殊企业可减少到 4 年。小企业在支付一定罚金的前提下,可选择合适的时机提前偿还贷款或债券。

(二)对 SBIC 资产管理进行监管限制

SBICs 必须按照 SBA 指定的《SBIC 自评价指南》对自身的贷款和投资情况进行自评价,并于每财年年末向 SBA 的计划管理部门汇报,并接受监察。SBIC 计划规定禁止 SBICs 未事先得到 SBA 的批准采用政府杠杆融资的 SBICs 增加管理费用预算,如需增加,需要实现取得 SBA 的许可;SBICs 对小企业的投资超过承诺资本与私人资本的 20% 必须得到 SBA 的事先批准;禁止已获得杠杆融资的 SBICs 在经书面批准获得有抵押的信用额度或第三方抵押债务,禁止第三方对 SBICs 的优先债券和债券利息超过借款本金的 125%;已获得参与式证券杠杆融资的 SBICs 必须保证流动比率不得低于 1.2。

（三）对小企业控制权的约束监管

SBICs 在 SBIC 计划的监管下,管理权和控制权都受到严格的限制。例如,SBICs 对小企业没有控制权,既不允许 SBICs 以直接或间接的形式永久性控制任何小企业,也不能联合其他 SBICs 和关联方进行控制;只有在为了保护先前的投资,或投资对象严重违反投资协议或投资为主要资金来源且投资独享是初创期企业,或者小企业出现较大的经营危机或存在特别高的风险时,在征得 SBA 同意并建立一个最终与企业分离的计划后,SBICs 可以进行小企业的临时控制,一般不超过五年,避免过多的损失;未经书面许可,一家 SBICs 不得拥有另一家 SBICs 的高级职员、经理货值拥有 10% 以上股权的所有者;未经 SBA 的书面许可,禁止 SBICs 从事改变或者兼并公司的组织行为。值得指出的是,SBICs 的控制权在 10% 以上的股权发生变动时,必须得到 SBA 的书面许可,否则任何的所有权和控制权的变动都是无效的。作为批准的附加条件,SBA 会要求新的控制人或者所有人以书面形式表示愿意承担责任,或要求 SBICs 申请人增加常规资本。

在一系列严格的限制条约不断完善的同时,SBIC 计划同时在 SBA 经国会批准的前提下,建立了所有被批准的 SBICs 数据库,对 SBICs 活动进行全面监控,同时缩短对 SBIC 的检查周期。例如,对 SBICs 杠杆融资项目的检查周期平均为 10.9 个月。通过约束与监管,全面把控 SBICs 的投资行为符合扶持小企业创新创业的初衷。

四、安全的退出机制

值得一提的是,SBIC 计划通过严谨的退出机制,借助担保资金的安全屏障、SBA 的安全退出机制、SBICs 的灵活退出机制三方面,环环相扣,保障了 SBA、SBICs、科技企业多方共赢的成果。

首先,SBIC 计划设置了资金的安全屏障。由于 SBICs 的收益往往滞后于对小企业的投资,作为担保人的 SBA 确定了由位于纽约州纽约市的大通曼哈顿银行通过自动票据交换所收取集资的所有款项,发行担保债券或参与性证券的每个 SBICs 必须于每一计划支付日期在其指定账户上有正确的到期数额以保证担保资金的安全。当 SBICs 出现破产或违约、流动性资本损失超过规定、最低管理费用无法维持等行为时,在该 SBIC 还清所有已到期杠杆资金前,SBA 有权禁止其任何分配行为和投资行为,或将它移交清算部门回购其发行的债券或证券。这一举措为 SBA 的安全退出提供了一道重要的保障。

其次，SBA 借助灵活的赎回制度保障了资金的安全退出。例如，担保债券模式允许 SBIC 在任何时候赎回。前五年中，第一年赎回需付 5％的罚金，以后罚金率每年下降一个百分点，第六年赎回开始不需付罚金；参与式证券杠杆资金也具有可赎回、优先权的特点。在 SBICs 发生清算时，参与式证券模式具有最高优先权。

最后，SBIC 计划给予了 SBICs 资金退出的灵活空间。SBICs 在企业运营正常情况下的退出机制会根据不同情况进行弹性协议，但在贷款协议中一个重要的规定是，当受资公司不能及时还款或者出现违约行为时，SBICs 将获得该公司的权益，条款保障了 SBICs 的安全退出。

参考文献

［1］美国 SBIC 计划的经验及启示：微口网．http://www.baidu.com/link? url＝sOcu4.

［2］美国小企业投资公司计划．doc．http://www.baidu.com/.

［3］第一代投资人：自成一体的风险资本．http://www.baidu.com/link? url＝tw7q4.

［4］王安安．美国 SBIC 的投资策略研究［J］．财贸经济，2001(4)：72-75.

［5］政府支持风险投资的金融模式及"风险杠杆"效应研究．http://www.baidu.com/link? url＝O4a_t.

［6］徐林．专利权质押过程中的若干法律问题研究［D］．复旦大学，2006.

［7］美国 SBIC 融资担保模式对我国政策性创业投资引导基金．http://www.baidu.com/link? url＝qVuG2.

［8］企业创业投资动机与策略研究．豆丁网．http://www.baidu.com/link? url＝YMGZF.

［9］美国创业政策．教育频道．凤凰网．http://www.baidu.com/link? url＝6W6Zc.

［10］美国小企业投资公司计划（SBIC）精品文档．豆丁网．http://www.baidu.com/link? url＝W_myl.

［11］陈希，褚保金．美国的"小企业投资公司计划"［J］．中国科技投资，2005(11)：79-80.

［12］李朝晖．美国 SBIC 融资担保模式对我国政策性创业投资引导基金的启示［J］．金融理论与实践，2010(3)：104-108.

［13］美国小企业政策及其对中国的启示．http://www.baidu.com/link? url＝3WaQJ.

［14］陈希，褚保金．美国"小企业投资公司计划"运作机制研究［J］．商业研究，2006(11)：206-208.

［15］科技型中小企业融资模式研究．http://www.baidu.com/link.

第三章

红杉资本，赌赛道、赢早期的风投之王

随着科技金融政策的不断完善，一大批高技术、高成长、高收益、高风险的科技型中小企业迅速发展和壮大，随之而来的资金需求也与日俱增。

无须抵押和短期债务偿还的风险投资，满足了初创科技企业的融资需求，逐渐成为科技型中小企业融资的主要渠道之一。

SBIC 计划的助力，使得美国成为现代风险投资业的发源地。近年来，美国超过85％的风险资本流入了高新技术行业，德丰杰、IDG、红杉资本等国际知名的风投机构成长起来，苹果、微软、英特尔等一批享誉全球的大型科技公司迅速壮大，风险资本成为美国创新创业技术创新的"孵化器"和"催化剂"。

本章选取了素有"风投之王"的红杉资本为案例，探究风险投资之于科技企业的重大意义。

红杉资本(Sequoia Capital)到底有多牛？这个数字足以证明其在全球风险投资界的地位:红杉资本所投公司占纳斯达克总市值的 22%。

但红杉真正与众不同的特色在于,在资本的逐利性以及利润最大化目标的驱使下,风投机构大多在后期投资的热土上聚集,而红杉资本却背道而驰,确立了投资于企业前端的投资策略,并自此走上了风投之王的加冕之路。

这种被称为"下注于赛道"的策略,使得红杉资本紧紧把握住每一次产业革命的脉动。

它的成功主要得益于其拥有经验丰富的合伙人,长期关注小公司,并经常能够在企业危机的时候伸出援手,以高效的行动取得客户的信赖。

可以说,红杉的发展史也是近几十年美国的科技发展史:

在大型机时代,红杉发掘了 PC 先锋苹果电脑;

软件时期,红杉投资 5 英寸软盘业务 Tandon 公司和甲骨文;

当 PC 大肆发展,红杉培养起网络设备公司 3Com、思科;

而当互联网时代来临,红杉又投资于雅虎、Google 和 Paypal……

一、风投成为科技创新的催化剂

第二次世界大战之后,美国政府推出了一系列保护专利技术和知识产权的措施,一大批高技术、高成长、高收益、高风险的科技型中小企业由此迅速发展和壮大,逐步成为美国创新经济的重要动力。

初创科技企业多具有经营环境变数大、价值不易预估、缺乏可抵押实物资产等问题,很难从传统银行金融机构获得资金支持。19 世纪中后期,部分成功的资本家开始以个体性、碎片化的方式投资具有潜在高回报的高科技企业,标志着风险投资萌芽的开始。1945 年,英国成立了第一家风险投资公司——工商金融公司。1946 年,美国成立了第一家现代风险投资公司——美国研究发展公司(ARD)。

随着信息及生物技术产业的快速崛起,新能源、新材料和医疗保健以及通信、半导体和软件等行业成为风险投资者追逐的热点领域。

在世界经济的霸主——美国,风险投资公司对科技企业各阶段进行持续的资金支持,成为科技企业强有力的助手和导师,无疑成为科技成果转化和技术创新重要的"催化剂"。

20 世纪 60 年代,美国已有 700 家小企业投资公司,风险资本达 8.14 亿美元,促使许多创业企业在这轮投资繁荣中得以上市。

二、硅谷风头最劲的风险投资家

在美国,上百家风险投资公司集聚于硅谷。自 1969 年英特尔创立以来,绝大多数高科技公司都希望再次获取到投资者的青睐,并缔造下一个奇迹。

然而,资本的逐利性以及利润最大化目标,使得后期投资所占比重不断提升,早期阶段的科技企业只能望洋兴叹。原因在于,随着风险投资公司投资回报不断递增,后期阶段的企业相对稳定性较高,且投资能够获得更大的资本增值,大部分资金雄厚的风投机构开始投向中后期的企业。

企业的初始成长阶段可划分为产品研发期、小型生产、企业早期发展期、加速成长和成熟阶段五个阶段:在产品研发期,企业融资多数来源于天使投资,投资规模多在 10 万美元左右,一般占有企业约 8% 的股份;随着企业进入早期发展期,投资机构则开始进行详细的企业评审评估,对看好的企业进行首轮和 A 轮投资,投入金额多数在 200 万美元以下,所占企业股权也持续增加,但一般不会占有过半股份,以免因创业者所占股权较小而影响创业积极性。在企业的加速成长期和成熟阶段,风险投资将投入更多资金,控制更多股权,以便更好地管理和影响企业,尽力帮企业做大做强,尽早上市交易退出。风险不同时期对企业提供的投资与服务如表 3-1 所示。

表 3-1　风险投资不同时期对企业提供的投资与服务

周期	业务情况	财务状况	企业资金	风险投资
产品研发	研究发展至生产制造阶段	尚未形成收入	家庭、朋友募集	天使投资 10 万美元以下,股权约 8%
小型生产	生产小量产品,供应极小市场需求	部分收入,无盈利	合伙人入资	首轮投资:10 万～30 万美元
早期发展	市场接受公司产品,扩大再生产	利润超过损益平衡点	银行小额贷款	A 轮投资:150 万～200 万美元
加速成长	引入新生产线,成为大、中型公司	销售金额快速成长	股票的公开上市或合并	B 轮投资:750 万～800 万美元
成熟阶段	年销售额达 2 500 万美元或更多后	税后净利润约为 7%～8%	金融渠道扩大融资	资本上市交易退出

风险投资家们在企业中后期阶段忙碌着,急切地想要在科技企业上市前分得一杯羹。

然而,1972 年成立的红杉资本却背道而驰,确立了投资于企业前端的投资策略,并成功缔造了一个硅谷真正的传奇。

作为一家运营 40 年的风投公司,它战胜了科技跃进和经济波动,扶持了苹果、甲骨文、思科、雅虎等伟大的公司。统计数据表明,超过 500 家公司得到过红杉资本的扶持,其中成功上市的企业达 130 多家,借助兼并收购成功退出的项目有 100 多个。

目前,因红杉资本投资而上市的公司现在市值之和达到惊人的 1.4 万亿美元,相当于纳斯达克总市值的 22%。

红杉资本拥有令风投业任何人侧目的高回报率:于 1992 年设立的红杉 6 号基金的年回报率为 110%;1995 年设立的 7 号基金的回报率为 174.5%;未完全收回的 8 号基金,在 1998—2003 年年初的内部回报率也达到了 96%。

红杉的传奇还在继续。2004 年 Google 上市后,红杉将其 1 250 万美元变为 50 亿美元以上回报。而它投资的 YouTube 也因 Google 的收购,资本由 1 150 万美元变成了 4.95 亿美元。

三、顺势而为,下注于赛道

"没有什么是革命性的,全是进化。"尽管创新、颠覆一直是外界形容硅谷的关键词,但在红杉资本看来,所有技术进步都是相互呼应的,所以投资决策并非空穴来风。

每一次技术革命和产业转型的关键节点,都会看到红杉资本的身影。

为什么红杉能够频频抓住每次技术沿革中最优秀的公司?红杉投资过程的独特之处是什么?

在红杉,有一句最著名的方法论:"投资于一家有着巨大市场需求的公司,要好过投资于需要创造市场需求的公司。"这便是广为流传的经典投资理念"下注于赛道,而非赛手",用以强调市场对一家公司的意义。

实际上,这一理念至今仍然在投资界广受争议。但深耕赛道的投资策略却成为红杉资本连续 40 年的价值取向。原因在于,美国虽然发展最快,但仍无法避免市场数据匮乏的情况。于是,更多的投资人选择变换角度考察公司,例如,管理团队是否足够好?技术是否独特？产品是否可以被专利化？

而红杉资本,恰恰选择了企业的经营领域和市场前景作为其投资的重要准则。

雅虎(Yahoo!,NASDAQ:YHOO)不仅是美国著名的互联网门户网站,也是20世纪末互联网奇迹的创造者之一。其服务包括搜索新闻、电邮、引擎等,业务遍及24个国家和地区,为超过5亿的全球独立用户提供多元化的网络服务。同时也是一家全球性的互联网通信、商贸及媒体公司。

在雅虎这个项目上。红杉发现雅虎时,仅从两个人的天赋判断其未来成就几乎没有可能。在1994年,雅虎刚刚成立的时候,公司只有两个创始人,随着收集的站点资料日益增多,他们开发了一个数据库系统来管理资料。

和多数投资者一样,红杉考量的主要因素是:如果雅虎上的全部信息都是免费的,它如何挣钱？

正是由于红杉资本对于市场的深入了解和判断。红杉发现,广播和电视也是免费的,但它们仍能取得商业上的巨大成功,那么雅虎的未来应该也是类似的轨迹。正是基于这样的判断,红杉资本使一个分类信息检索页面变成了门户网站,并最终成为首个网络上的媒体帝国。

一直以来,红杉始终依托自身对于赛道的和市场的判定,并不顺应舆论营造的流行趋势,有条不紊地进行投资。红杉资本很少附庸大公司们以大量资金打造的趋势,比如有线电视公司鼓噪的"交互电视";它也尽可能远离资本市场上的火热概念,如近年的纳米科技等。

而这一理念不是从红杉资本成立一开始就有的。

刻意求新、紧随潮流的实践,给了红杉资本深刻的教训。

在1997—1999年,Webvan公司试图改变物流运送体系。红杉资本在Webvan投入5 350万美元,帮助其在全国大量敷设网点。但粗放的管理使Webvan在网络泡沫破灭后瞬间破产。

经过不断的探索,红杉资本日益清晰了自己的投资信念:专注于那些利润丰厚的企业、避开资金聚集的产业。红杉始终坚持,创业公司只有能够提供第一流的服务,才能获得巨大的用户群,才能拥有广阔的增值服务空间。

例如,Weatherbug是美国一家天气预报网站,它搭建了北美洲最完整的天气预报信息网络。如果大量用户养成在这里了解天气的习惯，那么与天气情况对应的每天的饮食、衣着、旅游等增值服务等内容，都可能成为 Weatherbug 的利润源头。

如今的红杉资本，凭借其技术计划规律的准确把握，已然形成了一个以企业 IT 基础架构为基础；以数据处理为延展；以普遍 SaaS 服务为突破点的全企业服务赛道。

四、用专业团队寻找思维模式迁移轨迹

在变化万千的市场中，如何找到未来的"伟大的公司"？

作为专业的投资团队，红杉资本完美地回答了这个问题。

（一）钟爱"思维模式迁移"下的小公司

在传统行业，"大卫战胜哥利亚"的故事并不多见，而这却是科技产业领域生生不息的主旋律。以半导体行业为例，得州仪器在 20 世纪 60 年代初规模巨大，但仙童半导体凭借技术创新迅速崛起，随后英特尔又超越了仙童……

在红杉资本，投资决策者围绕核心的投资领域，永不停止地进行着自我更新。每当红杉资本将小企业推上成功的巅峰，就像计算机重启一样，红杉资本又重新寻找该领域的那些小的、未得到广泛认可的创新企业。

例如，在选择 Google 并一起成功之后，红杉资本迅速投入到下一个具有发展潜力的项目中。又陆续扶持了天气预报网站 Weatherbug、博客公司 Sugar Publishing、服务于 50 岁以上人群的网站 Eons、一次性相机销售公司 Pure Digital、借记卡发行公司 Greendot、网络通讯簿 Plaxo、在线游戏租赁服务公司 Gamefly、电子商务公司 Red Envelope 和旅游网站 Kayak、培训软件公司 Saba 等。

正是基于这些成功经验。虽然公司各有不同，但红杉资本扶持的伟大公司都是思维模式迁移下的选择。就像下一个谷歌、下一个思科①、下一个雅虎、下一个苹果一样，这些公司在很弱小的时候得到了红杉的帮助，凭借独特的生意之道，将会发展成下一个奇迹。

截至 2015 年，红杉资本共公开披露涉及北美地区公司投资 54 起。其中，天使轮及 A 轮投资 13 起，B 轮投资 16 起，C 轮投资 9 起，D 轮投资 16 起；因为 D 轮主要是一些跟

---

① 思科 1984 年创立，1999 年在纳斯达克上市，市值一度超过 5 000 亿美元，超过微软，雄踞全球第一。

投和之前投过项目的跟进。2015 年北美红杉的投资阶段分布情况如图 3-1 所示。

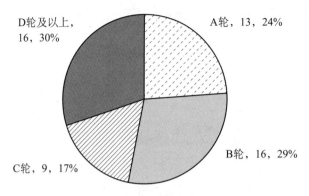

图 3-1　2015 年北美红杉的投资阶段分布情况

数据来源：牛透社。

天使轮及 A 轮融资中，Orbital Insight 是重点领域，地理数据的 PaaS 是细分方向。

B 轮融资的企业中，独角兽的超级企业已经出现了，获得 2.5 亿 B 轮融资的 Github，估值超过十亿美元，已经在企业服务领域排名第一。

例如，BigPanda 是一家为 IT 监控领域颠覆性的集成服务的公司，B 轮获投 1 600 万美元。BigPanda 可以集成的 APM 包括：New Relic、AppDynamics；可以集成的系统包括：Nagios、Zabbix、SolarWinds、DataDog；集成的自动化编译工具包括：Chef、Puppet、Ansible。这些系统所产生的 Alert、BigPanda 通过自动化的方法，智能矫正所有的报警，并及时向运维推送。在美国的运维人力成本极高的情况下，BigPanda 这种自动化运维工具成为节约成本的法宝。

此外，C 轮、D 轮投资红杉的策略基本上是跟投。在 C 轮融资最多的 stripe，提供的是商户的支付服务，曾获得过红杉 A 轮投资；D 轮及以上有已经商业化运作很成功的数据库服务 MongoDB 与移动端数据分析服务 App Annien；也有老牌智能 BI Brist；更有今年在开发与部署领域最热门的 Docker。

（二）为最有前途的公司而迅速行动

红杉资本愿意为了那些最有前途的公司而迅速行动，这使得它在创业者中备受追捧。如果进展顺利的话，周一上午向红杉资本做推介创业企业，投资的口头协议下午就能到手。投资条款清单，不是律师撰写的长篇备忘录，而是列满要点的一张纸。

1999 年，特斯拉汽车 CEO 埃伦·穆斯克创建了贝宝（PayPal）。PayPal 允许在使用电子邮件来标识身份的用户之间转移资金，避免了传统的汇款或者支票邮寄的烦琐，是世界上最早的在线付款服务商。

面对这一创新的概念，红杉资本非常看好 Paypal 的发展前景。当公司初创时，尽管律师们还没有完成所有的文书工作，但红杉资本已经给它汇了 500 万美元作为启动资金。

事实证明，红杉资本的高效率帮它抢占到这一明日之星，并获得了令人惊喜的回报。此后，PayPal 不负众望，成为了备受全球亿万用户追捧的国际贸易支付工具。2002年，eBay 收购 PayPal，收购价格从 3 亿美元上涨到 15 亿美元才完成收购，这一收购价大约是 eBay 当时市值的 8%。

如今，全世界超过 2.2 亿的人成为了 PayPal 用户。

住宅改造平台 Houzz 也受益于红杉的高效工作。当 Houzz 在 2011 年进行融资时，另一家风投公司给出了更高的估值。但红杉资本却因为"非常直接和快速"而赢得了 Houzz 的心。

（三）雪中送炭，帮助企业活下去

在硅谷，风险投资家在企业遭遇困难的时候过于苛刻，在进展顺利的时候又过于匆忙地套现退出。

但红杉资本反其道而行之。红杉资本衡量创业公司的成功标准只有一个，那就是企业有活下去的能力。而红杉资本的主要任务，就是最大程度地帮助这些创业公司活下去。在创业公司遇到困难的时候，红杉资本给予它们指导和帮助，并足够耐心地等待它们解决难题，进而帮助客户实现强劲的扩张和迅猛的增长。

以 Birst 为例：

2004 年，一家来自旧金山的创业公司——Birst 成立。

Birst 是一家专门为大中小企业提供数据分析和商业智能解决方案的公司。商务软件提供商 Siebel Systems 与其组建了全球领先的团队。公司开发的一系列软件可以让数据分析和报告生成部署得更快、使用更加简单，以及组织适用范围更广（包括企业和个人）。

不过 Birst 领域的竞争比较激烈。其对手包括 Tableau 、MicroStrategy 等传统玩家，以及最近同样获得融资的 Looker 等初创企业，SaaS 巨头 Saleforce 最近也进入了这一领域。

为了进行欧洲、亚洲的业务扩张，2012 年，由红杉资本领投，帮助 Birst 公司再获

3 800 万美元。

2015 年,Birst 公司 F 轮融资获得了 6 500 万美元,由 Wellington Management 领投,红杉资本等原有投资者跟投。所得融资将用于产品功能增强以及扩充销售和营销力量。

正是在竞争激烈的市场中,正是有了红杉资本的支持,Birst 公司才能一路发展壮大。过去几年 Birst 的发展势头比较强劲,年增长率一直保持的 80%～100% 左右。目前,该公司已拥有数百客户,其中包括思科、Kellogg、TD Ameritrade、T-Mobile、安泰保险等。Birst 公司在美国商业智能预分析市场的位置如图 3-2 所示。

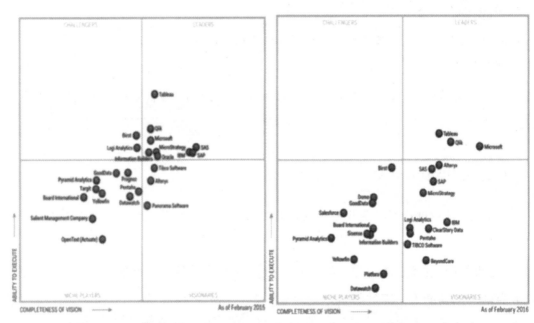

左图:Gartner 2015年商业智能与分析魔力象限　　　右图:Gartner 2016年商业智能与分析魔力象限

图 3-2　Birst 公司在美国商业智能预分析市场的位置

数据来源:Gartner2015 年和 2016 年年度报告。

看到初创公司表现出色并不断成熟时,只要红杉资本认为它们还能做得更好,红杉资本就会"永不知足"。一般的风投公司经营 10 年期有限合伙投资基金,而红杉资本的经营期往往会延长到 16 年或 17 年。举例来说,红杉资本在谷歌上市后继续持股,近两年对雅虎的持股时间甚至更长。

SerivceNow 是一家领先的基于云服务、实现企业 IT 运维的自动化提供商。专注于将企业 IT 自动化和标准业务流程,改变 IT 企业与客户之前的关系,加强全球企业的 IT 内部管理。

红杉资本在 2009 年成为 ServiceNow 的重要股东,领投了一轮 4 100 万美元的融资,莱昂内借此进入董事会。

2011 年 7 月,出乎所有人的意料,一个收购方提出以 25 亿美元的价格收购该公司。那时套现退出的话会给红杉资本带来大约 10 倍的投资回报。

这一提案吸引了 ServiceNow 的大多数董事,只有红杉资本坚决反对。红杉资本连夜制作了一份 12 页的分析报告,声称这一收购远远低估了公司的实力,公司潜力比外人看到的更加巨大。

经过红杉资本的坚持和董事们的讨论,ServiceNow 拒绝了收购。一年后,Service-Now 上市,股价开始大涨。目前市值约为 83 亿美元。

简单一算就会发现,红杉资本的正确决策和坚持,为自己和 ServiceNow 股东带来了近 60 亿美元的财富。

(四) 职能互补,经验累加的团队

红杉资本积聚了一批经验丰富的合伙人,并利用合伙人之间的互补、默契,使红杉资本长期保持着独到的眼光和高竞争力。红杉资本的无投票权高级合伙人由经验丰富的科技界前高管担任,项目评审组由多元化、经验丰富的人员组建,并且领导团队长期保持年轻化。例如,在红杉资本的组织中,除了基金创始人唐·瓦伦坦,它还有 5 名 20世纪 80 年代加入的合伙人。这群占到总合伙人数量 1/3 的"资深人士",相当于拥有120 多年的红杉经验。红杉资本团队构成示意图如图 3-3 所示。

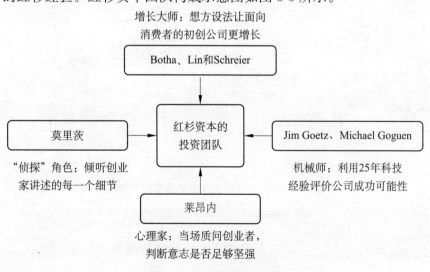

图 3-3 红杉资本团队构成

正是由于这一高效的团队,红杉资本在获得高额收益的同时,合伙人的高收益也令世人咋舌。

例如,"风险六号"(Venture XI)基金规模只有3.87亿美元,11年后基金净收益高达36亿美元,红杉资本合伙人应得11亿美元,占比30%;有限合伙人得25亿美元,占比70%。

第13期风投基金(2010年)和第14期风投基金(2012年)的投资回报更加惊人,迄今前者的年收益率高达88%。这两只基金将分享红杉资本从WhatsApp收购交易中获得的收益中的大约30亿美元。

红杉资本不仅将其合伙人变成亿万富豪,同时也让外部投资者心满意足。

五、红杉中国:"中国学徒"的因地制宜

2005年,沈南鹏在红杉基金合伙人Michael Moritz和Doug Leone的支持下创办了红杉资本中国基金。

经过多年发展,红杉中国逐渐独占鳌头。目前,红杉资本中国基金管理约24亿美元和约40亿元人民币的9只基金,在香港、北京、上海、广州及苏州5地设有办公室。

红杉中国规模为2.5亿美元的二期基金(2007年建立)为有限合伙人带来了高达33%的年化净收益率。红杉中国2010年的三期基金(3.5亿美元)的年化收益率高达37%。红杉中国2012年的四期基金仍在投资中。红杉资本中国基金的投资回报情况如图3-4所示。

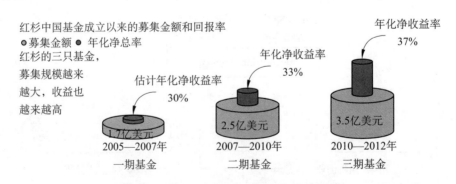

图3-4　红杉资本中国基金的投资回报情况

数据来源:根据红杉资本公开数据整理所得。

近几年,红杉中国的身影,更是在最成功的互联网公司背后频现。

截至目前,红杉资本中国基金已累计投资了超过150家具有高速增长潜力的公司。

表 3-2　2015 年部分红杉退出项目表

企业名称	行业分类	退出方式	账面回报（倍数）	退出时间
博纳影业	电影制作与发行	IPO	9.7	2010/12/9
奇虎 360	互联网信息服务	IPO	17.7	2011/3/30
依格斯医疗	化学药品制剂制造	并购	—	2009/10/27
亚洲传媒	应用电视设备及其他广播电视设备制造	IPO	6.59	2007/4/26
飞鹤乳业	液体乳及乳制品制造	并购	0.03	2011/2/1
高德软件	应用软件服务	IPO	2.12	2010/7/1
麦考林	邮购及电子销售	IPO	4	2010/10/26
唯品会	邮购及电子销售	IPO	0.6	2012/3/23
京东商城	计算机应用服务业	IPO	1.43	2014/5/22
京东商城	计算机应用服务业	IPO	5.25	2014/5/22
聚美优品（原团美网）	计算机应用服务业	IPO		2014/5/16
途牛旅游网	计算机应用服务业	IPO	4.3	2014/5/9
乐蜂网	计算机应用服务业	并购		2014/2/17

数据来源：http://roll.sohu.com。

　　根据上市公司目前的市值和红杉资本的持股比例，计算得出红杉投资唯品会获得 17.8 亿美元的回报、投资聚美获得 6.22 亿美元回报、投资京东大约获得 4.4 亿美元回报。

表 3-3　2015 年红杉部分投资已上市的电商

投资对象	金额（万美元）	轮次	时间（年）	持股比（%）	市值（亿美元）	红杉所占资本（亿美元）
京东商城（JD）	4 000	—	2011	2.00	240.00	4.80
聚美优品（JUMEI）	1 300	A 轮	2011	18.70	34.00	6.35
途牛旅游网（TOUR）	5 000 6 000	C\D 轮	2011 2013	13.40	4.99	0.67
唯品会（VIPS）	7 000	A\B 轮	2010	19.00	97.70	18.56

数据来源：http://roll.sohu.com。

　　由于红杉中国不俗的成绩，福布斯发布的 2015 中国最佳创投机构榜单中，红杉资本中国基金位居榜首（如表 3-4 所示）。

表 3-4　福布斯 2015 中国最佳创投机构前 15 名榜单

排名	机构名称	主要管理人	成立时间(年)	管理资金规模
1	红杉资本中国基金|Sequoia Capital China	沈南鹏、周逵、计越	2005	近 400 亿人民币
2	IDG 资本　|　IDG Capital Partners	熊晓鸽	1993	逾 30 亿美元
3	软银中国资本|　SBCVC	薛村禾	2000	逾 20 亿美元
4	君联资本　|　LEGEHD CAPITAL	朱立南	2001	210 亿人民币
5	深圳创新投|　SCGC	倪泽望	1999	300 亿人民币
6	今日资本　|　Capital Today	徐新	2005	15 亿美元
7	达晨创投|　Fortime VC	刘昼	2000	150 亿人民币
8	永宣投资|　NewMargin Ventures	冯涛	1999	200 亿人民币
9	凯鹏华盈/华盈创投 KPB China / TDF Capital	汝林琪、周炜	2005	7.9 亿美元＋3.8 亿人民币
10	赛富投资基金|　SAIF Partners	阎焱	2001	55 亿人民币＋38 亿美元
11	东方富海　|　Oriental Fortune Capital	陈玮	2006	80 亿人民币
12	纪源资本|GGV Capital	符绩勋	2000	26 亿美元＋16 亿人民币
13	德同资本　|　DT Capital fartners	邵俊、田立新	2006	100 亿元人民币
14	经纬中国　|　Matrix Partners China	张颖、邵亦波、徐传陞	2008	13 亿美元
15	同创伟业|Cowin Capital	郑伟鹤	2000	113 亿人民币

基于国际视野和本土经验,科技与传媒、环保与新能源、消费品与现代服务业、先进制造业以及医疗健康产业等领域是红杉资本中国基金专注的领域。

尤其是,2014 年之后,企业服务、金融领域、电商企业不断成为红杉中国的投资重点。全年投资近百起项目,主要集中在 A 轮或 B 轮投资,约涉及 11 亿美元资金。在所投细分领域中,企业信息化、B2D 开发者服务等是企业服务领域重点,女性购物是电商企业领域的重点,贷款和理财领域是金融领域的重点。

红杉中国不是第一个,也不是最后一个进入中国的国外基金,但却是最成功的一个风投基金。这主要是因为,红杉中国保持了红杉资本集中于投资小企业的初创期的优良传统,并且传承了红杉资本的下注于赛道的投资理念和行动高效的做事风格。更重要的是,红杉中国又深入地融入了中国的文化和商业习惯,在充分授权的基础上,对投资领域、团队建设、搜寻渠道等方面做了符合中国国情的提升举措。

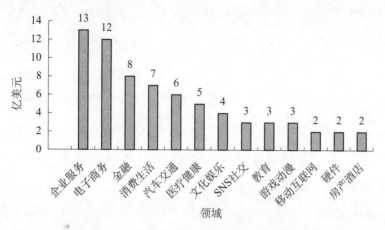

图 3-5　2014 年红杉中国投资项目所属领域分析图

数据来源：ITJUZI. COM. 截止时间 2014 年 12 月 31 日。

（一）融入中国文化和商业习惯

行业上，红杉中国开拓了比硅谷更为广阔的投资领域。红杉中国投资的部分行业，恰恰是北美红杉会尽量避开的。例如，红杉中国曾投资过 LED 芯片龙头企业乾照光电、快餐连锁店乡村基、诺亚财富等。虽然红杉中国的投资领域更加开阔，但红杉中国绝不会去投资一家缺乏独创性的公司。房地产、矿业和没有技术含量的制造业公司都是红杉中国不会涉及的。

2003 年 8 月，诺亚财富管理中心成立，是国内首家"独立理财规划机构"。诺亚财富管理中心专注于为私企客户、私人、家庭等提供全方位理财服务，提供家庭资产负债配置方案、不动产投资顾问、税务、家庭金融投资等服务，目前已在北京、上海、广州、温州等城市设立了分支机构。

当时金融业并不是红杉的核心投资领域，但红杉中国根据中国的国情判断，诺亚财富具有非常广阔的前景，便毅然决然地进入这一新领域。

2007 年，其已拥有 3 家分公司，并由此获得红杉资本注资 500 万美元。红杉获得 2 950 000 股 A 级优先股。

有了红杉中国的支持，诺亚财富不断地充实业务、扩充市场，从主营产品销售逐渐成为中国财富管理行业的先锋。

2010 年 11 月 10 日，诺亚财富登陆美国纽交所，成为国内首家在纽交所上市的独立财富管理机构。据统计数据分析，中国红杉是诺亚财富此次上市的最大赢家，3 年时间中国红杉从诺亚财富赚到了 36 倍的账面回报,年均账面回报倍数达到了令人咋舌的 12 倍。

团队建设上,不同于北美红杉采用的合伙人驱动的模式,红杉中国更倾向于培养年轻人才和团队。红杉中国的 50 多人专业团队里,有些来自于商学院刚毕业的学生。这些学生在红杉中国经过培养和历练,主要职能是进行企业的投前尽职调查。这一战略主要是由于中国的市场环境尚有待于规范。年轻的企业家总是首先把目光放在"抢占"新业务和销售额上,往往忽视财务完善和战略方法。而一批尽职尽责的调查者会有效地帮助红杉中国规避风险。

在搜寻项目的渠道上,红杉中国还仍在使用打 Cold Call① 这种逐渐消失的方式找到创业者。红杉中国业务拓展团队主动联系可能适合投资的新公司,唯品会正是通过这种方式找到的。

2008 年,唯品会(NYSE:VIPS)成立,致力于打造"一家专门做特卖"的网站,在中国开创了"精选品牌＋深度折扣＋限时抢购"的正品特卖模式。

唯品会成立之初,做折扣闪购,最初切入的是服装库存市场。这个模式的库存风险低,卖不完的可以退货;抢购本身也与中国人的消费心理比较匹配。

许多投资者担心,中国有没有足够的库存,会不会到时候就没有库存可卖了?在唯品会 A 轮的尽职调查中,红杉资本发现:在中国,服装是个万亿级的市场,库存即尾货占据 20% 之多,且几乎是永远存在的。

于是,红杉在唯品会的客服台留下了自己的电话。由于红杉当时已经很有知名度,所以,不久唯品会便回拨了电话并接受了红杉的投资意向。

在尽职调查中,红杉深入地和唯品会进行交流,并发现了其存在的巨大优势。

其一,红杉了解到唯品会已经与很多国内外品牌展开了合作,甚至包括迪士尼。

其二,通过调研了国内的库存尾货处理方式,发现传统的尾货处理方式效率低下,而唯品会恰恰提供了这样一个高效处理尾货的渠道和平台。

其三,唯品会定位在大众市场,价格便宜对工薪阶层有吸引力。

其四,唯品会选择的女性受众,这是一个具有较强的自然传播属性和强大的消费能力的群体。

其五,唯品会的业绩飞速上涨,订单太多、仓库爆仓等问题,亟待资金支持扩大经营。

---

① Cold Call,又叫陌生电访,通常指第一次主动给从未谋面的人打电话。比方销售人员给可能的目标客户打电话借此探索商机,或者求职者向雇主自荐,都可以称为 Cold Call。

经过深入的尽职调研和科学理性的判断,2010年11月,红杉资本决定为唯品会领投A轮投资,融资额为2 000万美元。

2011年5月8日,红杉再次领投唯品会的B轮投资,融资总金额达到5 000万美元。

随着红杉资本的进入,唯品会的公司业务渐好。目前,唯品会拥有13 000多个合作品牌,其中全网独家合作品牌超过1 600个。截至2014年年底,唯品会注册会员1亿,全年订单超1亿单,2014年净营收235亿元。2012年3月23日,唯品会在美国纽约证券交易所(NYSE)上市。自上市以来,截至2015年6月30日,唯品会已连续十一个季度实现盈利。目前唯品会已成为全球最大的特卖电商,以及中国第一的女性垂直电商。唯品会所代表的特卖模式,也已经成为中国当代三大电商业态之一。

这些成就的背后,离不开红杉忙碌的身影。

(二)善于授权给团队

既保持独立性,又保持深入的沟通,是红杉资本入驻中国并取得成功的重要因素。

红杉中国具有独立、完全的投资决策权。红杉中国每周的固定会议都有红山美国的高层领导电话参与。红杉中国和美国办公室会定期与印度和以色列办公室讨论TMT和其他行业趋势。不过,每次与会,红杉美国只是提问或者畅谈观点,并不会妨碍红杉中国的投资决定。

善于授权,充分授权,是红杉中国能够快速适应中国市场,取得成功的关键。

在红杉中国内部,尽管也实行着"双头制"(张帆、沈南鹏),但两个领导却保持着对另一方足够的信任和授权。

张帆曾是百度、分众传媒、空中网的投资者,沈南鹏则是携程和如家的投资者。他们的成功在于独立决策,但却在流程上保持"平衡",互相扶持。除了每周例行的会议,双方每看到一个具备一定投资可能的项目,都会及时跟对方电话沟通,听取反馈。

很多基金在中国的业绩表现不尽如人意,但红杉中国凭借世界高度、中国特色的管理和投资模式,做到了实至名归。

参考文献

[1] 关于红杉资本,你或许不知道的故事. 第一财经. http://www.baidu.com/link? url=nJ7y5.

[2] 从北美红杉2015年投资布局看企业服务趋势. http://www.baidu.com/link? url=44xGE.

[3] 徐兴锋. 服务外包国家竞争优势分析及对策研究[D]. 对外经济贸易大学,2007.

[4] 王明夫. 并购重组、产业整合与企业成长[J]. 企业管理，2012(9):8-11.

[5] 解析红杉资本创富史. 投资中国网. http://www.baidu.com/link? url=_iJon.

[6] 李哲，郭金来. 美国风险投资基本经验与启示[J]. 中国市场，2015(48):26-32.

[7] 红杉资本投资公司简介. 豆丁网. http://www.baidu.com/link? url=PRxcf.

[8] 何晓洁. 我国风险投资业的发展现状与对策[J]. 财经理论与实践，2000，21(1):53-54.

[9] 王鑫. 网络经济下的企业发展模式分析[J]. 科技情报开发与经济，2008，18(33):96-98.

[10] 沈南鹏如何创造红杉资本中国的成功. 投资界. http://www.baidu.com/link? url=MXor6.

[11] PayPal. http://www.baidu.com/link? url=9BaiN.

[12] 关于红杉资本，你或许不知道的故事. http://www.baidu.com.

[13] 云商业智能公司 Birst 获 6 500 万美元融资. 36 氪. http://www.baidu.com/link? url=qPDCm.

[14] 红杉资本—聚合商业资源. 微头条. http://www.baidu.com/link? url=RQpVs.

[15] 张启人. 综合就是创新——评文先明的新著《风险投资:理论与运行机制研究》[J]. 系统工程，2004，22(10):109-110.

[16] 金雪晶. 开启东南地产金融新篇章[J]. 市场瞭望，2013(1):64-66.

第四章

硅谷银行,以创新金融服务创新

"工业革命不得不等候金融革命。"金融对于时代进步的关键意义,早在一个多世纪前,已由经济学家做出了总结。此后的每一次产业革命,无一不遵循这一规律。

尽管风险投资对于创业和科技企业的成长作用非凡,但它无法解决全部问题,创新和冒险带来了更多元化的金融需求——这就是 1982 年创立的硅谷银行(Silicon Valley Bank,SVB)的战略定位。

硅谷银行为科技界带来了投贷联动,顾名思义,这个业务模式集风险投资和金融贷款之所长,真正实现了"对的时间给你对的钱"。

任何一个创业公司聚集的区域,都有对于类似投贷联动创新金融服务的需求,这正是本书以一章的篇幅来介绍硅谷银行的意义所在。

硅谷银行,全球最成功的科技银行——如果你对这个"最成功"的定义缺乏感性认识,那么一个数字足以令你印象深刻:2014年,全美国由风险投资支持并成功上市的创新型企业中,64%都是硅谷银行的客户。

硅谷银行的历史也是科技创业的发展史。第三次科技革命浪潮涌动,以创新、冒险为魂的科技创业界,对金融服务的渴求达到了前所未有的高峰。

硅谷银行应运而生。1982年创立伊始,硅谷银行就确立了"专为科技中小企业服务"的定位,并在其后将自己的战略定义为:为创新和冒险提供金融服务。

此后30年,凭借科技企业服务经验,硅谷银行金融集团探索出至今仍被世界各大银行纷纷效仿的科技金融服务模式:独树一帜的投贷联动。

对于大多数科技初创企业,现有的金融体系都难以满足它们的融资需求:风险投资机构有限的资金支持和传统银行严苛的贷款标准导致创业企业不能获得足够的资金支持,众多科技创业企业因此发展严重受限。

硅谷银行的投贷联动策略关键在于"对的时间给你对的钱":早期与企业建立关系提供灵活抵押的风险贷款,并借助风投机构的关系网络进行间接投资,保障科技企业的成功起步;在成长期运用自身的风险贷款,以及各种形式的股权投资帮助科技企业的成功壮大;最后,在成熟期通过复杂的金融服务实现企业的成功腾飞。

通过风险贷款、股权直接投资、间接投资等基本的金融服务与组合,满足科技企业在不同生命周期的需求,以扶持科技企业成长壮大,并实现稳定收益的目的。

硅谷银行自身经营的成功,也反映出其投贷联动在全球创新体系中的重要作用。培养出Cisco、Facebook等一批国际著名企业,硅谷无可争议地成为科技银行的"教父"。

"技术创新的中心在哪里,我们就在哪里。"伴随着雨后春笋般的硅谷创业企业,硅谷银行于1987年在纳斯达克上市,业务逐渐向美国全国和其他国家延伸。目前,硅谷银行在全球共有34家分支机构,2014年集团总资产达到394亿美元,并被福布斯评为"2015年度美国最佳银行"和"2014年度美国最佳管理公司"。

一、三次科技革命浪潮中,风投和银行的失效之地

20世纪中叶,以电子信息技术为代表的第三次科技革命在欧美发达国家爆发。科技创新异常活跃,科技企业蓬勃兴起,现代科技产业从此进入繁荣发展的黄金时代。位于美国西海岸的硅谷是这个时代的典型代表,在科技革命浪潮的推动下,硅谷地区电子

科技产业欣欣向荣,繁衍了不计其数的科技创业企业。

这些数量庞大的初创企业普遍面临着一个致命的问题——资金匮乏。金融如血液,能否获得充足的融资,甚至超越技术成为决定企业命运的关键因素。

风险投资机构是硅谷地区初创企业融资的主要来源,在众多科技企业的成长中功不可没。硅谷有深厚的风险投资基础,从最初非正式的个人小额投资开始,到1958年成立第一家风险资本公司,再到70年代凯鹏华盈和红杉资本等大型专业风险投资公司的建立,硅谷地区已经逐步形成了相对成熟的风险投资环境。由于风险投资有良好的风险共担机制,具有较大风险的创业公司都会首先向风险投资机构寻求资金支持。

但是,风险投资机构也并非万能,并不能满足所有创业企业的融资需求:首先,风投机构会进行严格筛选,许多初创企业可能达不到其投资标准;其次,风险投资机构从控制自身风险的角度考虑,投资资金往往只是企业所需资金的一小部分,无法满足初创企业的全部资金需求。

风投机构不能满足科技创业企业的资金需求,银行理所当然成为创业企业获取资金的第二个求助对象。然而,当时硅谷乃至整个美国的银行都还只是传统型银行,这些银行都要最大限度降低风险,贷款业务对企业有着诸如现金流、抵押物、营收规模等严格要求。因此,众多羽翼未丰的创业企业由于没有稳定的现金流或者固定资产来确保偿还贷款,而很难从这些银行获取贷款。

事实上,在70年代早期也已经有少数银行开始打破陈规,尝试突破传统银行的规则,例如,波士顿第一国民银行(First National Bank of Boston)当时开始针对高负债经营而又具有高增长率的高科技初创企业修改一些贷款规则。不过,尽管这些尝试相对于传统银行有了较大的进步,但是这种小修小补远远不能满足众多初创型科技企业的贷款需求,许许多多急需资金的创业企业依然被拒之门外。融资能力缺失,成为不少技术、模式领先的科技创业企业的"阿喀琉斯之踵"。[①]

大量科技初创企业存在融资需求,风险投资机构有限的资金支持和传统银行严苛的贷款标准导致创业企业不能获得足够的资金支持,众多科技创业企业因此发展严重受限。无论对企业发展还是对整体科技产业而言,无疑都形成了巨大阻碍。正是在这种环境下,硅谷银行应运而生,开始架起了一座科技创业企业与商业银行的新桥梁,为科技创业企业的融资需求带来了曙光。

---

① 阿喀琉斯之踵:指荷马史诗中的英雄阿喀琉斯的脚跟,是其唯一的致命死穴。引喻为致命的弱点,要害。

就像从车库里开始的苹果传奇一样,硅谷银行的故事开始于朋友之间的一场扑克牌游戏。1982 年,比尔·彼格斯坦夫(Bill Biggerstaff)和罗杰·史密斯(Roger Smith)等几个加州商人在一场扑克牌游戏中提出,需要一个专门为科技中小企业提供融资服务的科技银行。尽管当时的美国银行是西海岸最活跃的银行,但它却并非真正的科技银行。与此同时,苹果、英特尔等科技企业的快速发展已经充分向世人证明,那些看似弱小的初创企业,未来可能迸发出难以想象的能量。

二、冲破传统银行桎梏,专为科技中小企业服务

1983 年,比尔·彼格斯坦夫和罗杰·史密斯在加利福尼亚州圣何塞建立了第一家硅谷银行办事处。

银行创立之初,史密斯制定了"三足鼎立"(three-legged stool)的战略,即以科技、房地产和传统商业贷款为核心业务。主要策略是通过与风投公司合作,风投公司会向硅谷银行推荐有潜力的初创企业,反过来,硅谷银行将风投公司推荐给风险租赁公司,由风投公司和风险租赁公司为企业提供实际融资,硅谷银行则持有存款并承诺当企业开始收益时即提供融资服务。

建立初期的硅谷银行,如同它立志服务的大多数中小企业一般历经磨难。到1986 年,硅谷银行的规模还相当小,只能为小企业提供较低额度的贷款,较高额度的贷款则无力承担。同时,在 1988 年在纳斯达克上市之前,硅谷银行还面临着严重的流动性过剩,因为它的初创企业客户获取资金的方式主要是靠资本注入而不是向银行贷款,这导致硅谷银行的存贷比只有 50%,而同期传统银行的存贷比竟达到 80%,直接导致了硅谷银行上市情形较为惨淡,募集资金只有 600 万美元。这种情况下,硅谷银行开始将过剩资金大量向房地产市场投入。80 年代后期,硅谷银行有 45% 的资金投入了加利福尼亚的房地产市场。随着 1990 年加州房地产市场暴跌,硅谷银行业务严重受损。1992 年,硅谷银行遭遇了成立以来的第一次亏损,并面临着监管审查和重组。

科技银行的基因,并非天赋。1983—1992 年,硅谷银行的客户、服务与其他传统商业银行并无太大差别——客户主要是硅谷的技术公司、房地产开发商和中型商业机构,而中小型创业企业的融资之痛,仍然很难从硅谷银行获得解决;金融服务种类上,当时的硅谷银行也仅提供贷款和储蓄两项最简单的金融服务。

因此，这个时期的硅谷银行事实上还不是一个真正意义上的科技银行，但是，在这段时期中，硅谷银行特别注重与风险投资机构的合作，与西海岸的众多风投机构建立了广泛的合作关系，这对其后来向科技银行的调整转型奠定了重要基础。

如果说，硅谷银行在1982年创立伊始"专为科技中小企业服务"的定位，是其冲破传统银行桎梏的一场物理反应，那么1993年起聚焦高风险、高创新度企业的战略调整，才是硅谷银行掀起的一场影响全球科技金融界的化学反应。

三、"投贷联动"开启科技金融大门

面对1992年所遭受的巨大损失，硅谷银行不得不做出重大调整。1993年，John Dean取代Roger Smith出任硅谷银行第二任执行总裁（CEO），他发起了一场影响硅谷银行历史的战略调整：大幅缩减房地产和一般商业贷款业务，将业务聚焦在风险投资支持的科技和生命科学领域的企业上（1994年加入高档葡萄酒业务），实施与以往不同的创新型经营战略——为创新和冒险提供金融服务。

尽管当时在硅谷开设的银行超过350家，其中不乏著名的美洲银行、巴黎国民银行、渣打银行等分支机构，但这些大银行多以大公司为服务对象，无暇顾及中小公司。硅谷银行的高层管理者作出了一个事后被证明英明无比的决定——绕开大型银行分支机构，将目标市场定位在那些新创的、发展速度较快、被其他银行认为风险太大而不愿提供服务的中小企业身上。历史证明，自此之后，不计其数、贷款无方的中小公司为硅谷银行的发展提供了巨大空间，成了这家银行得以扬名立业最坚实的根基。

1996年，硅谷银行创新性地为初创科技企业打造了"Quick Start Package"服务并推向市场。这项服务的特色在于，任何企业，只要获得大约25个顶级风险投资机构任何一家的支持，就能从硅谷银行无条件获得45万美元为期18个月的贷款，并且只需向硅谷银行支付2%～5%的利息（具体的贷款利率要根据其所贷款对象的风险而定）和一些认股权证。硅谷银行的这一创新金融服务模式，迅速引起众多传统银行的争相效仿。

随后，这一模式被其他商业银行复制、放大，甚至出现"获得任何风险投资支持的任何企业能够获得任意数量的贷款且不附加任何条件"等大规模的恶性竞争。

尽管如此，硅谷银行的新业务模式的开创性意义也获得彰显，科技创业企业所蕴含的巨大融资市场开始为金融界广泛认可。

科技金融的大门自此开启。

面对"Quick Start Package"后期带来的一系列负面影响,硅谷首席银行官 Wilcox 废除了这一有缺陷的金融产品,并开始打造全新的金融产品和服务。这同时也有利于避免因竞争对手的模仿而对自身造成重大损害。

至1998年,硅谷银行产品线已经扩张到具有50个金融产品,新产品有三个主要的共同特征:一是高度定制化,金融产品具有很强的灵活性,可以根据客户的实际需求进行量身定制,也能充分释放银行的资金能力;二是严格的贷前调查,充分了解企业的发展前景,确保企业在未来有良好的还贷能力;三是附加认股权证,向企业提供金融贷款时附加一部分认股权证,这是硅谷银行业务策略的一个重要创新。

随着发展战略进一步明晰,金融产品逐步丰富,硅谷银行的风险贷款经营模式逐步走向成熟,并开始实施全国发展战略,在各个技术创新中心设立分行,使服务范围覆盖到硅谷以外的其他地区。1996—2000年,仅仅5年之内,硅谷银行共在美国范围内开设了18个分行,占硅谷银行在美国办事处总数的2/3,其中仅在1996年就增设了5个分行,硅谷银行进入高速扩张时期。

硅谷银行在新的金融产品中开始融入股权投资,这是区别于传统商业银行的重要标志,"投贷联动"的硅谷银行模式由此产生。在几年的迅速扩张过程中,"投贷联动"的经营模式得到了市场充分的检验,成为硅谷银行拓展业务的一把利剑。硅谷银行的核心业务正式形成。

四、投贷一体,对的时间给你对的钱

硅谷银行金融集团的成功法宝主要在于将股权投资与风险贷款相结合,以硅谷银行、硅谷银行创投公司、风险投资机构为主体,灵活应用先投后贷、先贷后投、投贷一体等多种投贷联动的模式,满足不同科技企业不同阶段的融资需求。目前主要有硅谷银行贷款附加股权的投贷联动、硅谷银行和硅银创投的投贷联动、硅谷银行与风投机构的投贷联动三种模式(如图4-1所示)。因此,硅谷银行金融集团除了获得利息收入之外,每年有数额较高的非利息收入,这部分收入主要来源是硅谷银行、硅银创投、有限合伙的风险投资机构等所持有的期权、认股权等方面的成长性收益。

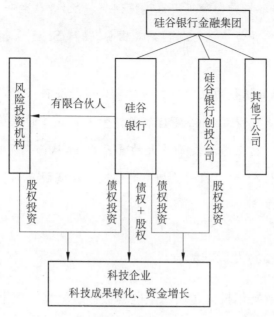

图 4-1　投贷联动

（一）银行附加股权的投贷联动

硅谷银行采用了债权投资与股权投资相结合的投资方式。债权投资方面,硅谷银行在向中小科技企业发放贷款时,根据具体的企业情况和当时的市场需求情况,向贷款企业收取一定利息。与此同时,股权投资方面,硅谷银行与贷款企业达成协议,获得其部分认股权或期权,一般为企业总股本的 1% ～2%,这些股本不由硅谷银行直接持有,而是由硅谷银行金融集团持有,在企业公开上市或被并购时行使,并取得高利润。

硅谷银行助推 Starbak 通信走出危机

Starbak 通信是一个视频技术公司。公司总部设在波士顿,收入约 10.0 亿美元,私人股本和风险资本投资总额超过 50.0 亿美元。

公司资金来源于两个独立的私人股权投资,但双方关于公司的发展方向最终无法达成共识,从而导致董事会层面的公司操作全面中断。最终,尽管拥有成熟的管理团队、规范的公司治理结构和合理的投资,该公司却由于资金短缺并未实现其经营目标,而商业银行显然无法提供额外的贷款给经营状况不好的公司。

基于上述情况,无论是股权参与者还是其他投资机构准备为公司投入更多的资金或者进行兼并,都无法达成估值协议。基于当下的信贷准则,传统银行业不得不放弃对其进行金融服务。

在这种情况下,硅谷银行金融集团为其提供了贷款,并认购一部分股权。由于硅谷银行参与公司金融战略并帮助公司顺利完成出售,使得 Starbak 通信公司在 90 天时间内价值实现最大化。

在这一案例中,硅谷银行的成功在于确定新公司的潜在买家,这些人会继续经营业务保障企业的运营。进一步说,硅谷银行的营销带来了众多的收购竞争者,造成了并购的卖方市场。由此产生的交易激发了最大的资产价值,从而满足包括硅谷银行在内的所有担保和无担保债权人,为股权利益相关者创造了投资资产的潜在机会,进而保障该公司继续稳定地经营下去。

(二) 与硅银创投的投贷联动

硅谷银行与硅谷银行创投公司均属于硅谷银行金融集团旗下,硅谷银行提供的贷款和硅银创投提供的股权投资一般采用先投后贷或先贷后投的模式融合,并进行科技企业的金融扶持。

先投后贷模式一般针对令人非常看好的创业企业,创投公司对其进行小规模的股权投资(一般每家企业的投资金额为 100 万~400 万美元),同时硅银创投也会将自己看好的创业企业推荐给硅谷银行,由硅谷银行进行综合评估后,最终提供相应的配套贷款,为科技企业提供充足的资金。一旦企业成功创业,实现公开上市或被并购,集团就能获取较高的资本增值。

先贷后投模式一般是硅谷银行对科技企业提供贷款的同时,对于发展前景非常好的企业,集团总公司也会授意子公司中的硅银创投公司进行股权投资,当企业上市或被并购时取得成长性的投资收益,补偿所承担的高风险。

硅谷银行金融集团的股权直接投资由硅银创投有限公司来执行,部分来源于硅谷银行的附带股权投资。对科技企业采取股权投资时,集团通过与创业企业签订协议获取股权或认购股权,随后主要通过公开上市的方法完成创业投资的退出。具体说来,硅谷银行获得创业公司股权后,在其上市后将其抛售,获得利润而后进行其他投资。通过促使其服务对象上市,硅谷银行得以获取高额投资收益来对冲因贷款或投资中小企业而承担的高风险。对于没有上市的创业企业,硅谷银行还采用收购的方式进行退出。收购的方式主要有两种:一是兼并,又称一般收购;二是其他创业投资介入,也称第二期收购。

Facebook 上市的风投盛宴

Facebook,由哈佛大学本科生马克·扎克伯格(Mark Zuckberg)于 2004 年创办,如今已经成为全球最大的社交网站,全球活跃用户人数已经超过 8 亿人。2011 年,Facebook 年收入预计高达 42 亿美元。2012 年 5 月,Facebook 登陆纳斯达克,通过 IPO 融资达 160 美元,成为美国最大的上市交易之一,同时也成为史上最大的风投盛宴——分享盛宴的除了扎克伯格的创业团队,还有当年眼光精准的风投们,它们的投资回报率至多可能达到千倍,这其中就包含着硅谷银行金融集团的身影。

此前,硅谷银行创投公司向 Facebook 提供贷款同时取得一部分附加股权,使得硅谷银行金融集团不仅见证了 Facebook 的崛起之路,也在这场风投盛宴中得到令人惊叹的高收益。

为了减少集团风险,硅谷银行金融集团往往将一般业务与直接股权投资业务,分割开来,形成风险防火墙。例如,硅谷银行金融集团管理着超过 15 亿美元的第三方基金,这些基金可用于对企业进行股权投资,而属于银行表内业务的资金则被严格监管起来,不得用于任何形式的股权投资。集团创业投资的资金并不从一般业务之中提取,一般业务也不会从创业投资基金中挪用,以避免相互之间的风险影响,大大提高了硅谷银行股权投资业务的成熟度。

(三) 与外部风投机构的投贷联动

硅谷银行还与美国的风险投资保持密切合作。风险投资机构提供的是股权投资,而硅谷银行提供的是债权投资,通过双方的组合策略实现双方获利,通常选用的也是先投后贷或先贷后投的方式。

先投后贷模式一般是前景较好的科技企业,风险投资公司对其股权投资,同时硅谷银行也会在风投机构投资的企业中筛选评估并提供相应配套贷款,为科技企业提供充足的资金;先贷后投模式一般指硅谷银行在对科技企业提供贷款的同时,对于发展前景非常好的企业,也会对合作的风险投资机构进行推荐,以帮助科技企业募集风投资金,从而当企业上市或被并购时取得收益。

例如,风险投资公司可能会为科技企业投资 1 000 万美元,硅谷银行作为有限合伙人拥有其中的一部分股权,同时,硅谷银行也会配套采用贷款方式来帮助创业公司成长。创业科技企业的成功上市或被收购,会使硅谷银行和风险投资机构获益。

在间接投资模式下,硅谷银行金融集团本身不与企业发生直接的投贷关系,而是通过将资金投资到风险投资机构,由风险投资机构投资于科技企业,形成硅谷银行与科技企业的间接投资关系。

在这个过程中,硅谷银行成为风险投资机构的有限合伙人,利用自身优势通过庞大的合作关系网络,利用资金融通实现资源的有效配置,更好地提高了合作的风险投资机构的资金效率,从而服务于科技企业的成长。

例如,硅谷银行金融集团有500多家风险投资机构作为股东或合伙人,这些股东、合伙人能够起到资金融通中介的作用:硅谷银行对资金池中500多家投资公司的资金进行管理,当A公司投资资金暂时不足时,银行会调动B公司的资金,对500家风险投资机构的资金进行市场化的安排,并收取相应的金融服务费用;另外,在招募集资的过程中,如果有限合伙人资金周转遇到困难,硅谷银行会向该有限合伙人提供过度贷款,即硅谷银行先行支付,有限合伙人(即风险投资机构)日后清偿,硅谷银行收取相应费用。

通过不同的资金融通,硅谷银行实现与风险投资机构的合作共赢,从而间接实现对科技企业的金融扶持。

融资往往不只是"融钱",更意味着"融智"。除了资金融通方面的优势,硅谷银行的间接股权投资能够利用风险投资公司的专业知识深入调查贷款企业的状况,通过风投机构促进科技企业的信息披露,进而达到有效控制风险的目的。

五、产品创新的意义在于量身定制

硅谷银行服务高科技产业的秘诀,不在于开发复杂的金融产品,而是选择合适的时间节点为科技企业提供金融服务,"对的时间给你对的钱"。基于这一特点,硅谷银行不仅界定了不同规模科技企业的定量标准,更为它们量身定制金融服务方案。

例如,硅谷银行金融集团推出的"成长服务计划",是给介于初创期和成熟期的成长期科技企业提供风险贷款。

为何青睐成长期企业?因为对于一家科技创业公司来说,科技研发和生产产品往往不是最难的部分,最难的是将产品推向市场。初创期到萌芽期风险相对较低,而萌芽期到成长期企业的商业风险急速增加,融资难度相应猛增。因此,科技企业通常能在初创期、萌芽期获得风险投资或者天使投资,在成长期却很难获得贷款融资。

（一）SVB 加速器(SVB Accelerator)：灵活抵押与风投网络扶起"嫩芽"

为服务"初创期""萌芽期"科技企业,硅谷银行成立了 SVB 加速器。接受加速器服务的企业通常还处于起步或早期阶段;企业一般是私人持有,由亲戚朋友、种子基金或天使基金资助,或已经完成首轮风险资本融资;通常情况下,主要从事研发工作,只有少数几个产品或服务开始推向市场,收入甚少甚至没有收入。入驻 SVB 加速器的企业,年收入一般不足 500 万美元。

SVB 加速器能够为目标企业提供的主要金融服务为:一是提供专家咨询和指导,利用加速器的风投机构关系网络,帮助企业实现间接风险融资;二是派遣专门的服务代表,与创业者在一起工作,理解并反馈企业独特的金融需求,从而提供知识产权等灵活的抵押贷款融资;三是为科技企业进行投资管理、现金管理、股票估值、市值管理、股票和期权管理等相关服务。

（二）SVB 成长服务(SVB Growth)：投贷联动壮大成长期企业

针对处于中、后期的成长期科技企业,硅谷银行推出了"成长服务"。

这些企业通常处于其生命周期的中期或稍后阶段;企业一般由私人持有,依靠风险资本融资;一般要求企业年收入在 500 万～7 500 万美元。除了年收入存在差异,成长期企业与萌芽期企业最大的不同是已有较为成熟的产品和服务投放市场,有较好或可观的收入,并且正准备进行市场扩张。

成长服务的金融服务内容主要包括:一是根据企业的不同需求,经严格筛选后,提供灵活的贷款融资方案;二是通过硅谷银行与硅银创投、风投机构的不同组合为企业提供投贷联动的融资解决方案;三是提供企业的国际业务、投资计划、资产管理、证券服务等相关服务。

（三）SVB 企业金融服务：成套服务满足成熟期企业需求

针对更加成熟和稳健的大型科技企业,硅谷银行也有针对性的"企业金融服务"。这些科技企业通常是公众公司,已经有相当成熟的产品或服务投放市场,有可观的收入;企业面临着全球化扩张。这类企业一般要求年收入大于 7 500 万美元。SVB 企业金融服务主要包括资产管理和证券、金融咨询服务、全球现金管理、外汇交换、个性化负债和集团服务等。

综合以上,硅谷银行的策略关键在于"对的时间给你对的钱":早期与企业建立关系提供灵活抵押的风险贷款,并借助风投机构的关系网络进行间接投资,保障科技企业的成功起步;在成长期运用自身的风险贷款,以及各种形式的股权投资帮助科技企业的成功壮大;最后,在成熟期通过复杂的金融服务实现企业的成功腾飞。通过风险贷款、股权直接投资、间接投资等基本的金融服务与组合,满足科技企业在不同生命周期的需求,以扶持科技企业成长壮大,并实现稳定收益的目的。

六、互利共赢体系下的高效风控

冒险,不代表无视风险。相反,被视为科技金融"教父"的硅谷银行,一大亮点就是——能够与风险优雅共舞。

过去 20 年,硅谷银行的坏账率一直维持在较低水平,每年的损失率不到 1%,其平均净核销率甚至比以风险控制优秀著称的富国银行更低。

其中隐藏着的秘密是什么?

究其原因,硅谷银行金融集团利用自身优势,通过不同投贷主体的灵活组合,探索出了投贷联动的创新模式,并建立了完善的风险控制体系,减少了科技企业高风险带来的经济损失。

与科技企业和风投机构保持密切的互利共赢关系,这既是硅谷银行金融集团保障投贷联动及任何金融服务的关键战略之一,也是硅谷银行风控体系的根基所在。

(一) 严格的投前审查筛选

为了进行投前风险把控,硅谷银行会通过专业的队伍对企业进行专业细分及定量筛选,并制定相应的风险防范和控制措施,从而确定一家初创公司是否值得提供信贷服务。

硅谷银行选择企业主要遵循以下原则:①要有明确的发展方向以及合理的企业定位;②有价值、有发展前途的产品或服务,产品、服务的理念符合经济发展趋势;③有效的管理结构,能发挥作用,为公司服务;④管理层有良好的背景或经验;⑤有合理的发展计划及财务预算;⑥有健全的财务报表及会计系统。

例如,当硅谷银行准备对一家科技公司进行投资时,首先会对管理层做很详尽的尽职调查,其次会与那些已经投资这些公司的风险投资公司交谈,另外还会给这些公司的财务公司、法律顾问打电话,向它们了解这些公司的历史、业绩,同时银行会把借款和公司的现金流量匹配起来,每月查看公司的资金使用情况。

(二) 完备的信用评估机制

合作的风险投资机构与科技企业都会按照硅谷银行的规定在硅谷银行开户并进行资金流通,硅谷银行利用对上述资金池管理,掌握投资方和被投资方的核心信用数据,建立了相当完备的信用评价体系。

同时,硅谷银行也着力建设自身专业的信贷评估团队,在十几年统计数据的基础上构建了一套自己的信贷风险评级模型,每年定时调整,据此进行投资组合和风险定价,以实现风险与收益的有机匹配。

例如,硅谷银行不仅向处在早期发展阶段的科技中小企业提供金融服务,而且对发展比较成熟的科技企业同样提供服务;针对初创期企业贷款风险比较高的情况,硅谷银行采用减少对其贷款比例和数额的方法来降低银行风险,目前对初创期企业贷款只占总额的约十分之一。对不同风险暴露程度的企业,通过不同的贷款和股权投资等投贷组合,可以对硅谷银行金融集团的风险进行高效管理。

(三) 与科技企业共享利益

硅谷银行非常重视与科技企业之间的关系,以便通过深入了解科技企业而准确理解其需求并提供金融服务,进而有效地激励科技企业管理提升。硅谷银行营销部门的几百名员工与科技企业保持密切联系,这使得集团了解融资科技企业的每一名 CEO 与每一家企业状况,为硅谷银行改善服务奠定了基础。同时这一战略也是出于硅谷银行金融集团扶持科技企业的初衷,在更好地提供服务帮助创新型科技企业制定金融方案的同时,从企业的上市溢价等获得高额收益。这样便形成捆绑效应,银行和企业各自发挥出自身优势,更好地提高硅谷银行金融集团的资本使用效率。

硅谷银行激励 Raindance 公司不断成长

美国的多媒体产品公司 Raindance 在募集第一轮资金时,发展定位是"从视频到培训的综合体",到了准备募集第二轮投资时,发展定位已经发生了180°的变化,变成"强化型互联网电话会议产品"。这种转变让大部分银行彻底崩溃,但硅谷银行参与此项目的员工与企业关系密切,及时反映企业的发展状况,因此硅谷银行对该公司管理团队和背后的风险投资商充满信任,继续与其保持合作关系,并很快为其提供设备融资等金融服务。Raindance 随后于 2000 年上市,2006 年被外包通信解决方案提供商 West 以 1.1 亿美元并购,硅谷银行也从中获得了一笔价值不菲的收益。

硅谷银行帮助 Ultra Clean 成功扩张

Ultra Clean 是一家总部位于硅谷蒙罗公园的晶片设备制造厂商。几年前,在一次关键收购案中,Ultra Clean 必须在 5 个工作日内筹措到 3 200 万美元的资金才能完成并购。

现有的股东和借贷方无法在如此短的时间内筹措到这笔钱,Ultra Clean 的私募股东随即向硅谷银行求助。基于与这家私募资本建立起来的互信关系,即使这次融资是那么的复杂和仓促,而且需要许多会计师共同完成,硅谷银行还是很快地召集了员工,加班加点地在交易期限之前完成了 3 200 万美元贷款的各种手续。最终,硅谷银行在 Ultra Clean 的扩张期成功地帮助了它们。

(四) 与风险投资公司紧密合作——信息披露

除了科技企业密切合作,硅谷银行与风险投资机构的紧密合作也成为其占据科技金融市场的重要策略。首先,硅谷银行联手风险投资机构,共同构建科技企业的金融服务网络平台,实现资源与信息共享;其次,硅谷银行建立了风险投资咨询顾问委员会,为其与风险投资机构就科技企业信息交流提供了条件。这些平台帮助硅谷银行金融集团与风险投资机构形成了一个共同的关系网络。通过与风险投资机构开展更深层次的合作,借助彼此的信息共享,帮助硅谷银行金融集团更好地掌握高科技行业的商业模式、产业周期、企业发展等信息,进而更好地为科技企业提供服务。

硅谷银行关系网成功拯救 eCollege 公司

eCollege 公司曾经需要一个特殊的融资组合,硅谷银行通过投资机构对 eCollege 公司的信息进行全面了解,并最终帮助该公司提出了一个囊括 eCollege、银行、投资机构三方的融资方案。这归功于很多美国基金都与硅谷银行保持长期合作。除了公对公的业务关系,这一业务合作中还带有很强的个人关系色彩,很多投资人都与硅谷银行有良好的关系。

硅谷银行还采取了一种名为"思维领导"(Thought Leadership)的业务拓展方式,即先帮助潜在客户,为以后获得客户打下基础。例如,美国很多风险投资机构在进入中国和印度等市场开展业务时,最初大都跟着硅谷银行一起。而硅谷银行会为这些投资机构组织访问、介绍机会、提供便利,包括可以借用硅谷银行在当地的办公室,帮助它们启动业务等。这些合作关系看似与硅谷银行的间接融资或者投贷联动没有关系,却为其核心业务的开展奠定了坚实的关系网,也为其间接增加了科技企业的信息披露度,进而更好地筛选项目,降低风险。

分金少,聚金多,硅谷银行和其合作伙伴显然都深谙这一道理。硅谷银行与科技企业、风险投资公司保持紧密合作,显然对三方都有利。对创投公司来说,一方面可以从硅谷银行获得资金支持,另一方面其科技企业因金融支持更好地发展,为创投公司提供了更大的收益并降低投资风险;对硅谷银行来说,得到创投公司支持的创业企业具有较好的发展前景,风险较低,这大大降低了硅谷银行的投资风险;对科技企业来说,密切的合作关系为其提供了更好的投资组合与金融支持策略,提升了科技企业的发展质量与速度。

因此,在亲密合作的背后,是硅谷银行、科技企业、风险投资机构三方利益共享的秘诀——共享低风险、坐拥高收益。

七、紧随全球产业而动的金融帝国

2014 年福布斯美国银行排行榜前十名如表 4-1 所示。

表 4-1 2014 年福布斯美国银行排行榜前十名

排名	名称	总资产(亿美元)	平均股本回报率(%)	不良贷款率(%)	不良贷款拨备率(%)	一级资本充足率(%)	杠杆率(%)
1	Signature 银行/Signature Bank	260	13.8	0.1	634	15.5	9.5
2	夏威夷银行/Bank of Hawaii	150	15.5	0.6	285	15.3	7.2
3	BankUnited 银行/BankUnited	180	10.6	0.3	269	17.2	11.2
4	SVB 金融集团/SVB Financial Group	360	11.4	0.1	1 000+	14	8.2
5	道富集团/State Street	2 750	10	0	1 000+	14.2	6.4

排名	名称	总资产（亿美元）	平均股本回报率（%）	不良贷款率（%）	不良贷款拨备率（%）	一级资本充足率（%）	杠杆率（%）
6	第一共和银行/First Republic Bank	470	11.1	0.1	389	13.8	9.5
7	普斯派瑞蒂银行/Prosperity Bancshares	210	9.6	0.5	174	13.2	7.4
8	库伦佛寺银行/Cullen/Frost Bankers	270	10.2	0.7	129	13.9	8.3
9	商业银行/Commerce Bancshares	230	11.7	0.5	282	13.8	9.4
10	第一银行/BancFirst	60	10.8	0.5	221	13.5	8.9

资料来源：福布斯中文网。

如今的硅谷银行金融集团（SVB Financial Group，SIVB）由目前主要包括硅谷银行（SVB）、硅谷银行创投公司（SVB Capital）、硅谷银行评估公司（SVB Analytics）和硅谷银行私人客户服务公司（SVB Private Client Services）等（如图4-2所示）。硅谷银行主要向各个发展阶段的科技型中小企业提供风险信贷服务，同时也为创投基金提供银行服务，这两部分收入占整个集团营收的70%；硅谷银行创投公司目前管理资金约15亿美元，包括母基金、共同投资基金和债权基金等；硅谷银行评估公司提供股权价值评估和股权管理服务；硅谷银行私人客户服务公司则为创业者、投资人和高级管理人员提供私人银行服务；硅谷银行证券公司提供证券经纪和交易服务；硅谷银行资产管理公司则主要向企业提供投资顾问服务。

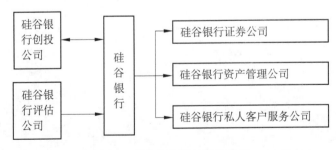

图4-2 硅谷银行的组织结构图

到目前为止，硅谷银行金融集团在全球共有34家分支机构：美国国内共27家，在英国、以色列、印度和中国共有7家海外分支机构；其中，在中国设有3家分支机构，一家位于北京，两家位于上海。2014年，硅谷银行金融集团继续保持强劲增长的业绩，年末集团总资产达到 394 亿美元,在福布斯美国银行排行榜上升至第 4 位。另据数据显示, 2014 年美国由风险投资支持并成功上市的创新型企业中 64% 都是硅谷银行的客户,并被福布斯评为"2015 年度美国最佳银行"和"2014 年度美国最佳管理公司"。

从投资行业角度来看,2014 年硅谷银行金融集团的财务报告显示,当年年底提供的贷款总额 145 亿美元,其中商业贷款总额达 125 亿美元,所占比重 86%,不动产抵押贷款等其他贷款总额共 20 亿美元,仅占 14%。商业贷款中,分行业来看:软件类贷款 50 亿美元,占比 40%;硬件类贷款 11.4 亿美元,占比 9%;风险投资和私募基金类贷款占 37%;生命科学类贷款占 10%;高档葡萄酒类贷款占 2%;其他贷款占 2%(如图 4-3 所示)。

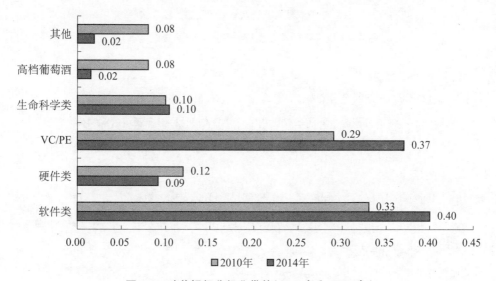

图 4-3　硅谷银行分行业贷款(2010 年和 2014 年)

从图 4-3 可以看出,2010 年和 2014 年,信息技术和生命科学两类高科技公司在硅谷银行金融集团的业务中占据核心地位,其中软件类企业贷款占比在 2010—2014 年增长了 10%,而这段时期正是互联网行业发展最为迅猛的阶段。这一数据充分表明,硅谷银行在投资过程中始终紧扣世界产业发展趋势,抓取产业发展最为迅速的领域作为投资的重中之重。

从投资阶段角度来看,根据硅谷银行对信息技术和生命科学两类行业的贷款统计(如图 4-4 所示),其中加速器企业贷款占 14%;成长期企业贷款占 59%,其中保险、理财融资占 11%;公司金融阶段贷款占 14%;并购贷款占 13%。可以清晰地看出,硅谷银行的投资主要集中在成长期的创业企业,成熟期企业紧随其后。对于初创期和萌芽期的创业企业,硅谷银行始终保持谨慎态度,没有过多的涉足。

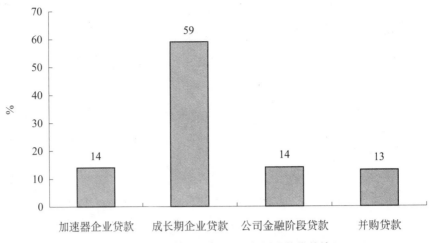

图 4-4　硅谷银行按企业成长阶段划分的贷款情况

参考文献

[1] 李磊. 科技银行:破解科企融资坚冰的钥匙[J]. 金融经济,2007(11):25-26.

[2] 张铮,高建. 硅谷银行创业投资的运作机制[J]. 中国创业投资与高科技,2004(4):75-77.

[3] 朱鸿鸣,赵昌文,姚露等. 中美科技银行比较研究——兼论如何发展我国的科技银行[J]. 科技进步与对策,2012(10):1-7.

[4] http://finance.jrj.com.cn/tech/2012/01/28081312118672.shtml.

[5] 娄飞鹏. 硅谷银行支持科技型中小企业的做法及其借鉴[J]. 金融与经济,2012(7):48-50.

[6] 硅谷银行模式. 百度文库. http://www.baidu.com/link? url=bJgmU.

[7] 商业银行投贷联动模式研究. http://www.baidu.com/link? url=p5Y5E.

[8] 李希义,邓天佐. 硅谷银行支持高科技企业发展的成功模式及其原因探秘[J]. 中国科技产业,2011(10):31-33.

[9] 硅谷银行支持科技创业企业发展的经验与启示. http://www.baidu.com/link? url=2hI0k.

[10] 奚飞. 美国硅谷银行模式对我国中小科技企业的融资启示[J]. 现代经济信息,2009(20):73-74.

[11] 娄飞鹏. 硅谷银行支持科技型中小企业的做法及借鉴[J]. 金融与经济,2012(7):48-50.

[12] 马良华,阮鑫光. 硅谷银行的成功对我国的启示[J]. 浙江金融,2003(1):8-9.

[13] 王婵,田增瑞. 我国商业银行与创业投资的投贷联动模式研究[J]. 区域经济评论,2012(6):5-10.

[14] 项俊波. 瞄准国际一流标杆打造优秀上市银行[J]. 农村金融研究,2010(8):4-8.

[15] 谢子远. 硅谷银行模式与科技型中小企业融资[J]. 四川兵工学报,2010,4(5):65-68.

[16] 硅谷银行如何开展科技金融服务. 百度文库. http://www.baidu.com/link? url=2ty6N.

[17] 张铮,高建. 硅谷银行创业投资的运作机制[J]. 中国科技投资,2004(4):75-77.

[18] 王春蕾,王霞,曹颢. 上海开展科技银行业务的经验借鉴与实施策略[J]. 上海金融,2011(10):

50-53.

[19] 房汉延. 创业金融不是"乌托邦"[J]. 深圳特区科技,2004(11):98-102.

[20] 硅谷银行模式对我国发展科技银行的启示百度文库. http://www.baidu.com/link? url=Xg9Sx.

[21] 林治乾. 由硅谷银行看城商行开展科技金融业务的策略选择[J]. 金融发展研究,2012(12):70-73.

[22] 王春蕾. 我国科技金融业务创新研究[M]. 金琅学术出版社,2015.

[23] 曹颢. 我国科技金融业务创新研究[D]. 同济大学,2011.

[24] Facebook 上市成风投盛宴:投资回报至高千倍. 新浪. http://www.baidu.com/link? url=6BJe0.

[25] 林治乾. 由硅谷银行看城商行开展科技金融业务的策略选择[J]. 金融发展研究,2012(12):70-73.

第五章

AngeList : "领投十跟投" 的股权众筹鼻祖

无论是政策的保驾护航,还是创投机构、科技银行等金融主体的积极助力,都成为推动创新创业和经济复兴的重要基石。而互联网的快速发展,更是为传统的科技金融插上了腾飞的翅膀。

互联网催生金融业孕育出了新型的金融模式,即互联网金融。在细分领域中,第三方支付、网络理财、网络征信、众筹平台、P2P 借贷平台、网络银行等形态开始涌现。其中,真正服务于科技型中小企业的,非互联网股权众筹莫属。

在美国,AngelList、FundersClub、Seedlnvest、Wefunder 以及 RockThePost 等互联网股权众筹平台已经发展壮大且非常知名。从数据来看,AngelList 是美国发展最好的股权众筹平台。

美国众筹平台 AngeList 可以说是股权众筹的鼻祖。它的成功始于一个愤怒的开始，却得益于两位创始人的深刻理解。目前，平台注册用户人数为 127 万人，约 6 万家公司正在融资，平均每天的线上融资公司有 20～40 家，线上促成的融资总额超过 1.5 亿美元。

如今 AngeList 不仅是服务于创业企业的集投融资平台，也汇聚了求职招聘以及社交功能，形成了功能完善的巨大众筹平台。这个平台目前已拥有 3 000 多家创新孵化器，6 000 多家风投机构，4 万多个合格投资者，以及 55 万家创新型科技企业，形成了相对完善的双创生态体系。

而 AngeList 的战功远不止于此。AngeList 通过自主研发的联合投资（领投＋跟投）模式取得了巨大成功，借此功能为自身完成融资 2 400 万美元。"领投＋跟投"模式已然成为了全球股权众筹行业的风向标。

AngeList 发展历程更是不得不提，是一条不断适应科技企业融资需求和保护投资者利益的协调创新之路。

一、互联网重构金融，股权众筹风生水起

互联网金融是现代金融发展的大趋势、大方向，而股权众筹则是互联网金融发展的最新阶段。在众多互联网金融的新领域中，股权众筹与科技型中小企业关系最为紧密。

相比其他融资工具，股权众筹门槛更低而且也更为简便：相对于 IPO 股票发行，股权众筹不需要券商承销；相对于新三板挂牌，股权众筹不需要主办券商和做市商；而股权众筹加以互联网思维，改善了传统股权融资渠道单一和信息不对称[①]，节约了融资时间和成本，为创业者提供了更多的融资选择空间。

《乔布斯法案（以下简称"法案"）》的资本放宽措施，使得互联网股权众筹如久旱遇甘霖，迅速的发展壮大起来。在法案签署之前，资产不足者受到美国法律的制约，不允许在无资质平台进行小额投资，众筹人数更是严格限制。此时的众筹平台一再低迷，"从大众中筹资、融资"的愿景无法实现。法案之后，股权众筹限制虽然没有完全

[①] 信息不对称是制约小微企业融资的核心问题，以大数据应用为基础的互联网金融，可使小微企业的信息不对称状况得到缓解。

被放开,但众筹平台的公开宣传已被允许,合格投资人数量放宽了,极大地解决了小企业资金短缺的问题。

近年来,股权众筹已然成为美国初创企业种子轮或天使轮融资非常重要的一部分。截至 2013 年年底,有十万家企业挂牌,促成了 1 000 多家创业企业成功融资。

美国互联网股权众筹知名平台已经初露锋芒,分别为:RockThePost、AngelList、FundersClub、SeedInvest 以及 Wefunder 等。其中,AngelList 是美国最早成立也是发展最好的股权众筹平台。截至 2014 年 5 月,AngelList 共筹集 7 180 万美元的股权投资资金,比 2013 年同期增加了 4 650 万美元,是全美众筹平台增量最大的平台;其次为 Rock-ThePost,共筹集资金 3 070 万美元;增幅最大的是 Wefunder,由 2013 年 5 月的 140 万美元增加到 2014 年 5 月的 1 820 万美元,年增长率高达 1 300%。美国主要股权众筹平台筹资金额如图 5-1 所示。

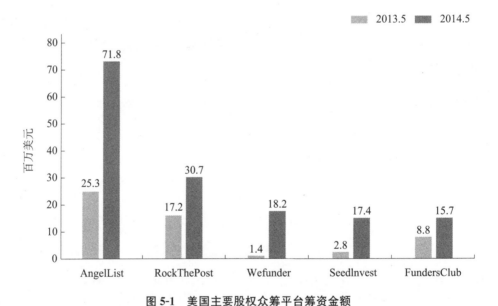

图 5-1 美国主要股权众筹平台筹资金额

数据来源:http://www.xlbfin.com/news/509.html。

二、VC 行业的颠覆者——AngeList

AngelList 成立来源于一个愤怒的故事:2003 年,创始人之一 Ravikant 等人合作创立的 Epinions 被 Dealtime 收购。在收购之前,其中一名合伙人和两只风投基金(August

Capital 与 Benchmark Capital)故意隐藏了一笔来自 Google 的 1 200 万美元的订单,使得公司的估值在收购时非常低。次年,Epinions 改名为 Shopping.com 后成功上市,上市的市值在首个交易日便高达 7.5 亿美元。Ravikant 等人意识到这次恶意收购令他们损失了 4 000 万美元之巨,愤怒地提起诉讼,结果却是只拿到一笔数额未知的赔偿金。

作为一名受害者,创始人 Ravikant 认为:与风投机构相比,创业者对筹资过程知之甚少,很容易遭受损失而不自知。另一名创始人 Nivi 对此非常认同。

于是 2007 年,Ravikant 和 Nivi 共同创建了博客 Venture Hacks,帮助创业者了解创业流程,这便是 AngelList 的前身。在创立之后,两人撰写了大量有关创业知识的博文,吸引了一大批创业者的广泛关注。与此同时,越来越多的初创企业希望通过 Ravikant 和 Nivi 认识天使投资人。因此,Ravikant 和 Nivi 搜集并整理风险投资人的资料信息,然后在 Venture Hacks 上公布名单及介绍。

2010 年 2 月,AngelList 正式上线运营,成为世界上第一个股权众筹平台①。

成立之初,AngelList 只是为投资人和初创企业提供一个社交网络。在这个网络平台上,投资人写下自己的投资理念、投资偏好、过往投资过的创业公司,而 AngelList 定时为注册平台的投资人推送一些优质项目,包括初步决策所必备的一些信息,比如项目的简短描述、商业模式、创始人和运营数据等。在这个过程中,AngelList 一边积累了初创企业的项目数据库,一边维护和扩张与投资人之间的关系。

到 2011 年,AngelList 的项目量提升到一个新的高度:平台上收录了 500 家创业企业信息并有 2 500 个天使投资人。越来越多的投资人不再等待 AngelList 的定期邮件,而直接使用 AngelList 的项目库进行检索。AngelList 开始承担中间人角色,提供投融资需求及时、有效、透明的展示,成为创业者和投资人的快速对接平台。

以 2012 年 4 月奥巴马签署通过的《乔布斯法案》(JOBS 法案)为界限,AngelList 发展到一个新阶段。AngelList 开始逐渐参与到交易环节当中,主要是为创业者和投资人提供相关交易服务,如电子化交易文件、标准投资条款以及汇款信息等相关的法律文件。

2013 年中,AngelList 进一步提升和巩固自身服务能力。为投资者量身打造了一项名为 Syndicates 的功能。这项功能类似于 VC 找 LP 募集基金,既可以使单个投资人找

---

① 世界上第一家从事 P2P 网上借贷的平台,是 2005 年 3 月于英国伦敦成立的 Zopa 公司。

其他投资者共同筹钱,还能获得总投资收益的 20%作为额外回报。经过此举,AngelList 通过线上功能实现了传统股权投融资活动的前后端流程的融合,完成了一个网络化和生态化的科技金融闭环系统的关键功能。

AngelList 的重要发展节点:

2007 年,建立 Venture Hacks,帮助创业者了解创业流程,这便是 AngelList 的前身。

2010 年 2 月,AngeList 正式上线。

2012 年 8 月,AngeList Talent 上线,将招聘功能作为融资平台的副产品推出。

2012 年 12 月,与 Second Market 合作推出 Invest Online,搭建在线融资平台。

2013 年 3 月,获得 SEC 的无行动函件,使得 AngeList 不会因为没有注册而受到监管。

2013 年 9 月,推出联合投资模式,由领投人和跟投人联合进行投资。

2013 年 9 月,AngeList 利用自己的平台获得 2 400 万美元的融资,领投方包括 Atias Venture、Google Venture 等,跟投入多达 100 多家机构和个人。此时 AngeList 的估值大约为 1.5 亿美元。

2013 年 10 月,推出 back(自动跟投)功能,投资人可以自动跟投一位投资人的所有项目。

2014 年 3 月,专门为机构投资者设立了 Maiden lane 基金,帮助他们投入企业的早期阶段。

2014 年 4 月,推出自发合投功能(Self-Syndicate),帮助初创企业可以自己发起领投。

如今的 AngelList 由 3 个平台组成(如图 5-2 所示)。第一个是信息平台,人们可以把自己的个人、公司和产品信息放在上面展示;第二个是招聘平台,创业公司可以在上面发布招聘信息;最后是被称作 syndicate 的联合投资平台。AngelList 的快速发展来自于两方面的需要。一方面是创业者需要发展资金,渴望需要寻求风险投资人的帮助,AngelList 为其提供了投资人集聚的平台,为创业企业开通了一条融资快车道。另一方面则是出于投资人希望快速和深入了解优质项目的需要,通过推送和包装服务。总体来看,AngelList 初步实现了它总体的初衷和最终的目的:通过网络工具高效准确的进行资金与项目的匹配,迅速促成融资。

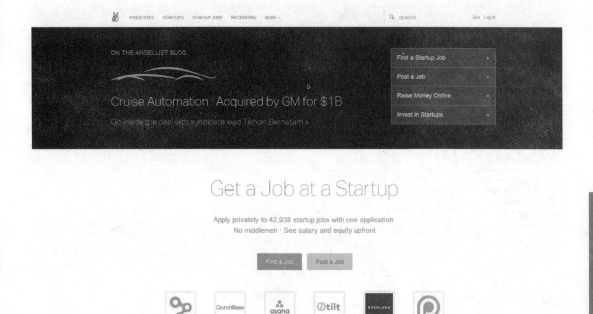

图 5-2　AngelList 网站首页截图

　　截至 2015 年，AngelList 上注册用户人数为 1 270 902，其中合格投资者总数为 46 729。累计注册 556 946 家公司，其中有融资需求的公司达 175 957 家，正在融资的公司有 59 345 家，平均线上融资公司约有 20～40 家/天，线上促成超过 1.5 亿美元的融资总额（如图 5-3 所示）。

图 5-3　AngelList 网站投资界面

数据来源：AngelList 官网，截图时间 2016 年 4 月 14 日。

在 AngelList 注册最多的市场类别主要集中在信息技术、消费与企业服务、媒体、医疗、教育、金融等高科技产业领域（如表 5-1 所示）。

表 5-1　AngelList 公司数最多的十大市场

Market	Companies（家）	Investors（人）	Followers（个）	Jobs（个）
All Markets	836 187	448	3 435	34 135
Infomation Technology	124 927	1 544	9 474	26 902
Consumers	86 001	772	5 086	15 885
Enterprises	53 305	684	4 242	12 957
Media	13 449	937	5 889	2 085
Health Care	11 855	11 827	162 360	2 480
Finance	11 036	1 039	6 807	2 876
Education	10 739	2 470	14 931	2 083
Healfh and Wellness	6 365	1 225	8 757	1 079
Platfoms	5 941	770	4 582	1 303
Life Sciences	5 867	712	4 909	655

资料来源：根据 AngelList 官网数据整理所得。

截至 2015 年 5 月，已经成功完成融资的公司有 7 395 家，占公司总数的 1.5%。在 7 921 次成功的众筹事件中，80.4% 的成功融资位于种子阶段，成功进行 IPO 的公司有 5 家，如表 5-2 所示。

表 5-2　各融资阶段融资次数统计

融资阶段	融资次数	占比（%）
种子	6368	80.4
A	689	8.7
B	160	2.0
C	27	0.3
收购	244	3.1
IPO	5	0.1
关闭	37	0.5

资料来源：未央网。

三、"领投＋跟投"模式，翘起整个 VC 行业

AngelList 的成功，离不开它独创的"领投＋跟投"的众筹模式。"领投＋跟投"又称联合投资模式，即"辛迪加模式"（Syndicat），由领投人发起，这名领投人要求具有专业投

资经验或专业技能,其他已经认证的投资人对其进行跟投,非约束性的投资承诺帮助这些领投人与跟投人之间的联合投资。

用户可以在 AngelList 上建立个人档案,并在企业家、顾问、投资人等角色中选择。如果你是一名企业家,你可以为你的公司建立档案。与著名职业社交网站 LinkedIn 不同,LinkedIn 只有简单的公司介绍,而在 AngelList 上,明晰公司的经营理念,商业模型,团队组成以及寻求的投资类型等信息都清晰可见。此外,很多公司还会特别为投资人附上一份详细的融资提案。而对于投资人来说,在其档案里列出过往的投资历史也会为他们加分。初步接触往往是企业家和投资人通过私信方式来进行,但也有不少过往成功的案例是通过顾问/中间人的方式引荐进行的。

(一) 领投人发起一个 Syndicate

领投人可以是个人,也可以是 VC,但是必须确保 VC 的投资人 LP 们同意。如果一个投资人发起 Syndicate,那么他就成为一个领投人,投资规模、每年投资的项目数、附带收益的比例、跟投人最低投资金额等这些信息是需要在正式发起之前提供的。之后领投人就可以向其他投资人推广他的联合投资项目以获得跟投。

(二) 普通合格投资人申请跟投

经过认证的投资人都可以对某个 Syndicate 申请跟投,跟投人还可以申请自动跟投,比如跟投某个领投人发起的所有 Syndicate 项目。领投人既可以接受或者拒绝申请,也可以随时移除某个跟投人。

(三) 领投人发起投资项目计划

当领投人想要投资一家初创公司时,他需要发起一个投资项目计划。每一个申请的投资项目计划都会被 AngelList 审核,是否与初创企业的投资需求一致、联合投资的跟投者数量等都是需要考虑的因素。一旦计划通过,所有跟投人都会收到投资预约。当进入这个阶段时,跟投人仍然可以选择是否参与。

不同的项目对于投资人开放的程度不同,有只针对领投人开放的,也有非只针对领投人开放的项目,也就是说其他普通合格投资人也可以选择直接投资,而不是加入领投人的 Syndicate,即不需要向领投人支付相应的费用。但所有的项目中,领投人及其跟投人会具有投资优先权。

1-page

截至目前,通过 AngelList 融资且成功上市的初创企业有 6 家,1-page 便是其中之一。1-page 成立于美国旧金山,是一家在线求职平台,以要求求职人提供 1 页对企业未来发展的建议而得名。

2011 年 9 月,创始人 Joanna Riley Weidenmilter 将 1-page 的信息发布到 AngelList 上。2012 年 4 月 1 日,在 AngelList 上,1-page 获得了 TMT investment、Blumberg Capital 和 George City Angels 的种子轮资金支持,约为 150 万美元。2013 年 8 月 30 日,1-page 又获得了包括前文所述三家风险基金在内 6 名投资人 150 万美元的融资。2014 年 9 月,1-page 成功在澳洲证券交易所(ASX)上市。

四、平台参与者的权责明确,多方受益

股权众筹的运作一般包括三个方面的参与者:筹资者、众筹平台、投资者。"领投＋跟投"因其权责明确、多方受益的模式设置,而备受追捧。具体来看,每个参与者的职责和任务如表 5-3 所示。

表 5-3　AngelList"领投"＋"跟投"模式参与者的职责和权利

参与者		相关职责和权利
创业企业		向众筹平台提供项目相关信息以待审核
		选择是否与跟投人保持紧密的沟通
AngelList 平台		与投资者分享初创公司,创建初创公司档案,选择由哪些投资者查看
		通过电子邮件将最佳初创公司发送给投资者
		为某个具体的投资项目组成一个联合投资的持股平台公司
		AngelList 旗下的管理公司负责持股平台的具体事务
		跟投人把钱投入这个持股平台,再由持股平台向创业企业投资
投资人	领投人	创建一个联合投资体
		公布自己的一些基本信息,包括准备每年投资多少个项目、通常的投资规模多大
		负责找项目,为每一个投资项目作书面的投资分析,并且披露其与投资项目之间是否存在利益冲突
		当准备参与投资一个创业企业时,向它的跟投人发出通知
		考察投资跟投人的情况,同时接受联合投资体里跟投人的询问
		决定创业企业信息的披露范围
		以自己的名义直接投资创业企业,并不纳入跟投人组成的持股平台
		进行投资后管理
		在投资收益中获得一部分提成,作为其回报
		负责将资金投资到初创企业并进行后续的监督和管理

参与者		相关职责和权利
投资人	跟投人	选择是否退出项目的投资。跟投人同意参与领投人关于某个项目的联合投资后，将会与领投人达成协议
		可以在任何时候决定退出联合投资体
		把钱投到持股平台公司
		把投资收益中的 5%～20% 作为提成给领投人，把 5% 提成给众筹平台。承担政府收费、审计费等正常的税费

（一）领投人：高收益低风险

领投人在创业企业股东会中行使表决权，并买入和卖出创业企业股份。当创业企业遇到退出的机会时，领投人会建议跟投人组成的联合投资体出售其股份、获取投资回报。

例如，如果企业上市了，由领投人来决定何时出售联合投资体的股权。如果公司被现金并购了，领投人则把收益分配给联合投资体。以及其他可能退出的情况，领投人将视情形建议联合投资体何时出售股份。只有在这些特定情况下联合投资体才能出售其股份。

对于每个项目的领投人，AngelList 规定其必须以个人名义投资不低于整个投资规模的 10%，同时规定他有义务考察其跟投人的情况。领投人在跟投人申请时既可以决定是否接受跟投人，也有权在任何时候移除某跟投人。

对于领投人来说，通过这种方式撬动众多跟投人的资金。一般地，通过联合投资模式领投人可以撬动自己投入资金的 5～10 倍。这使领投人得以参与投资和领投更多的项目，包括参与那些投资金额门槛较高的项目。此外，领投人汇集更多的资金去投资，也有利于领投人代表所有投资人在投资项目中争取更多的权利。

除了投资中的好处，通过联合投资，领投人还可以借机融入跟投人的社会关系，这些社会关系将为领投人及其投资项目带来更多的附加价值。

领投人的高收益。附带收益（Carry）是需要支付给投资管理者的每笔投资收益的资本利得提成。它的概念与普通风险投资（VC）基金中有限合伙人（LP）需要支付给普通合伙人（GP）的提成类似。只不过在 VC 投资里，VC 基金 GP 的分红是按照投资组合的整体收益来提取的。因此，某些投资项目实现收益后，要冲抵失败项目的损失，然后才能给普通合伙人提成。而在 Syndicate 模式中，领投人是按每个具体的投资项目的收益来计算提成的。具体来说，如果投资者成功退出了初创企业，该项目投资收益的 5%～

20%由领投人获得,而5%的附带收益由 AngelList 获得。而剩余的收益则会按比例分配给这个投资项目的其他投资人。但如果项目失败,领投人并不需要承担责任。

此外,领投人可以是个人,也可以是风险投资机构(VC 或 PE)。但当领投人为投资机构时,那么他作为领投人的附带收益,则会作为其投资回报分给其管理基金的 LP。因此 AngelList 在某种程度上在改变着风险投资行业的规则,促使更多的机构合伙人及知名投资者以个人名义独立的在 AngelList 上完成对初创企业的投资,直接赚取相应的回报,而不再与 LP 分成。

(二) 跟投人:低投入高产出

通过"领投＋跟投"模式,跟投人可以参与领投人组织的联合投资体,共同获取低风险的高收益。在每个联合投资项目中,跟投人只需要投资一小笔资金,就充分利用领投人在挑选投资项目和投后管理上的丰富经验。

跟投人并不是直接对初创企业进行投资和持有创业企业的股权,而是投资到一个为每个项目设立的"特殊目的基金",也就是一个有限责任合伙企业。每一个 LLC 都是 AngelList 的一个全资子公司,并由专门的基金管理人来管理,AngelList 则担任每个 LLC 的顾问。跟投人把钱投入到这个特殊目的基金,再由这个基金向初创企业投资。

在 AngeList 平台上跟投人是进退自由的。当领投人准备参与投资一个创业企业时,会向他的跟投人发出通知。跟投人有权利选择是否退出这个项目的投资。领投人也会向跟投人解释该笔投资的合理性,并披露潜在的利益冲突。然后由跟投人最终决定是否投资并支付投资款。跟投人同意参与领投人关于某个项目的联合投资后,将会与领投人达成协议。但是如果跟投人经常降低其投资金额,或者经常退出投资项目,可能会被领投人清除出联合投资体。

当然,跟投人也需要承担一定的义务。例如,对于跟投人来说,通常需要把投资收益中的5%~20%作为提成给领投人,把5%提成给众筹平台 AngelList。跟投人还需要共同承担正常的税费,比如政府收费、审计费等。不过,领投人和众筹平台的提成,都需要跟投人获得投资回报后才需要支付。

(三) 创业企业:简便但高效

"领投＋跟投"模式对创业企业也有好处。创业企业不会陷入与每个投资人的纠缠和麻烦中去,它只需要应对一个领投的投资人,就可以获得超出领投人投资金额5~10

倍的投资额,还能获得跟投人在社会关系上对企业的帮助。

对于创业企业来说,它面对的只是作为整体的一个联合投资体而已。在股权众筹"领投＋跟投"的模式中,跟投人先把资金投入到持股平台,创业企业接收由持股平台投资的资金。而持股平台,则是由领投人来指挥的,由领投人指示持股平台作出决策、签署文件。

比如,领投人与创业企业签订的投资协议,和持股平台与创业企业签订的投资协议,通常是一模一样的。因此,当持股平台向创业企业投资的时候,创业企业只需要跟领投人谈判就可以了。

当然,创业企业可以选择是否与跟投人保持紧密的沟通。联合投资交割后,创业企业既可以向投资人每月汇报企业信息,也可以向投资人展示更丰富的信息。向投资人及时汇报的好处是,可以利用投资人的资源,帮助企业招聘或者拓展业务。

五、借助互联网增加信息披露

创业企业信息的披露范围,由领投人自行决定。领投人可以决定信息披露的程度。跟投人可以获取哪些信息,股权众筹平台可以获取哪些信息,公众可以获取哪些信息。信息披露的程度,往往取决于企业创始人和领投人想要吸引跟投人参与投资的程度。

在"领投＋跟投"的联合投资中,项目的全部详细信息不会完全披露给跟投人。当然,如果创业企业同意接受跟投人的直接投资,那么跟投人就可以了解更多的信息。

在 AngelList 的"领投＋跟投"模式中,跟投人通常可以从股权众筹平台和领投人那里了解到下述信息。

● 持股平台的设立文件。

● 在创业企业同意的情况下,签署的交易文件范本、投资协议的通用条款等允许跟投人了解。

● 创业企业的相关信息。这些信息的详细程度,通常与传统 VC 向其投资人 LP 披露的程度差不多。

● 跟投人可能涉及的税费情况。

除了常规的对于企业信息的显性披露,AngelList 还有着巨大的数据统计和分析能力,为投资者提供了数据庞大、分析详细、客观准确的信息披露,帮助投资者科学决策。

AngelList 对平台上注册用户的职业,企业所属的不同市场和领域,用户及企业分布的地区,平台上按标签分类的企业估值及数据分布,以及按照孵化器、毕业学校等多个维度进行的数据统计的数据,都可以公开呈现给平台用户。

AngelList 对平台上的企业进行了市场分类,大约可以看到三百多个不同类别。

以信息技术类别为例,在平台上可以看到它的下游市场包括:大数据分析、软件开发、游戏、地图、打印、机器人、通信等 26 个细分市场,同时每个细分市场还会有其相关的上游和下游市场。在 AngelList 平台,每一个"分组"代表着一个细分市场的标签,用户可以从这个组里看到该类别的全部投资人、全部企业、粉丝和全部职位等信息,内容涵盖投资人数量、企业数量、职位、粉丝数量、平均估值等统计数据。在信息技术这个类别中,共有 95 557 个企业,有 2 463 个合格投资者,有 7 356 个粉丝,合计发布了 17 317 个职位,平均估值为 4 100 万美元。

AngelList 注册最多的市场类别及其主要数据如表 5-4 所示。

表 5-4　AngelList 注册最多的市场类别及其主要数据

市场	公司(家)	投资人(人)	招聘职位(个)	占全部公司比例(%)
信息技术	95 557	2 463	17 317	16.9
消费	65 761	1 310	10 268	11.6
企业服务	41 177	1 214	8 497	7.3
媒体	11 212	1 593	1 454	2.0
医疗保健	8 763	25 768	1 504	1.6
教育	8 386	3 889	1 331	1.5
金融	8 006	1 781	1 789	1.4
生命健康	4 840	1 343	359	0.9
健康福利	4 656	2 084	672	0.8
社交及平台	4 529	1 266	758	0.8

资料来源:未央网。数据截至 2015 年 7 月 8 日。

六、专业领投人和合格投资人,缺一不可

对于投资经验或创业经历丰富的投资人,AngelList 将他们选为顶级投资人。这部分投资人是成功企业的创始人、职业天使投资人或者风险投资基金的合伙人,在股权投

资领域成绩非凡。目前 AngelList 共有 126 位成熟投资人作为领投人,占所有认证投资者总数的 0.27%,每位领投人都有数次创业或投资的优秀成绩。获得跟投金额排名前十的领投人如表 5-5 所示。

表 5-5 获得跟投金额排名前十的领投人

	名称	投资人数(人)	金额(百万美元)
1	Late-stageIPO syndicate	257	6.6
2	Gil Penchina	1 090	6.3
3	Tim Ferriss	1 113	5.8
4	Arena Ventures	410	4.2
5	Jason calacanis	828	3.4
6	Naval Ravikant	160	2.4
7	Dave Morin	529	2.3
8	500 Startups	186	2.2
9	The Saas Syndicate	432	1.7
10	Elad Gil	245	1.3

数据来源:AngList,未央网。截至 2015 年 11 月 29 日。

在 AngelList 的"领投+跟投"模式中,能力非凡的领投人类似风险投资基金的管理人(GP)。可以看出,融资企业并非是不分主次的直接向一大群散户筹集资金,而是需要有一位专业的领投人发起众筹并管理这个投资项目,且该领投人的粉丝会优先参与项目的跟投。

Gil Penchina 是多家创业企业的创始人,还在另两家创业企业担任顾问,具有丰富的成功创投经历。Gil Penchina 发起的"领投+跟投"获得的跟投金额超过 600 万美元,超过 900 名投资者跟投。其 Syndicate 预期每年进行 4 笔投资,收取的管理费用为跟投人投资盈利的 15%。

Gil Penchina 的特长是投资于 SaaS(软件服务)以及无须销售人员的企业。到目前为止,一共有 7 家企业获得了 Gil Penchina 的联合投资,包括融资平台 Vouch Financial、在线汽车交易平台 Drive、生产便携式群组交流工具的 Orion Labs、Beepi、移动 APP 运营商 Soothe、在线人脉管理平台 Contactually 以及在线教育平台 Altschool。

领投人的资质需要得到跟投人的审查和认可。一方面,如果想在众筹平台 Angel-List 中成为领投人,某人可以在 AngelList 上公布自己的一些基本信息,创建一个联合投资体。通常这些信息包括领投人准备每年投资多少个项目、投资规模的大小。另一方面，在领投过程中，领投人需要为每一个投资项目做书面的投资分析，并且披露领投人之前在投资项目里是否占有了股权等信息。领投人本人一般也要在其组织的联合投资项目中投入一大笔资金。

500 Startups 是硅谷的一家种子基金，拥有 50 多个国家的数百家创业企业的投资经验，是世界顶级的创业加速器。500 Startups 也成为了 AngelList 的领投人。如此实力的种子基金的 Syndicate 计划会每月投资一家初创企业。每次投资时，500 Startups 一般提供自有资金 10 万美元，分配给跟投者的金额 10 万～100 万美元不等。优先将投资份额分配给老客户以及出资较高的跟投人。

目前，500 Startups 通过 Syndicate 方式投资了 4 家初创企业——巴西的酒类交易平台 Sonoma、在线视频平台 Videogram、女性服饰租借企业 LE TOTE 和服饰交易平台 FormaFina。

领投人需要很高的专业技术。非上市企业的股权投资非常复杂，融资企业可能处于新兴行业，经营信息不透明，商业模式不确定，估值依据不足，团队磨合不稳定等，使得投前尽职调查和投后管理都极为复杂。

领投人还需要有很高的判断能力。在 AngelList 平台上，任何经过认证的投资人都可以申请跟投。此时，领投人决定需要是否接纳其作为跟投人，以及何时将其清除。

在股权众筹的想象空间中，最让人激动的一个就是在互联网时代，是不是人人都能成为投资人。

实际上，在 AngelList 总计注册用户中仅有 4.7 万人被认证的合格投资人，仅占总用户数的 3.68%，包括职业投资人、顶级投资人、风险投资基金的合伙人、连续创业者等众多类型。

合格的投资者需要有足够多的富余资金用于持续投资。股权众筹作为一种金融产品，主要面向早期或成长期的企业，高收益伴随高风险，大多数投资会亏损甚至血本无归。当然，一旦项目成功，投资人所获得的回报也会有几十倍甚至上百倍。面对这种高风险高收益项目，投资项目数量的增加会相应地分散投资风险，投 20 个项目的风险远比投 2 个项目的风险大得多，所以一定的经济实力是股权众筹投资人需要的能力。

合格的跟投人还要有乐观宽容理性的心态面对投资失败。如果有幸遇到有经验的跟投人,忽然撤出联合投资体的事情可能通常不会发展。但股权众筹中跟投人能力参差不齐,没有经验的跟投人可能会反复无常,会严重损害各方利益。

所以,AngelList 规定投资人需要对股权众筹项目具有风险承担能力和风险识别能力。AngelList 对于合格的投资人标准与美国证监会可投资于私募发行证券的投资人标准要一致。审核标准包括纳税证明、收入证明、不动产评估报告、个人信用报告、金融资产市值报告等。

美国证监会(SEC)规定合格投资人满足以下任何一条要求即可。

(1)过去 2 年期间,夫妻两人年收入合计超过 30 万美元或者个人年收入超过 20 万美元,并且预期本年度也将保持同样收入水平。

(2)个人净资产(不含自住用途的房产)至少 100 万美元。

(3)资产规模超过 500 万美元的机构。

根据投资者提供的这些原始凭据,Angel List 会认定哪些是合格投资人,并出具合格投资者验证报告。该报告可以在 Angel List 网站上查阅,具有通用性,可供领投人或企业查阅。经过验证的合格投资者,具有 Angelist 认可的投资能力,参与众筹的资金门槛很低,仅为 1 000 美元。

参考文献

[1] 廖理,李梦然,向虹宇等 . AngelList 股权众筹的光荣与梦想[J]. 清华金融评论, 2015(12).

[2] 刘希腾 . 股权众筹平台 AngelList 运作分析[D]. 辽宁大学, 2015.

[3] 牛元元 . 美国证券法下私募发行的界定标准[D]. 对外经济贸易大学, 2007.

[4] 解剖"领投+跟投"的股权众筹模式 . 微头条 . http://www.baidu.com/link? url=_h9nI.

[5] 美国股权众筹代表 AngelList 平台的分析报告 . 豆丁网 . http://www.baidu.com/link? url=iS5CW.

[6] 股权众筹中领投+跟投模式的 7 个关键点 . 微口网 . http://www.baidu.com/link? url=YCk-FR.

[7] 股权众筹平台的风险预估及政策建议,证券投资论文 . 学术堂 . http://www.baidu.com/link? url=NGv4A.

[8] 股权众筹的发展历史 . 天使客 . http://www.baidu.com/link? url=yszFK.

[9] 2014 互联网股权众筹盘点报告 . 豆丁网 . http://www.baidu.com/link? url=NK54g.

[10] 对于 AngelList 股权众筹,很多人都学歪了 . 虎嗅网 . http://www.baidu.com/link? url=uB-pRs.

［11］辛迪加模式：股权众筹的领投＋跟投模式．http：//www.baidu.com/link？url＝cYqGp.

［12］股权众筹"领投＋跟投"模式的法律解读．http：//www.baidu.com/link？url＝YU1P.

［13］股权众募的晨曦：AngelList 的现在与未来．http：//www.baidu.com/link？url＝41hiD.

［14］什么是股权众筹的领投＋跟投模式．百度百家．http：//www.baidu.com/link？url＝W8pXZ.

［15］刘源．"领投＋跟投"股权众筹模式详解［J］．大众理财顾问，2016(3)：70-72.

第六章

Fidor Bank,独树一帜的社区网络银行

在本书前五章的内容中,讨论了科技与金融的相互需求、相互促进以及所产生的新业态。

实际上,互联网银行也正在给银行业本身带来一场革命,结果之一,即在全球以及中国市场上,出现了各种形式的网络银行。

先行者们为我们展示了在互联网浪潮的推动下,传统行业的转型路径。有些网络银行由传统银行创办,并借助互联网提供更为便捷丰富的服务;另外,全球各地也出现了众多没有实体网点、依托于网络的互联网银行。

本章以德国 Fidor Bank 为案例,介绍这种新型银行的特点。

技术力量正在改变关于银行的一切。社交网络、移动技术、数据分析、云计算和物联网等方面的发展,给全球金融业带来了冲击甚至颠覆。

有人说,真正改变一个行业的,往往不是老手而是新领域的后来者。在网络银行领域①,中国和欧美市场都验证了这种说法——新手的优势在于能够发现并满足用户的潜在需求。

"其实中国不缺银行,这个世界也不缺银行,但缺一个创新的、为小微消费者服务的银行。"2015年6月,阿里巴巴集团董事局主席马云在杭州正式宣布,"网商银行"开业,并推出商品在线借贷。正如马云所说,阿里巴巴的玩法和传统银行不一样,网商银行与传统银行最大的区别在于没有实体网点,这种银行也被称为直销银行,依托于网络的则称为互联网银行。

阿里网商银行手握秘密武器,也就是其旗下成立12年的第三方支付软件"支付宝",支付宝是网商银行的大数据来源。到网商银行成立时,其手机支付宝每月活跃用户数达2.7亿人,在中国支付市场占有率为8%,也是全球最大的第三方支付平台。用户在网络上的任何微小纪录,都将成为数字银行进行信用评估的依据。

基于数据分析,网商银行能够通过大数据分析,将不同金融产品或服务,分配给不同需求的客户,让网络信用等于财富。

但利用消费者的在线行为进行征信,并非网商银行的首创。本章所要介绍的德国银行Fidor早已将Facebook上的按赞数,作为用户贷款利率的参考:每增多2 000个赞,用户储蓄年利率就会提高0.1%,而借贷年利率则会减少0.1%。

跟阿里巴巴不一样,Fidor银行从未涉足电商业务,其社交媒体上的点赞从何而来?答案是这家银行打造了一个非常活跃的社交平台。简单来说,Fidor银行将社区打造成一个做生意的平台,并与客户通过社交媒体,如Twitter,Facebook,LinkedIn,YouTube等直接交流(如图6-1所示)。

和网商银行类似,Fidor的理念是:世界缺少的不是金融知识和经验,而是一个交换平台。

正如此前业内专家指出的,互联网并没有改变银行业务的本质,因此曾有人指出,互联网银行的几大弱点:流量端先天不足;创新产品匮乏;以及和互联网金融相比,其组织架构仍停留在工业时代。

---

① 网络金融包括网络银行、网络证券、网络保险等形式,指通过互联网渠道经营传统金融业务的模式。

图 6-1　Fidor 银行网站界面图

从互联网金融在全球的发展轨迹看,有三个明显的规律性特点:一是发展动力上,互联网技术革新,社会结构、产业形式、商业业态和生活方式的演变,传统金融创新滞后或覆盖不足,是互联网金融产生、发展最重要的触发因素。金融监管当局的默许或支持的态度也起到了重要的推动作用。二是业态演变上,互联网企业跨界渗透与传统金融业互联网化转型是互联网金融发展的两条主线,两者间的相互竞争、合作、渗透贯穿互联网金融发展的始终,促使互联网金融创新呈现多元化特点。三是市场结构上,各国互联网金融创新焦点、生态圈各方竞合格局、产业链条利益划分各不相同。总体上,越是金融服务覆盖率低的国家,越是金融创新不足的领域,互联网金融的活跃度越高、市场力量越强。

实际上,问题的关键在于产品和业务模式创新。和其他出身传统银行业的网络银行不同,Fidor 银行在应用端做了大量创新,而不仅仅是依靠线上渠道降低成本。

当然,线上渠道的确有利于削减成本。据摩根大通银行(Morgan Chase & Co.)估计,全部数字化的银行账户,其管理成本比传统账户低 70%。但更重要的是,如何利用这个时代提供的各种资源,开发差异化的运作模式,以满足客户不断变化的需求。

一、Fidor 的核心秘密：直销银行＋社交网络，以及服务精神

Fidor 银行于 2009 年在德国成立，是一家颠覆性的互联网银行，致力于用全新的以客户为中心的服务重建人们对银行业失去的信心。

在德国，Fidor 目前约有 100 000 客户和超过 300 000 个社区成员。其创始人兼 CEO Matthias Kröner 并非来自金融界，他此前从事酒店业，所倡导的服务理念并未因从事银行业而改变。在创立 Fidor 之前，Kröner 曾创办一家相似的互联网直销银行——DAB Bank，同样以满足客户需要而非实现银行需求为首要价值目标。2009 年 5 月取得银行执照后，他关注到社交媒体对金融业的影响，成立了一家透过社交媒体以客户生活形态为中心的银行——Fidor Bank。

作为一间新兴的网络银行，Fidor 银行并未重新发明模式，直销银行在欧美市场已经有了几十年的发展历史，并发展出成熟的业务模式。

网络银行也是"直销银行"的一种形式。所谓直销银行是指几乎不设立实体业务网点，而是通过信件、电话、传真、互联网及互动电视等媒介工具，实现业务中心与终端客户直接进行业务往来的银行。

过去几十年，传统银行也广泛采用了信件、电话、互联网等营销手段，设立了"电话银行"、"网上银行"等业务模式，但是这些营销方式对于传统实体就银行而言，仅是其庞大实体网络的辅助和补充，并没有脱离实体网络而独立存在。因此，一般所说的"直销银行"，是指具有独立法人资格的组织，其业务拓展不以实体网点和物理柜台为基础，因此不仅具有机构少、人员精、成本小等显著特点，而且通常能够为顾客提供比传统银行更优惠的利率和费用更低廉的金融产品及服务。

德国"直销银行"的诞生可以追溯至 1965 年在法兰克福成立的"储蓄与财富银行 (BSV)"，该银行也是现在欧洲最大的"直销银行"——荷兰国际直销银行（ING-DiBa）的前身。

从 20 世纪 90 年代以来，从美国、欧洲、澳洲都出现过一些取得成功的直销银行，比如大家经常提到的 INGDirect，他们的产品和传统商业银行类似，主要的产品包括存款、转账汇款、网上交易支付、按揭贷款和理财投资等几大基本银行业务，提倡费用低廉，产品精简，收费明晰，大多定位于年轻人等。

在互联网出现之前，"直销银行"在德国并未受到太多关注，发展进程一直比较缓慢。

自 20 世纪 90 年代以来,随着互联网的普及,"直销银行"异军突起,特别是受到了具有较高学历的年轻人的欢迎,市场份额迅速扩大。至 2007 年 4 月,德国"直销银行"的客户数目已经达到了 980 万,约占德国银行市场份额的四分之一左右。

Fidor Bank 出现的另一个背景,则是社交媒体在全球的兴起。

美国社交网络服务网站 Facebook,于 2004 年上线,最初以照片分享为主并很快成长为全球最大的社交网站。上线几年后,Facebook 就拥有了近十亿用户。2006 年上线的 Twitter,用户数也很快过亿。

社交媒体给全球政治、经济结构带来了非常大的影响。而对于银行业,则是 Fidor Bank 这种,基于社区的网络银行的出现。

《数字银行》一书作者克里斯·斯基纳(Chris Skinner)非常看好网络银行的前景,他在书中预言:塑料信用卡将在未来 10 年内消亡,并被智能手机,以及嵌入至服装、手表和其他物品的支付芯片所取代。

斯基纳在书中所展示的未来银行更人性化,并能识别客户身份同时预测他们的需求。实际上,银行本来就拥有其他机构所不可企及的用户隐私:信用卡账户信息。这种信息当然需要保护,但并不是说不能够合理使用。

想象一下:如果你在 Facebook 上发布消息说,自己希望参加一次演唱会,那么银行可能会在评论中提示,你完全可以买得起票,而银行也将乐意为你效劳;而如果你在 Twitter 上发布消息称:"我正在考虑购买一辆二手捷豹",那么银行可能会向你发私信:"你是疯了吗? 你已经透支了 2 万美元!"

斯基纳所预言的未来,有一些已经在 Fidor 银行的业务中实现。

二、Fidor 式平台模式:银行业务的 App Store

Fidor Bank 的盈利模式主要是通过 3 大类服务——Fidor Bank,Fidor Tecs 和 Fidor Factory,向个人或企业用户收取费用,如借贷费、手续费、信用卡年费、向开发商收取软件使用费等。Fidor Tecs 和 Fidor Factory 是 Fidor 的两家全资子公司。Fidor Tecs 研发和运营数字银行平台 fidorOS,为下一代社区、支付等银行服务提出解决方案。Fidor Factory 涉及公关、沟通、客户关怀等客户服务。

正如前文所说,Fidor 的理念是,世界缺少的不是金融知识和经验,而是一个交换平台。

银行业务的平台化,已经成为今日的共识。这首先得益于云计算、移动平台和应用软件开发等领域的进步,正在降低或彻底消除技术和成本障碍。应用编程接口(API)技术已成为数字经济的秘密武器,支持众多企业开放其数据和平台,帮助其他参与者开发各种应用,不断创造价值。种种可能性正焕发出诱人的前景。

Fidor 银行正是建立数字化银行业务平台的先行者。这家银行充分利用 Web 2.0、电子商务、移动和社交等技术,打造出"银行 2.0"平台,并以此提供透明、易用、效率极高的可扩展型银行业务,将业务延伸至贵金属交易、保险服务、P2P 贷款与存款(包括虚拟货币)等一系列领域。

埃森哲的一项调查显示:三分之二的受访银行已开始使用开放式创新方案,整合各种应用并与业务伙伴协作;45％的银行正在借助数字化业务伙伴整合行业平台数据;而55％的受访机构则在尝试"平台即服务"(PaaS)解决方案,或是将"平台即服务"融入大型战略项目当中,以实现更快的部署和差异化系统的集成。

Fidor 银行的做法可以说是其中的创新案例:在技术工具的帮助下,Fidor 银行创建了一个将不同金融产品提供商组合在一起的生态,并利用社交媒体用于收购、存留、交叉销售,以及研发等特定的工作。并以此帮助客户和合作伙伴直接连接银行服务。

基于这个平台,客户可以通过 Twitter 转账,交易加密货币,并通过银行平台向第三方提供服务。截至 2014 年年底,Fidor 银行已拥有超过 30 万的用户和社区会员与 6.5万的客户。良好的伙伴关系和协同作业将使银行能够充分利用网络社区来创造价值。凭借此项技术的运用,Fidor 银行还荣获了全球银行大奖。

不难发现,如果将传统银行比作连锁经营的超市或百货,Fidor 更像将自己定位于App Store,通过与其他金融机构合作提供各种极具创新性的核心银行服务。

和苹果一样,Fidor 在发展过程中,不断增加自己"应用商店"中的合作伙伴。

2011 年年底,Fidor Bank 与德国网贷平台 Smava 合作,为 8 万注册用户提供金融服务。

2012 年与电子钱包公司 Hyperwallet 合作,在欧美推出行动现金服务。

2013 年与比特币交换公司 bitcoin. de 合作,让 Fidor Bank 用户直接透过 Fidor Pay交易比特币。

2013 年与加州比特币交易所 Kraken 合作,让 Fidor Bank 用户能够透过 Fidor Pay进行比特币或其他数位货币交易。

2014 年与丹麦比特币新创公司 BIPS 合作,与比特币交换公司 Kraken 合作,在欧洲推比特币交换服务，以及合推加密货币服务；2014年和支付公司Ripple合推转账服务。

当然，随着移动互联网和社交网络的普及，全球各地都出现了与Fidor Bank模式类似的网络银行业务。传统的银行网点，其主要功能是以存取款为代表的现金业务，这种业务大多能通过在线渠道完成。例如，2012年，波兰mBank银行推出了新的数字社交银行架构。该银行的客户可以通过Facebook及视频服务去进行支付。随后，该银行关闭了几乎所有网点，而维护传统基础设施的成本被用于发展新服务和广告。最终，该银行75％的顾客都转向了更便捷的在线平台。

三、Fidor是个社群银行：乐趣理财＋"点赞"征信

在很多人眼中，办理银行业务，就如同买东西和处理邮件一样稀松平常，毫无新意可言，事实果真如此吗？试想一下，你可以一边参与银行的网络游戏（如虚拟货币交易）或宠物募捐活动，一边关注自己银行账户的余额变化。又或者，直接通过Facebook Connect链接登录到银行账户，通过在页面上点"赞"①来决定你的账户利率——对利率点"赞"的客户量越大，利率就越高。

随着各种新型银行的出现，用户越来越多的业务的个性化体验，在吸引和愉悦客户的同时又不失去他们的信任——这正是新兴银行的特征和挑战。

银行纷纷借助个性化技术打造定制型产品与服务，紧密贴合每名客户的独特需求，并且积极收集丰富的背景数据，从而将个性化业务推广到所有渠道当中——由零售分行一直延伸至在线和移动业务领域。

Fidor Bank在这方面的表现同样可圈可点。这家银行认为，理财应该是乐趣无穷的。Fidor的数字框架中不仅提供了更多的乐趣和互动，而且比传统银行有更高的透明度。例如，Fidor的客户在社区中畅所欲言，从股票到信用卡、债务，从保险到债券。

Fidor社区俨然一个"做生意"的平台。Fidor的口号是"Banking with Friends"，比真实性和公开透明的金融服务更有意义的是，Fidor正在引领客户完成从bank到banking的转变——建设一个客户理想中的银行。Fidor银行没有"理财顾问"，以防强加给客户他们不希望或不需要的产品。Fidor银行与客户通过社交媒体，如Twitter，Facebook，LinkedIn，YouTube等直接交流。社区的留言板也是一个关键部分，它鼓励客户

---

① 点赞，网络用语，表示"赞同""喜爱"。该网络语来源于网络社区的"赞"功能。

提出服务要求,以供 Fidor 改进并为其他客户提供建议。

不仅如此,该银行还提供了许多其他非常有创意的金融服务。例如,客户可以登录网络聊天室提出自己的需求,或者将自己的想法反馈给银行,而银行的专业顾问始终在线,随时准备为客户提供帮助。Fidor 银行没有销售人员,而是借助一个网络社交平台向大众推荐本行的服务,并提出产品创新建议。因此,在描述自己的体验时,客户将该行称为"朋友式的银行"。

Fidor 最负盛名的明星业务有足够的创新特性,即与存贷款利率挂钩的是 Facebook 粉丝点赞数。

Fidor 将 Facebook 的"赞"数作为存贷款利率的参考:每增多 2 000 个赞,用户储蓄年利率就会提高 0.1%,而借贷年利率则会减少 0.1%,直到两者分别达上限(存款年利率自 0.5% 上升最高至 1.5%)和下限(贷款年利率自 6.9% 下降最低至 6.3%)。

对于银行来说,无论是否采用"点赞"来征信,都需要充分利用新技术和分析法,将自身打造成客户数字生态系统上关键的一环。

参考文献

[1] 疯狂的蚂蚁金服,支付宝撑起来的金融巨无霸. 百度百家. http://www.baidu.com/link? url＝EHTaK.

[2] 主打社群金融,看 Fidor 怎样颠覆传统银行业. 未央网. http://www.baidu.com/link? url＝W1mW_.

[3] 胡安·佩德罗·莫雷诺,安东·皮希勒,安迪·斯塔尔斯. 银行业的数字颠覆者[J]. It 经理世界,2014(14).

[4] 韩刚. 德国"直销银行"发展状况的分析及启示[J]. 新金融,2010(12):23-26.

[5] 构建"全时银行":数字化时代银行业的生存之道. http://www.baidu.com/link? url＝zt0pd.

国内篇

第七章

中国科技金融政策，为创新发展配置资源

科技金融政策，就是通过政策来引导科技与金融结合，解决科技型中小企业融资难题，促进科技创新发展和国家经济水平的巨大动力。

从 20 世纪 80 年代开始，中国各个政府部门推出了众多科技金融的相关政策。从科技信贷到知识产权质押再到科技支行；从政府设立风险投资基金到政府引导基金；从创业板到新三板再到多层次资本市场……

如果全部在这里列举，估计会成为比本书更厚的一本书。本章借助重要节点政策的梳理，以点带面，以期描绘一幅我国科技金融政策全貌的简笔图。

中国政府支持科技型中小企业的政策几乎遍及所有的融资渠道,科技贷款、科技担保、创业投资、资本市场,处处都有科技金融政策的搭桥铺路。

特别在每一个重要的经济转型期,推进科技金融发展的政策出台尤其密集。

1997—1998年,亚洲金融危机爆发。为了度过这次危机,中国政府启动了积极的财政政策和宽松的货币政策,并于1998年出台了支持中小企业发展的相关金融服务意见。

到1998年,中国的科技型中小企业已超过70 000家,科技型中小企业成为创新和高新技术产业的重要生力军,而与科技型中小企业快速发展相伴而行的一个突出问题,即资金瓶颈的严重制约。

为了解决日益增长的中小企业资金需求,1999年,《关于加强技术创新,发展高科技、实现产业化的决定》推动了创业板的启动;《关于科技型中小企业技术创新基金的暂行办法》启动了科技型中小企业技术创新基金;《关于建立中小企业信用担保体系试点的指导意见》对中小企业信用担保机构做出了明确规定。

另一个政策密集出台的时间节点,则是由于建设创新型国家战略的提出。2006年年初,中国政府宣布了中国未来15年科技发展的目标:"2020年建成创新型国家,使科技发展成为经济社会发展的有力支撑。"

为了落实国家的发展战略,推动高新技术企业的孵化与成长,一系列推进科技与金融结合的政策陆续出台。2006年1月,经国务院批准,允许非市场企业登陆三板,将北京中关村科技园区非上市企业作为试点,并于同年1月23日正式启动。同年2月7日,国务院关于实施《国家中长期科学和技术发展规划纲要(2006—2020年)》若干配套政策明确提出:"推进高新技术企业股份转让试点工作。启动中关村科技园区未上市高新技术企业进入证券公司代办系统进行股份转让试点工作。若高新技术企业位于国家高新技术产业开发区内,未上市且具备条件,逐步被允许进入证券公司代办系统进行股份转让。"为推动"新三板"的快速发展提供了难得的机遇。

时间来到2008年,在国际金融危机、欧债危机和国内经济疲软的背景下,使中小企业的融资难问题更加凸显。2008年国务院办公厅《关于当前金融促进经济发展的若干意见》(国办发〔2008〕126号):"鼓励银行业金融机构在风险可控的前提下,对基本面比较好、信用记录较好、有竞争力、有市场、有订单但暂时出现经营或财务问题的企业给予信贷支持。""稳步发展中小企业集合债券,开展中小企业短期融资券试点。""发挥财政资金的杠杆作用,调动银行信贷资金支持经济增长。""支持地方人民政府建立中小企业贷款风险补偿基金,对银行业金融机构中小企业贷款按增量给予适度的风险补偿。""鼓励金融机构建立专门为中小企业提供信贷服务的部门,增加对中小企业的信贷投放。"

2014 年,李克强总理正式提出"大众创业,万众创新"。"大众创业,万众创新"需要更完善的科技金融体系的支持,中国政府也做出了相应的政策安排。2014 年 1 月 22 日,科技部会同中国人民银行等六部门联合印发《关于大力推进体制机制创新扎实做好科技金融服务的意见》(银发〔2014〕9 号),提出从"建立和完善科技保险体系""加快创新科技保险产品"和"创新保险资金运用方式"三个方面不断完善中国的科技保险体系,为科技型企业的科技创新活动探索构建新的保险产品。

经过 30 年的发展,中国政府支持科技型中小企业的政策几乎遍及所有的融资渠道,逐步形成了科技信贷、创业投资、资本市场等相互促进、相互补充、多层次、综合性的科技金融政策体系。

一、从科技信贷走向科技银行

在经过早期的酝酿期后,中国在 20 世纪 80 年代开始逐步建立独立的科技金融体系,以科技信贷为主,而放贷主体则由传统银行承担。

1985 年是中国科技金融史上的重要一年[①],当年出台了最早的科技金融政策,中国工商银行成为最早开办科技信贷的金融机构,科技开发贷款成为最早的科技金融工具。

科技银行的功能在很长时间内由传统银行承担。1998 年 6 月,《中国人民银行关于进一步改善对中小企业金融服务的意见》(银发〔1998〕278 号)要求"各商业银行都要成立为中小企业服务的信贷职能部门,健全为中小企业服务的金融组织机构体系,配备必要的人员,完善对中小企业的金融服务功能";"各商业银行和信用社应重点支持那些产品有市场、有效益、有信誉,能增加就业和能还本付息的中小企业;扶持科技含量高、产品附加值高和市场潜力大的中小企业发展;鼓励中小企业技术创新"。

与此同时,2006 年国务院《关于实施〈国家中长期科学和技术发展规划纲要(2006—2020 年)〉若干配套政策的通知》强调,银行系统要重视对自主创新的支持。各金融机构开始通过不同贷款渠道支持我国高新技术企业的发展,促进国家自主创新战略的全面有效实施。

[①]　1985 年,《中国工商银行关于科技开发贷款的若干规定》及《中国工商银行关于科技开发贷款几个问题的通知》先后发布,中国工商银行率先开办了科技开发贷款业务。

这个阶段对科技型中小企业科技信贷的探索主要体现在打包贷款的运用上。2004年4月,国家开发银行和科学技术部科技型中小企业技术创新基金中心签署了科技型中小企业贷款业务合作协议,并在北京、上海、成都、重庆四个城市进行了试点,打包贷款总额达3亿元,打包贷款试点是有效运用贷款解决中小科型企业融资难题的有益探索。

此外,自2005年国家启动商业性小额贷款业务试点以来,十几年时间,我国小额贷款公司(以下简称小贷公司)从无到有,发展可以用突飞猛进来形容,已经成为一支规模庞大的信贷服务力量。

银行科技信贷的本质仍然是以国家信用为基础的纵向信用,科技小额贷款公司则是以民间信用为基础的横向信用。

我国小贷公司发端于2006年年底,由央行启动试点。2008年5月中国人民银行和银监会联合下发的《关于小额贷款公司试点的指导意见》将试点扩大至全国。

根据央行发布的2015年小额贷款公司统计数据报告数据显示,截至2015年年末,全国共有小额贷款公司8 910家,贷款余额9 412亿元。

(一) 科技银行政策破冰

回顾中国科技银行的发展历史,2008年的全球金融危机,成为中国科技银行政策破冰的一个重要推手。

2010年9月,美国加利福尼亚州州长阿诺德·施瓦辛格来到上海,向上海人民介绍加州以及硅谷。施瓦辛格随后又访问了日本和韩国。他表示自己此行将扮演加州"首席推销员"角色,努力为遭受全球金融危机重创的加州开拓亚洲市场。

三个月后,外界看到了明星州长施瓦辛格的收获。2010年12月21日,浦发银行公告称,与美国硅谷银行(硅谷银行金融集团的子公司)签署《发起人协议》,拟在中国设立一家专注服务科技型中小企业的合资银行。

进入中国市场后,2008年,硅谷银行将目标首先锁定在担保业务,投资入股浙江中新力合担保有限公司。而2009年通过与上海杨浦区的合作,硅谷银行成功获得进一步渗透中国市场的敲门砖——成立上海办事处,并帮助杨浦区政府管理若干只基金。

2012年8月,筹备已久的浦发硅谷银行合资公司终于在上海正式挂牌,成为首家正式营业的中美合资商业银行。

投贷联动是硅谷银行的成功模式,而由浦发银行和硅谷银行合资成立的浦发硅谷银行的商业模式全面承袭自硅谷银行。

浦发硅谷银行的客户均是处于早期或成长期的科技企业,年营业收入大约在500万元人民币或以下。由于受到相关法规限制,浦发硅谷银行在中国前期选择与风险投资机构进行合作来支持创新型的科技企业的发展。具体而言,即风险投资机构为企业提供股权投资,银行为它们提供债权融资。

而在北京中关村,2009年,北京银行率先成立了首家科技型中小企业特色支行——中关村海淀园支行,为科技型中小企业提供全方位金融服务。该支行采用"多元化产品、一站式审批、规范化管理、专业化服务"模式,总行对其单独授权,简化流程,缩短审批时间。以小微企业垂直管理体系为中心,北京银行通过特色化的专营支行和小微企业服务中心,真正构建起了专业化经营、集约化发展的科技型小微企业服务体系。

除了在科技银行上的探索,2014年7月,银监会还正式批准三家民营银行进行筹建,其中腾讯、百业源和立业三家公司合资成立的深圳前海微众银行,注册资本30亿元人民币,主要业务方向是为小微企业提供金融服务,由于其地处深圳,科技型中小企业较多,因此,该银行的主要业务将面向科技型中小企业。

(二)投贷联动政策出台

"大众创业,万众创新"的政策需求,大大推进了科技银行的发展进程。以"投贷联动"为特色的科技银行,作为缓解科技型中小企业融资难的重要金融机构在2016年获得政策破冰。而在此之前,北京银行中关村分行、浦发硅谷银行等定位于服务创业企业的国内银行已经进行了多年探索。

2016年五一假期来临前,中国的科技银行迎来一项重大利好,科技银行最重要的业务模式创新——投贷联动,终于获得中国政府的明确政策支持。

2016年4月21日晚,银监会、科技部、央行联合发布"支持银行开展科创企业投贷联动试点的指导意见",10家银行及5个国家自主创新示范区成为首批试点银行和试点地区。

在此之前,《商业银行法》与《贷款通则》等监管规则对银行进行股权投资等业务存在限制,长期以来国内银行业鲜有专门服务科创企业的科技银行。而科技创新类企业大多采取轻资产运营,缺乏抵押物,通过银行融资十分困难。

针对这类问题,国务院早在2015年3月便提出选择符合条件的银行探索投贷联动,今年的政府工作报告也首次将投贷联动纳入其中。

此次试点方案中,首批试点地区为北京中关村国家自主创新示范区、武汉东湖国家自主创新示范区、上海张江国家自主创新示范区、天津滨海国家自主创新示范区、西安国家自主创新示范区。

首批试点银行为国家开发银行、中国银行、恒丰银行、北京银行、天津银行、上海银行、汉口银行、西安银行、上海华瑞银行、浦发硅谷银行。其涵盖政策性银行、国有大行、股份制商业银行、城商行、民营银行及合资银行。

2016年,银监会、科技部、人民银行联合发布《关于支持银行业金融机构加大创新力度开展科创企业投贷联动试点的指导意见》(以下简称《指导意见》),意味着我国商业银行投贷联动业务在法律和制度上得以真正实现突破。

银监会规定,为了开展投贷联动,试点银行业金融机构可选择设立投资功能子公司或设立科技金融专营机构。另外,试点机构也可以新设或改造部分(支)行,作为从事科创企业金融服务的专业或特色分(支)行,开展科创企业信贷及相关金融服务。

《指导意见》的突破之处在于银行可以与自己的投资子公司间建立投贷联动平台,不需要再依靠外部第三方机构,能够充分发挥集团优势,缩短决策链条,降低沟通成本。同时,这种模式能够在集团内部对股权投资、信贷融资的不同风险偏好进行较好的协调,有利于整体把控项目风险。

银监会强调,投资功能子公司应当作为财务投资人,可选择种子期、初创期、成长期的非上市科创企业进行股权投资,分享投资收益、承担相应风险。按照约定参与初创企业的经营管理,适时进行管理退出和投资退出。

投贷联动试点政策的出台,背景是中国经济下行。政府激励创新,推动大众创业、万众创新发展,推动新经济成长。

早在2015年,《国务院关于大力推进大众创业万众创新若干政策措施的意见》便开始强调,优化资本市场、创新银行支持方式、丰富创业融资新模式是创新创业的有效举措。

这就需要社会搭建更好的创业创新环境,尤其是金融生态。

而投贷联动是全球最成功的科技银行硅谷银行最重要的支持创业企业的创新产品,正是由于投贷联动业务,Facebook、twitter等一大批硅谷科技企业才能快速成长起来。通过投资和贷款相结合,小微企业、创业企业等轻资产企业拓展了融资渠道,这对于中国银行差异化经营,改善盈利结构以及中国经济转型有重要意义。

二、市场化风险投资的转折点

中国最早期的创业风险投资机构主要由政府出资，并承担相应的经营风险。

1985 年 3 月出台《中共中央关于科学技术体制改革的决定》，指出"对于变化迅速、风险较大的高技术开发工作，可以设立创业投资给以支持"。这是首次提出要以风险投资的方式支持高新科技产业的发展。

1985 年 9 月，以国家科学技术委员会和中国人民银行为依托，国务院正式批准成立了我国第一家风险投资公司——中国新技术创业投资公司，简称中创公司。一些地方政府也相继作为投资者设立风险投资金融机构。

1991 年 10 月，国家科委、国家体改委颁布《关于深化高新技术产业开发区改革推进高新技术产业发展的决定》强调"利用社会资金（股票、债券、保险金等）和政府匹配的部分资金，同时积极吸引外资投入，建立高新技术产业化的风险投资基金"，表明政府鼓励创业风险投资多元化，有效促进了经济社会的快速发展。

1996 年 11 月 16 日，由科技部、国家计委等部门联合下发了《关于建立风险投资机制的若干意见》，对创业风险投资活动进行规范和指导。

2001 年 4 月 28 日出台《中华人民共和国信托法》对委托人和受托人之间的法律关系作了明确的规定，为促进风险投资发展提供了法律依据。

这一时期，政策主要从创新、创业、促进科技成果转化三个方面引导。

1999 年 5 月 21 日国务院批准了由科技部、财政部联合制定的《关于科技型中小企业技术创新基金的暂行办法》（国发办〔1999〕），并于 1999 年 6 月 25 日正式启动了科技型中小企业技术创新基金。该基金作为政府对科技型中小企业技术创新的资助手段，不以盈利为目的，是一项政策性风险基金。它通过贷款贴息、无偿资助和资本金投入等方式，促进科技成果转化和技术创新，在企业的发展和融资过程中主要起引导作用，培育和扶持中国科技型中小企业，加快高新技术产业化进程。

2005 年 9 月 7 日，由国务院批准的《创业投资企业管理暂行办法》（发展改革委第 39 号令），明确国家和地方政府可以设立创业投资引导基金，引导资金进入创投业。并对创业投资企业的设立与备案、投资运作、政策扶持、监管等进行了明确的规定，标志着中国的创业投资业进入快速发展阶段。

2010 年 10 月 13 日，财政部发布了《关于豁免国有创业投资机构和国有创业投资引导基金国有股转持义务有关问题的通知》规定："符合规定的国有创业投资机构和国有创业投资引导基金,投资于未上市中小企业形成的国有股,可申请豁免国有股转持义务。"提高了国企开展创业投资的积极性,鼓励和引导国有创投机构加大对中早期项目的投资。

2014 年 8 月,科技部和财政部印发《国家科技成果转化引导基金设立产业投资子基金管理暂行办法》,正式批准了科技成果转化引导基金开展出资设立创业投资子基金业务。通过创业投资子基金的方式支持相关科技成果的转化,可以引导创业投资理念的不断形成和完善。

(一) 从拨款式基金到创业引导基金

早在 20 世纪 80 年代中期,风险投资就已经作为中国科技体制改革的一部分,出现在中国的政府文件中。1985 年 3 月出台《中共中央关于科学技术体制改革的决定》,指出"对于变化迅速、风险较大的高技术开发工作,可以设立创业投资给以支持"。这是中国首次提出要以风险投资的方式支持高新科技产业的发展。

当年 9 月,以国家科学技术委员会和中国人民银行为依托,国务院正式批准成立了我国第一家风险投资公司——中国新技术创业投资公司。一些地方政府也相继作为投资者设立风险投资金融机构。

随着高新技术开发区在全国各地的发展,国家也将创业风险投资公司作为推动高新技术开发区建设的重要工具之一,对创业风险投资的支持提升到一个新高度。1991年 3 月,由国务院批准、国家科委发布的《国家高新技术产业开发区若干政策的暂行规定》指出,"有关部门可在高新技术产业开发区建立风险投资基金,用于风险较大的高新技术产品开发。条件比较成熟的高新技术产业开发区,可创办风险投资公司"。

此后,随着中国政府对于科技成果转化的重视,对于风险投资的支持,也顺延到促进科技成果转化的重要工具。1996 年 11 月 16 日,由科技部、国家计委等部门联合下发了《关于建立风险投资机制的若干意见》,对创业风险投资活动进行规范和指导。

至 1998 年,全国 22 个省市已经建立了各类科技信托公司、科技风险投资公司和科技信用社 80 多家,其投资能力达到 35 亿元。

到 2007 年前后,一系列政策为风险投资的发展提供了保障和支持。特别是创业投资引导基金管理办法的出台。其中,创业投资引导基金成为一个重要的政策工具。

从 20 世纪 90 年代开始,许多国家和地区纷纷设立了参股支持模式的引导基金。其中比较成功的有以色列规模为 1 亿美元的"YOZMA"基金、新加坡规模为 10 亿美元的"技术创业投资基金"和英国总规模为 1 亿英镑的政府投资基金等。

2005 年 9 月 7 日，由国务院批准的《创业投资企业管理暂行办法》（发展改革委第 39 号令），明确国家和地方政府可以设立创业投资引导基金，引导资金进入创投业。并对中小企业特别是高新技术企业的投资，创业投资公司可以通过股权上市转让、股权协议转让、被投资企业回购等投资退出途径都作了明确的规定，标志着中国的创业投资业已经进入法制化阶段。

2007 年 6 月开始施行《中华人民共和国合伙企业法》，对有关风险投资合伙制问题作了明确的规定，通过法律的途径为创业风险投资机构的组织形式提供了相关依据和保障。

2007 年 7 月，财政部和科技部制定了《科技型中小企业创业投资引导基金管理暂行办法》，建立了国家引导基金支持科技型中小企业技术创新的风险投资规定，推动地方政府以财政资金设立地方政府引导基金，有效地促进了区域科技创新，同时也标志着中国政府通过设立引导基金①，引导社会投资基金创立商业性质的风险投资机构来支持科技型企业科技创新活动，实现了科技型中小企业创业投资资金来源多元化，政府资金退出了对风险投资的主导地位。同年，规模为 1 亿元的第一支国家级创业引导基金宣告成立，主要用于支持科技型中小企业创业投资。

为了对创业风险投资引导基金的运作进行有效规范，2008 年 10 月 18 日，发改委、财政部、商务部《关于创业投资引导基金规范设立于运作的指导意见》就风险投资引导基金的性质、运作方式、管理等内容作了明确的规定。

2009 年 3 月 5 日，商务部《关于外商投资创业投资企业、创业投资管理企业审批事项的通知》进一步规范了外商投资创业投资领域的审批工作。同年 10 月，国家发改委、财政部《关于实施新兴产业创投计划、开展产业技术研究与开发资金参股设立创业投资基金试点工作的通知》决定实施新型产业创投计划，扩大产业技术研发资金创业投资试点，推动利用国家产业技术研发资金，联合地方政府资金，参加创立投资企业的试点工作，等等。一系列法律文件的陆续出台，规范和鼓励了创业投资业的健康发展，标志着中国的创业投资业进入了一个新的发展阶段。

---

① 2007 年设立的首支科技型中小企业创业投资引导基金，对 50 家风险投资机构和 52 家科技型中小企业进行了资助。

创业投资引导基金的设立能够有效地解决创业投资资金的来源,带动社会资本进入高科技领域的创业投资,促进了全国各类创业投资引导基金的发展。根据投中集团研究院统计,截至 2013 年 12 月,中国各级政府共成立了 189 家引导基金,累计可投资规模接近 1 000 亿元(以基金首期出资规模为准),参股子基金数量超过 270 支。创技引导基金有效地支持了初创期的科技型中小企业。

(二) 引进多种投资主体

20 世纪 90 年代,中国创业资金的投入仍是沿袭传统政府拨款式的投资机制,只是将财政"拨款"改为"投资",从严格意义上说,与真正意义上的风险投资还有一定差距。统计数据显示,1999 年我国 92 家风险投资公司的资金规模已达到 74 亿元人民币,其中政府出资占绝大部分。

高速发展的中国科技企业,吸引了国际资金的进入。1989 年 6 月,经国务院、外经贸部批准,由中国香港招商局集团、国家科委和国防科工委联合发起成立"中国科招高技术有限公司"。该公司主要负责国家高技术计划(863、火炬等)成果的产业化投资,同时也是中国第一家中外合资的创业投资公司。

1992 年,美国太平洋技术风险投资基金在中国设立,这是美国国际数据集团(IDG)投资设立的中国第一个风险投资基金,与国家科委联合管理。

1994 年,著名的国际风险投资集团华登国际投资集团(WIIG)又在中国创立了华登(中国)创业投资管理有限公司暨华登中国基金,先后对中国国内的一系列知名企业,如四通利方、科龙电器、友讯科技、无锡小天鹅等进行了投资。

1997 年 8 月,四通利方获得国际风险投资 650 万美元的投资,这是中国软件公司首次通过私募的方式在国际上融资,并成功进行国际化改造。

中国市场化风险投资的政策转折点在 1998 年到来。当年 3 月,人大副委员长成思危在全国政协九届一次全会上提出了《关于加快发展我国风险投资事业》的议案,该提案受到了全国政协的高度重视,被列为"一号提案"。这一提案在理论界、经济学界、各级政府引起了强烈的反响,风险投资成为热门话题,唤起了创业者的创业热情,中国风险投资事业进入了稳步发展阶段。

2001 年 4 月,联想投资成立,第一期资金 3 500 万美元,主要投资 TMT 行业的早期创业企业。

2003 年 4 月 1 日,中国证券监督管理委员会(以下简称"中国证监会")发布《关于取消第二批行政审批项目及改变部分行政审批项目管理方式的通告》以及《关于做好第二批行政审批项目取消及部分行政审批项目改变管理方式后的后续监管和衔接工作的通知》(证监发〔2003〕17号),宣布取消对"中国律师出具的关于涉及境内权益的境外公司在境外发行股票和上市的法律意见书审阅"。

证监会取消了实施三年多的"无异议函"制度后,中国企业在海外上市迎来了一个高峰。当年IPO企业数为48家,筹资金额为70亿美元;2004年IPO企业家数为84家,筹资金额为111.51亿美元。同期,外资VC投资额不断攀升。2002年,外资机构的投资额与国内VC机构平分秋色,但到了2004年,外资VC机构实际投资额占到国内市场份额的75%,2005年第一季度上升到80%。

这一时期,北京和深圳也分别推出相应政策,鼓励创业投资的发展。2001年1月1日,北京市实施《中关村科技园区条例》,在条例第三章"促进与保障"的第一节中专门对风险投资(即创业投资)机构在中关村园区内开展风险投资业务、组织形式、注册资本和回收方式等四个方面做出了规定。

2001年3月,北京市人民政府第69号令颁布了《有限合伙管理办法》,旨在促进和规范中关村科技园区有限合伙制风险投资(即创业投资)机构的发展。

同月,深圳市政府颁布了《深圳经济特区高新技术产业园区条例》,允许和鼓励国内外创业资本以有限合伙制在高新技术产业园区设立创业投资机构,这是创投机构在组织形式上的重大突破。

(三) 打破政策瓶颈,允许保险资金入市

20世纪90年代,科技型中小企业已超过7万家,上缴税金260多亿元,出口创汇100亿美元。科技型中小企业成为创新和高新技术产业的重要生力军,融资需求日益增长。

由于保险资金规模大、期限长、负债明确,所以被认为是参与"大众创业、万众创新"最优质的资金。

保险资金投资股权相关政策出台起始于6年前。2010年3月11日保监会和科技部颁发《关于进一步做好科技保险有关工作的通知》(保监发〔2010〕31号)强调应从科技保险产品的创新、出口信用保险功能的完善、保险中介机构服务质量的提高、科技保险有关支持政策的实施、创新科技风险分担机制以及探索保险资金支持科技发展新方式等方面做好科技保险支持自主创新工作。

2010 年 9 月,保监会下发了《保险资金投资股权暂行办法》,明确提出"保险公司可以出资人名义直接投资并持有企业股权",所投资比例不超过保险资金余额的 5%。并且在 2012 年将上述比例提高 1 倍至保险资金余额的 10%。

2013 年,保监会放开了保险公司投资创业板的限制,保险资金通过创业板的投资,可以更好地满足创业板的融资需求。同时,保险资金也成为创业投资以及创业投资基金的重要资金提供方,为科技型中小企业的发展间接提供资金来源。

2015 年 6 月国务院发布《关于大力推进大众创业万众创新若干政策措施的意见》(简称《意见》),丰富创业融资新模式,完善创业担保贷款政策。《意见》支持保险资金参与创业创新,拓宽创业投资资金供给渠道。引导社会资金支持大众创业。《意见》还提出,进一步降低商业保险资金进入创业投资的门槛。推动发展投贷联动、投保联动、投债联动等新模式,不断加大对创业创新企业的融资支持。

部分地区已经在考虑相关政策,如鼓励和支持运作规范的创业投资企业,在法律法规允许的框架范围内,创新各类募集手段,通过上市募集、发行企业债券、发行资金信托和募集保险资金等方式,拓展融资渠道,形成市场化、多元化的资金来源。

例如,北京市人民政府 2015 年印发的《北京市人民政府关于加快发展现代保险服务业的实施意见》提出,鼓励保险公司通过投资企业股权、债权、基金、资产支持计划等多种形式,在合理管控风险的前提下,为符合首都城市战略定位的科技型企业、战略性新兴产业发展提供资金支持。支持保险资金投资创业投资基金,使保险资金投资股权覆盖企业初创期、成长期、成熟期等各个发展阶段。

2015 年 9 月 11 日,保监会连发两则保险资金运用文件,《中国保监会有关设立保险私募基金有关事项的通知》,从资本投资股权形式,使得保险资金配置更加多元化,在整体上有利于降低保险资金受单种运用领域的大幅波动风险;《资产支持计划业务管理暂行办法》,强调从企业资产角度,以资产证券化形式支持保险基金的灵活配置。

保监会资金运用部主任曾于瑾在发布会上说:"两个文件都是希望保险资金运用能够更多地参与实体经济发展,只是方式方法不同。"

三、多层次的资本市场的不断完善

20 世纪 90 年代发展至今,我国资本市场目前由场内市场和场外市场两部分构成。其中场内市场的主板(含中小板)、创业板(俗称二板)和场外市场的全国中小企业股份转让系统(俗称新三板)、区域性股权交易市场、证券公司主导的柜台市场共同组成了我国多层次资本市场体系。

中国主板市场审核标准和审核制度都不利于高新技术企业,尤其是不利于有广阔发展前景和巨大成长空间的科技型中小企业进入。为了更大程度地解决处于发展阶段的科技型中小企业的融资难题,从 20 世纪 90 年代开始,中国政府一直在推进创业板和场外交易市场等较低上市标准资本市场的建设。

1998 年,"两会"期间关于建立风险投资体系的提案;1999 年,中共中央、国务院发布的《关于加强技术创新,发展高科技、实现产业化的决定》;2005 年 2 月 19 日,《国务院关于鼓励支持和引导个体私营等分步推进创业板非公有制经济发展的若干意见》发布……一系列法案为中小企业利用资本市场创造条件。

2009 年 3 月,国务院批准证监会发布《首次公开发行股票并在创业板上市的管理暂行办法》(证监会令〔2009〕61 号),同年 7 月,证监会开始受理创业板申请文件,10 月,创业板正式启动,2009 年 10 月 30 日首批 28 家公司正式在创业板上市。经过近十年的努力,中国的创业板市场终于建立,开启中国多层次资本市场建设的重要阶段,建立起中国科技型中小企业金融服务体系,为科技型中小企业的自主创新提供了新的融资平台。

"新三板"市场方面, 2006 年 1 月,经国务院批准,允许非市场企业登陆三板,将北京中关村科技园区非上市企业作为试点。2012 年,经国务院批准,决定新增上海张江高新技术产业开发区、武汉东湖新技术产业开发区和天津滨海高新区为首批非上市股份公司股份转让扩大试点。并于 2013 年年底将新三板扩容至所有符合新三板条件的企业。

产权交易市场和场外交易市场发展方面,1988 年 3 月,原国务院代总理李鹏在全国人大七届一次会议上作政府工作报告中,明确提出,"要实行企业产权有条件的有偿转让,使闲置或利用率不高的资产得到充分利用"。2012 年 8 月底,证监会发布了《关于规范证券公司参与区域性股权交易市场的指导意见》,为证券公司参与区域性股权市场提供了政策依据,也表明了证券系统对区域性股权市场的支持。随后,地方上的证券机构纷纷采取措施,直接或者间接涉猎区域性股权市场,以抢占市场的先机。构建全国性的新三板,打造区域性的股权交易市场,中国已经初步形成了以国有企业产权交易为主体,其他资产(例如,诉讼资产、罚没资产等)交易为辅的区域性产权交易市场和以非上市公众公司(主要是中小企业和科技型成长企业)股权交易为主体的区域性股权交易市场两大类的场外交易市场。

表 7-1 主板、创业板和中小板市场情况如表 7-1 所示。

表 7-1 主板、创业板和中小板市场情况一览表

市场	创业板	中小板、主板
经营时间	持续经营 3 年以上	持续经营 3 年以上
财务要求	最近两年连续盈利,最近两年净利润累计超过 1 000 万元,且持续增长	最近 3 个会计年度净利润均为正数且累计超过 3 000 万元
	或者最近一年盈利,且净利润不少于 500 万元,最近一年营业收入不少于 5 000 万元,最近两年营业收入增长率不低于 30%	最近 3 个会计年度经营活动产生的现金流量净额累计超过 5 000 万元,或者最近 3 个会计年度营业收入累计超过 3 亿元
	最近一期末不存在未弥补亏损	最近一期末不存在未弥补亏损
	最近一期末净资产不少于 2 000 万元	最近一期末无形资产占净资产的比例不高于 20%
		发行前股本总额不少于 3 000 万元
股本要求	发行后的股本总额不少于 3 000 万元	发行后的股本总额不少于 5 000 万元
业务经营	应当主要经营一种业务	完整的业务体系,直接面向市场独立经营能力
公司管理	最近两年主营业务、董事和高级管理人员没有重大变动,实际控制人没有变更具有完善的公司治理结构,依法建立健全股东大会、董事会、监事会以及独立董事、董事会秘书、审计委员会制度,相关机构和人员能够依法履行职责	最近 3 年主营业务、董事和高级管理人员无重大变动,实际控制人没有变更董事会下设战略、审计、薪酬委员会、各委员会至少指定一名独立董事会成员担任委员至少三分之一的董事会成员为独立董事

(一) 创业板市场的率先试水

2009 年 10 月 23 日,我国创业板开板仪式在深圳举行。10 月 30 日,创业板经过十年筹备,首批 28 家企业正式挂牌。

创业板也称为"二板",在 20 世纪 90 年代中,全球证券市场开始了一轮设立二板的热潮,包括 1995 年伦敦证券交易所(AIM),1996 年的法国新市场(LNA),同年开板的德国新市场(NM),以及 1999 年的中国香港创业板市场(GEM)等。

其主要原因是,知识经济的兴起使大量新生高新技术企业成长起来,与此同时风险投资行业迅速发展,急需新兴企业股票市场作为退出渠道,而这一时期美国纳斯达克市场迅速发展,成为各国政府推进高新技术产业发展的对标市场。

我国创业板的讨论也起始于此时。

1998年，时任全国人民代表大会常务委员会副委员长的成思危在"两会"期间就提出了包括建立创业板在内的风险投资体系的提案。

1999年，中共中央、国务院发布的《关于加强技术创新，发展高科技、实现产业化的决定》中指出，"要培育有利于高新技术产业发展的资本市场"，"在做好准备的基础上，适当时候在现有的上海、深圳证券交易所专门设立高新技术创业板块"。

当时，网络股行情风起云涌，激发了开展创业投资的热潮。来自海外市场的经验，在证券市场上开设有别于主板的创业板，不但能够有效推动风险投资的进行，同时，也有助于弘扬创业精神，促进高新技术的发展。因此，从上到下都提出了利用深交所平台新设创业板的设想。深交所也为此作了大量的研究与准备，一度还停止了其他股票的发行，专心于创业板的创新。不过，由于海外市场网络股泡沫破灭，股市大跌，导致人们对创业板的认识趋于谨慎。创业板的推出工作也被暂停，深交所转而于2003年推出了中小企业板。

中小企业板块的推出正是建设多层次资本市场体系过程中应运而生的一块"探路石"。比较中小企业板块①和创业板的定义，可以看出两者的上市对象和功能基本相同。虽然如此，但是它们之间还是有区别的，主要表现在以下几个方面。

（1）中小企业板块的进入门槛较高，上市条件较为严格，接近于现有主板市场。而创业板的进入门槛较低，上市条件较为宽松。

（2）中小企业板块的运作采取非独立的附属市场模式，也称一所两板平行制，即中小企业板块附属于深交所。中小企业板块作为深交所的补充，与深交所组合在一起共同运作，拥有共同的组织管理系统和交易系统，甚至采用相同的监管标准，所不同的主要是上市标准的差别。例如，新加坡证券交易所的 Second Board、吉隆坡和泰国证券交易所的二板市场与中国香港创业板等都是这样。而我国今后设立的创业板，其运作将采取独立模式，即创业板与主板市场——上交所分别独立运作，拥有独立的组织管理系统和交易系统，采用不同的上市标准和监管标准。例如，美国的 Nasdaq、日本的 OTC Exchange、我国台湾地区的 ROSE 和法国的"新市场"等，即是如此。

（3）从设立的时间顺序来看，中小企业板块要先于创业板。或者说，中小企业板块是未来创业板的雏形。

---

① 2004年《深圳证券交易所设立中小企业板块实施方案》，强调"两个不变"和"四个独立"，即在现行法律法规不变、发行上市标准不变的前提下，实行"'运行独立、监察独立、代码独立、指数独立'的相对独立管理。"使得深圳中小板市场一度获赞"中国的纳斯达克"。

此后几年,中国经济高速增长,但中小企业融资难问题更为凸显。"保增长、扩内需、调结构"战略方针和自主创新国家战略部署提出,使得创业板在国家经济战略转型背景下继续发展。

(二) 新三板市场的启动

"新三板"①市场方面,为进一步缓解高新技术企业融资难的问题,推动高新技术企业的孵化与成长,促进科技与金融的有效合作。

2006年1月,经国务院批准,允许非市场企业登录三板,将北京中关村科技园区非上市企业作为试点,并于同年1月23日正式启动。同年2月7日,国务院关于实施《国家中长期科学和技术发展规划纲要(2006—2020年)》若干配套政策明确提出:"推进高新技术企业股份转让试点工作。启动中关村科技园区未上市高新技术企业进入证券公司代办系统进行股份转让试点工作。在总结试点经验的基础上,逐步允许具备条件的国家高新技术产业开发区内未上市高新技术企业进入代办系统进行股份转让。"为推动"新三板"的快速发展提供了难得的机遇。

2012年,经国务院批准,决定新增上海张江高新技术产业开发区、武汉东湖新技术产业开发区和天津滨海高新区为首批非上市股份公司股份转让扩大试点。并与2013年年底将新三板扩容至所有符合新三板条件的企业,新三板市场处于不断的发展和完善之中,标志着中国包括由主板、创业板、场外交易网络等在内的多层次资本市场体系的初步形成。

新三板市场的优势明显,就是对挂牌企业没有明确的财务指标要求,这对以高新技术为主导,处于成长阶段的企业来说,很有吸引力。就新三板的融资能力而言,截至2008年年底,有8家新三板挂牌企业完成或启动了定向增发股份,合计融资4.3亿元,平均市盈率16.38倍。

新三板市场的不足之处首先在于其融资额相对偏低。平均来看,一般一个新三板企业一轮仅可融资2 000万~5 000万。而市场分析人士估计创业板的融资规模每家一轮在1.5亿元左右。其次,新三板公司的上市股票在三板市场上,流动性不高,后续融资比较困难。新三板市场的发展主要面临三方面问题。一是按照代办系统试点办法,只有

---

① 在此之前的三板市场被称为"老三板"。包括从原来STAQ系统(全国证券交易自动报价系统)和NET系统(中国证券交易系统有限公司开发设计)两个法人股市场退下来的"两网股"股票和从主板市场终止上市后退下来的"退市股"股票。

机构投资者能够参与新三板交易,且最低交易单位为 3 万股,使新三板交易门槛高;二是流动性不足。按照证券法规定,股东人数超过 200 人就属于公众公司,这客观上限制了新三板企业投资者人数,部分企业面临必须有人卖出,才能有人买进的局面;三是转板机制尚未建立,新三板市场还无法与主板、创业板市场实现有效对接。

新三板市场定位于为创业过程中处于初创阶段的高科技企业筹资,解决其资产价值评估,风险分散和风险投资股权交易问题,在提供高效低成本的融资渠道、提升资本运作能力、完善中小企业公司治理以及为主板输送优秀企业等各方面都起到了良好的作用。截至 2011 年 5 月,新三板共有挂牌公司 81 家,融资总额 8.68 亿元,涵盖了软件、生物制药、新材料、文化传媒等新兴行业。当新三板向个人投资者开放以后,也将为广大投资者提供很好的投资机会。

(三) 多层次资本市场的快步发展

从 1990 年上海证券交易所和深圳证券交易所相继成立至今的 20 多年的时间里,中国一直十分重视资本市场建设,相继出台各种政策有效地促进资本市场的快速成长。

2003 年 10 月 21 日,党的十六届三中全会通过的《关于完善社会主义市场经济体制若干问题的决定》指出:"规范和发展主板市场,推进风险投资和创业市场建设。积极拓展债券市场,完善和规范发行程序,扩大公司债券发行规模。大力发展机构投资者,拓宽合规资金入市渠道,提高直接融资比重。"胡锦涛在十七大报告中指出:"优化资本市场结构,多渠道提高直接融资比重",通过发展多层次的资本市场体系,拓宽融资渠道。

为了促进我国的科技创新,我国也通过各方面政策文件和法律法规强调要建立多层次科技资本市场,积极鼓励各类高新技术企业在相应资本市场进行直接融资。2008年国务院办公厅《关于当前金融促进经济发展的若干意见》(国办发〔2008〕126 号),要求"加快建设多层次资本市场体系,发挥市场的资源配置功能""完善中小企业板市场各项制度,实时推出创业板,逐步完善有机联系的多层次资本市场体系"。

2010 年 10 月,《国务院关于加倍培育和发展战略性新兴产业的决定》(国发〔2010〕32 号)指出,"积极发挥多层次资本市场和融资功能","完善不同层次市场之间的转板机制,逐步实各层次市场间有机连接","稳步推进企业债券、公司债券、短期融资券和中期票据发展,拓宽企业债券融资渠道"。

2010 年 12 月 16 日,《关于印发促进科技和金融结合试点实施方案的通知》(国科发财〔2010〕720 号)指出,要引导和支持科技型企业进入多层次资本市场,"培育和支持符合条件的高新技术产业在中小板、创业板及其他板块上市融资。组织符合条件的高新技术企业发行中小企业集合债券和集体票据;探索发行符合战略性新兴产业领域的高新技术企业高收益债券"。

2011年12月26日,国务院办公厅《关于加快发展高科技服务业的指导意见》(国办发〔2011〕58号)指出,要"支持符合条件的高技术服务企业在境内外特别是境内创业板上市,加快推进全国性证券场外交易市场建设,拓展高技术服务企业直接融资渠道"。

在2013年全国证券期货监管工作会议上,原证监会主席郭树清提出了继续推进资本市场改革和发展的要求,并阐述了2013年的工作重点,第一点就是"要加快发展多层次资本市场"。

当前,中国已经制定了较为全面的财政、税收、金融等支持多层次资本市场发展的政策体系,但建立健全多层次资本市场体系仍然是未来科技金融政策重要的着力点。

参考文献

[1] 腾云龙. 创业板市场迈出第一步——中小企业板与创业板的区别和联系[J]. 中国经济信息,2004(13):64-65.

[2] 夏南. 我国风险投资现状及对策[J]. 合作经济与科技,2009(16):42-43.

[3] 国务院. 国务院关于加快培育和发展战略性新兴产业的决定[J]. 中国科技产业,2010(4):16-21.

[4] 赵子乾. 我国风险投资税收优惠激励政策研究[D]. 首都经济贸易大学,2009.

[5] 鄂鸣. 论我国保荐人制度在创业板市场的运行[D]. 华东政法学院华东政法大学,2005.

[6] 吴丽娜. 创业板市场风险的法律规制[D]. 四川大学,2005.

[7] 赵玉海. 政府风险投资的功能定位和运作思路[J]. 财贸经济,2003(7):22-27.

[8] 张伟. 论我国风险投资退出的法律规制[D]. 河北经贸大学,2009.

[9] 国务院办公厅. 国务院办公厅关于当前金融促进经济发展的若干意见[J]. 辽宁省人民政府公[10]报,2009(1):34-36.

[10] 郑卫峰. 当代中国风险投资思想演变[D]. 复旦大学,2005.

[11] 徐保满. 关于建立多层次资本市场体系的策略[J]. 林业科技,2005,30(1):52-56.

[12] 国务院办公厅. 国务院办公厅关于当前金融促进经济发展的若干意见[J]. 辽宁省人民政府公报,2009(1):34-36.

[13] 李斌. 备战创业板[J]. 新财经,2008(3):108-111.

[14] 王海龙. 我国货币政策与宏观调控[D]. 东南大学,2007.

[15] 何以. 全国联网模式下的三板市场交易制度研究[J]. 投资研究,2011(5):60-64.

[16] 益智,张为群. 发展武汉城市圈特色场外交易市场——助推"两型"社会试验区运行[J]. 中国发

展,2009(6):24-30.

[17] 李巧莎. 我国科技金融发展的实践与思考[J]. 武汉金融,2012(06):34-37.

[18] 李昊青. 中国风险资本市场的产业组织分析[D]. 东南大学,2004.

[19] 谢汉立. 政策性金融发展与中小企业融资——以中关村国家示范区为例[J]. 武汉金融,2011
(6):39-43.

[20] 王伟光. 我国人民币 PE/VC 基金组织形式研究[D]. 对外经济贸易大学,2010.

[21] 张亚欣. 对发展我国科技银行的思考[J]. 科学管理研究,2013,31(1):109-112.

[22] 段新生,蓝玉莹. 高科技中小企业私募股权融资探析[J]. 会计之友(上旬刊),2011(10):86-87.

[23] 朱文莉,刘思雅. 政府创业投资引导基金发展现状、问题及对策[J]. 会计之友,2014(2):43-47.

[24] 陈治,牛彦人. 中小企业板块股价指数变动规律研究[J]. 价格理论与实践,2009(7):68-69.

[25] 贾向红. 论我国中小企业融资与创业投资发展[D]. 首都经济贸易大学,2005.

[26] 李永周. 我国风险投资的制度环境与发展对策[J]. 商业研究,2004(18):7-10.

[27] 张恒. 我国上市公司参与风险投资研究[D]. 华中科技大学,2003.

第八章

北京银行中关村分行：中国科技银行的先行者

借势科技金融政策的积极引导，作为资金实力雄厚的银行机构，为了匹配科技企业的轻资产特性，又兼容银行的收益风险底线，探索并建立专门服务于科技型中小企业的科技银行，成为实现我国创新战略的主力军。

我国的科技银行队伍越发庞大，涌现出北京银行中关村分行、浦发硅谷银行等科技金融探索者。

北京银行中关村分行既是探索科技银行的第一批先行者，又与中关村的科技创新协同共进，无疑成为本章研究案例的最佳选择。

2015 年 5 月 7 日,李克强总理视察中关村创业大街。对于中国的创业者,这成为中国政府鼓励"大众创业、万众创新"的标志事件。这一天,李克强总理考察了 3W 咖啡、联想之星等创业服务机构,还特别视察了一家创新型的特色银行,这就是北京银行。

李克强总理对北京银行支持中关村创新创业的情况给予充分肯定,并高度赞扬"在区域银行中,北京银行是做得最好的一家银行"。

在中国的创业创新体系中,中关村具有独特的意义。在很久之前,这里就已经成为中国电子信息产业的标志,后来更是被视为中国高科技产业的创新创业中心,正因为如此,中关村在多年前就被称为中国硅谷。

美国硅谷(Silicon Valley),因早期以硅芯片的设计与制造著称而得名,后来成为全球高技术产业创新创业中心。硅谷的成功,离不开一个重要的支点,那就是创新创业与科技金融的互相促进、发展。

在美国西海岸的硅谷,第三次科技革命带来了创业潮,数量庞大的初创公司急需创业资金,由于传统银行的业务体系难以适应这一新需求,硅谷银行应运而生。1982 年创立伊始,硅谷银行就确立了"专为科技中小企业服务"的定位,为创新和冒险提供金融服务。

经过 30 多年的发展,硅谷银行成为全球最成功的科技银行。2014 年,全美国由风险投资支持并成功上市的创新型企业中,64%都是硅谷银行的客户。

大洋彼岸的中国北京,中关村的创业企业在发展中同样伴随着巨大的资金需求,北京银行中关村分行则承担了科技银行的使命和功能。跟硅谷银行一样,北京银行中关村分行经过多年探索,也打造了"科技金融"的特色品牌。

一、中关村的科技银行

中关村地区作为中国最具特色及活力的科技创新中心,集聚了大量高端创新要素及科技创新资源。但与此同时,摆在金融机构面前的是小微企业融资这一世界性难题。为中关村的高科技、高成长、高风险的科技型、创新型、创业型小微企业提供金融服务,对金融企业来说,面临着风险与收益不匹配、成本与产出相背离的现实困境:商业银行发放一笔几万元的贷款,操作流程和数十亿的国企贷款发放流程相同,承担的风险和 PE、VC 一样,但收益却有着天壤之别。

银行必须改变传统经营方式才能够有效地服务于科技型中小企业,其改变实质在于模式创新。从硅谷银行的经验来看,最有效的模式创新是:专注科技型企业、建设专业服务团队、开发专门信贷产品,从而为处于初创期或成长期中小科技型企业提供间接融资。与硅谷银行类似,为了解决科创企业融资难与银行传统经营模式之间的矛盾,北京银行中关村分行早在十几年前就积极探索开展"科技金融"业务,以推动解决科创企业"融资难"的问题。

不仅如此,基于十余年科技金融服务的经验和积累,北京银行围绕国家和北京市推进"双创"的新政策,面向中关村"双创"发展的新态势,积极探索从提供金融服务向培育创客方向转型,于2015年6月18日率先在中关村国家自主创新示范区成立了中国银行业首家众创空间——中关村小巨人创客中心。自成立以来,创客中心就明确自身定位,着眼于服务科技、文化、绿色领域的创业企业,以投贷联动创新为主线,通过联动企业、机构、银行、政府等多方资源,由此实现"创业孵化＋股权投资＋债权融资"为一体的服务模式。截至2016年6月末,创客中心会员规模超过8 000家。这些创客会员不仅能够享受创客中心提供的创业辅导、法务咨询、投资路演、政策宣讲等多项增值服务,还有机会获得股权、债权双向支持。创客中心已累计为约1 600家会员提供贷款约200亿元,被中关村管委会、市科委、海淀园管委会分别认定为"创新型孵化器""北京市众创空间"和"新兴产业孵化器"。2016年6月29日,为进一步深化中关村小巨人创客中心工作,北京银行中关村分行举行支持中关村"万家创客"行动计划发布仪式,围绕创客服务、平台搭建、投贷联动、导师辅导、创业孵化五方面加大支持力度,并提出创客中心会员规模年内达到1万家、三年内达到2万家,力争三年内为创客企业提供融资1 000亿元,带动股权融资2 000亿元的目标。

2016年4月21日,中国银监会、科技部、中国人民银行联合发布《关于支持银行业金融机构加入创新力度,开展科创企业投贷联动试点的指导意见》,首次明确提出"通过开展投贷联动试点,推动银行业金融机构为早期创业企业提供金融服务,为种子期、初创期、成长期的科创企业提供资金支持,有效地增加科创企业金融供给总量"。在此次试点方案中,中关村国家自主创新示范区及北京银行分别入选首批试点地区及首批试点银行。根植于科技金融领域多年,使得北京银行中关村分行与园区科创企业一同快速成长。

二、与"中国硅谷"共同成长

由于周围遍布高校和科研院所,中关村很早就成为中国科技人员的创业中心。早在1980年,中关村就有了第一家民办科技机构,此后也一直是中国科技公司最重要的聚集区域。1988年5月,国务院批准成立北京市新技术产业开发试验区,这就是中关村科技园区的前身。

对于国内的商业银行,中关村是一个迅速发展变化但同时又陌生的市场,在其他金融机构对这一市场拿捏不准、等待观望、犹豫徘徊的时候,作为中国商业银行中的中小型银行,北京银行敏锐地意识到,这是一个发展商机,坚定地与中关村科技园区站到同一起跑线上,开始一路同行。

1999年6月,国务院批复要求加快建设中关村科技园区。

第二年9月,北京银行设立首都银行业中第一家以中关村科技园区命名的金融机构——中关村科技园区管理部和中关村科技园区支行,拉开了服务中关村、实践科技金融创新、助推小微企业成长的大幕。伴随着中关村创新创业的蓬勃发展,北京银行的科技金融服务也越做越深、越做越强。

2001年4月,北京银行在中关村科技园区率先成立中小企业服务中心,成为在京首家由商业银行独立设立的专门服务中小企业的机构。

2002年,北京银行与中关村科技园区管委会签订长期金融合作协议,向园区开发建设和中小高新技术企业提供300亿元贷款授信额度。

2003年,在中关村管委会的直接领导下,北京银行中关村科技园区管理部与中关村科技担保公司共同研究设计了"瞪羚计划贷款",并逐步建立了留学人员创业企业担保贷款、软件外包企业担保贷款、集成电路设计企业担保贷款等四类担保贷款及"绿色通道"。

此后十余年,针对中关村不同时期各类科技型中小微企业的具体需求,北京银行陆续推出了"融信宝"、"智权贷"、"软件贷"等多种创新金融产品。

2007年,北京银行第一批参与中关村科技型中小企业信用贷款试点。

2009年3月,国务院批复同意建设中关村国家自主创新示范区,要求把中关村建设成为具有全球影响力的科技创新中心。同月,北京银行在中关村示范区核心区设立了全市首家科技型中小企业信贷专营机构——中关村海淀园支行,并启动研究设立分行级的特色服务机构。

2011年5月,经过监管机构批准和北京市区政府部门的支持,中关村示范区首家专门服务于科技创新的分行级特色金融机构——北京银行中关村分行正式成立。结合中关村创新创业的特点,中关村分行试点成立小企业事业部,并搭建营销中心、产品中心、审批中心"三位一体"架构,实现全辖科技金融业务的统筹管理;在支行层面建立科技专营支行,并创新推出"信贷工厂"商务模式,通过"批量化营销、标准化审贷、差异化贷后管理、特色化激励"实现流水作业、高效作业。

经过多年的持续探索和实践,北京银行中关村分行不仅是中关村示范区科技金融的探路者,也成长为服务科技型企业的金融主力军。截至 2015 年,该行辖内共有 51 家营业网点,总资产超过 2 300 亿元,累计为中关村示范区 11 000 户高科技、高成长的中小微企业发放贷款超过 1 600 亿元,在同业中排名第一。其中,由北京银行中关村分行提供的留学人员创业企业担保贷款、科技型中小企业信用贷款,在同业中的市场份额超过了 60%;由北京银行中关村分行服务的北京地区创业板上市企业、中小板上市企业和新三板挂牌企业,在总量中占比超过了 55%。在中关村示范区每 2 家科技型中小微企业中,就有 1 家是北京银行的客户。

坚持、专注,是北京银行中关村分行锻造科技金融核心竞争力的根基。10 余年来,北京银行中关村分行始终坚守服务科技型中小企业的战略性地位,毫不动摇。不论是当年无人问津的局面,还是目前竞争激烈的现状,该行始终坚持这一经营理念,坚定不移地把服务中小企业作为业务发展的主导方向和重心,从而收获了科技金融服务市场的领先地位和品牌优势。

三、全系列的产品创新

和美国硅谷一样,中关村地区作为中国最具特色及活力的科技创新中心,集聚大量高端创新要素及科技创新资源。经过 30 年的发展,这里也聚集了几千家公司,除了大量新创企业,也有已经成长起来的京东、滴滴出行等大小独角兽。

正如北京银行董事长闫冰竹所说,中小企业融资是世界性难题,因为放出几万元和几个亿贷款,银行的工作量没有太大差别。正如《硅谷生态圈》一书所展示的,这种创业聚焦区域,就像自然界的"雨林"一样,有着自己的独特环境和生态法则。由于中关村分行最早进入中关村,与"雨林"内所有"资源"共同成长,因此对这个环境有着深刻理解。在过去十几年中,北京银行中关村分行背靠中关村丰富的创新创业资源,聚焦科技型中小企业的发展全过程,潜心开发了大量信贷新产品。

早在 2003 年,北京银行率先与中关村管委会合作推出"瞪羚计划"、留学人员创业企业、软件外包企业、集成电路设计企业等担保贷款绿色通道。当年 7 月 12 日,第一批 8 000 万元"瞪羚计划"贷款发放给极具成长潜力的中小微科技企业,为企业开辟了绿色快捷的融资通道。

瞪羚企业的说法源自美国,是指一种善于跳跃和奔跑的羚羊,硅谷借此来比喻高成长中小企业。早在 2002 年,中关村科技园区就出现了一大批处于高速发展中的"瞪羚企业",这些企业当年的收入总和超过 500 亿元,平均增长率接近 60%。但是这批"瞪羚企业"的产业发展资金匮乏,融资渠道十分狭窄。

"瞪羚计划"的设计原理是:将信用评价、信用激励和约束机制同担保贷款业务进行有机结合,通过政府的引导和推动,凝聚金融资源,构建高效、低成本的担保贷款通道。"瞪羚计划"每年可帮助园区"瞪羚企业"解决超过 50 亿元的流动资金贷款,后来成为中关村科技金融的代表品牌之一,这个依托科技园,政府牵头、银行支持、担保增信的小企业贷款项目后来在全国也成为样板。

2007 年,随着中关村园区信用体系建设的不断进步,中关村分行又首批围绕"信用贷款试点工作方案"开发了"信用贷"产品,针对中关村的科技型中小企业,率先发放无抵押、无担保的信用贷款。

2008 年,与北京市科委合作推出知识产权质押贷款——"智权贷",以企业专利、商标权、版权等无形资产为质押,推动高新技术产业科技成果转化。

2009 年,围绕中关村重点高新技术企业的多元化融资需求,创新开发"主动授信"产品,并在第一次"信贷创新中关村"活动上发布。

2011 年,推出"软件贷",结合软件企业轻资产特点,以企业合法有效的软件产品登记证书为质押标的,辅以企业现有应收账款和软件著作权证书质押等多种方式,用于满足软件企业生产经营过程中正常资金需求的贷款。

2013 年以来,"大众创业、万众创新"大潮到来后,北京银行将目光锁定在处于初创期、轻资产、首次融资难的创业企业,先后推出"创业贷"、"小微贷"、"科技贷"、"成长贷"等普惠金融产品,降低小微企业融资门槛。

截至目前,北京银行已形成涵盖科技企业创业、成长、成熟、腾飞等各个发展阶段,包括 50 余种产品的"小巨人"融资服务产品体系。值得一提的是,"智权贷"荣获中国银监会"2010 年度银行业金融机构小企业金融服务特色产品"奖;"科技贷"荣获中国银监会"2012 年度全国银行业金融机构小微企业金融服务特色产品"奖;"小巨人"、"科技贷"、"信贷工厂模式"等多个产品和模式获得中国银行业协会小微及三农"双十佳"特色金融产品奖。

车库咖啡,一家位于中关村、在京城创投领域颇有名气的咖啡馆。开业 3 年来,以创业和投资为主题,聚集了一批拥有创新技术、怀揣创业梦想的创业团队。在这里,创业者只需每人每天点一杯咖啡就可以享用一天的免费开放式办公环境,同时还有机会获得天使投资的青睐。迄今为止,已有 10 余个创业团队以车库咖啡为平台获得天使投资。

车库咖啡这一运营模式,引起北京银行中关村分行的强烈兴趣,双方很快达成战略合作协议。根据协议,北京银行中关村分行将为车库咖啡及其推荐的创业团队提供包括存贷款服务、公司注册服务、日常结算服务、专属信用卡业务、公司及个人理财咨询等在内的一揽子综合金融服务,并与车库咖啡其他服务项目共同组成服务产品包以支持企业发展。

这其中,最引人注目的是"创业贷"和"创业卡"。"创业贷"是中关村分行推出的给予处于创业期企业 50 万元以下、1 年以内的,以信用担保方式为主的流动资金贷款业务,其最大特点是无需任何实物资产抵押或担保。而"创业卡"是我国银行业首张专为创业人群量身定做的信用卡,主要针对与北京银行合作的创新型孵化器平台企业且申请"创业贷"产品的创业型企业法人、主要股东及其管理人员,其信用额度纳入企业贷款额度统一授信管理,是"创业贷"企业人员专属的信用卡产品。截至目前,北京银行中关村分行累计为车库咖啡中的 28 家创业企业共提供了 880 万元贷款,其中,最小贷款额度 2 万元,有力推动了企业成长,超过一半企业顺利获得了股权投资,20 余位创业者申办了"创业卡"。

这些产品创新结合本地资源,最大限度地利用中关村平台优势,当然也最符合中关村的特色需求。

四、全流程金融服务方案

作为科技创新最为活跃的群体,科技型中小企业需要更多、更丰富的产品支持。在认真研究中关村示范区科技型企业的发展特点和规律的基础上,北京银行中关村分行针对中关村创业、成长、成熟、腾飞四个阶段的企业在发展中的融资难点,提出差异化组合融资服务方案,如表 8-1 所示。

表 8-1　北京银行中关村分行组合融资服务

科技型企业发展阶段	创业期	成长期	成熟期	腾飞期
发展特点	企业信用尚未建立,经营管理、技术工艺均存在较强不确定性,未形成稳定的现金流	处于技术发展和生产扩张旺盛阶段,现金流同步增长,营销、产品、研发投入持续增加	技术成熟、成本下降,现金流充足,盈利能力稳步提升	行业地位稳定,品牌效应凸显,信用基础稳固

科技型企业发展阶段	创业期	成长期	成熟期	腾飞期
融资需求	补充成果转化、产品推广、团队组建等启动资金	扩大经营规模,提高市场占有率	挂牌/上市,建设研发和产业基地	并购重组,多元化跨区域发展
特色产品	创业贷 创业担保贷 投贷通 见贷即保 留学归国人员创业贷 创业卡 ……	订单贷 信用贷 智权贷 投贷通 成长贷 节能贷 创意贷 ……	信用贷 现金管理 供应链金融 个人高管授信 债权融资(私募债) 并购融资	主动授信 并购融资 现金管理 私人银行 供应链金融 债权融资(私募债等) ……

北京银行中关村分行积极融入中关村示范区建设,紧跟政策导向、匹配市场需求、创新信贷产品、提升客户体验,科技金融实现了从无到有、从有到优的蜕变,金融产品创新层出不穷,如表 8-2 所示。

表 8-2　北京银行中关村分行科技型信贷产品示例

适用阶段	产品名称	产品概述	案例
初创期	创业贷	专注于为初创企业提供"首笔融资支持",与众创空间、创新型孵化器等创业服务机构合作,以信用担保方式为其提供流贷支持。该产品无须企业提供实物资产抵押或担保,以考察企业未来成长性为评审重点,助力创业企业信用积累,并提供开户、结算一揽子金融服务	某通信技术公司,主营业务为高校快递物流终端 100 米相关设备和服务运营。公司成立初期在车库咖啡创业,中关村分行通过调研,企业各项资质符合创业贷产品要求,针对此情况,给予企业授信 10 万元。目前企业已经从车库咖啡成功孵化,已由几个人的创业团队发展成一家超过 30 人规模的公司
初创期、成长期	投贷通	为高成长型中小企业提供股权投资及债权融资联动融资产品,创新企业融资模式,提升企业融资效率。该产品采用股权投资与债权融资联动,拓宽企业融资渠道,降低企业融资成本	某高新技术企业,专注医疗诊断设备技术研发及市场化,核心技术水平突出。随着企业规模扩张,面临经营资金紧张局面。在全面分析企业经营情况及成长性基础上,认为企业符合认股权贷款条件,在为企业匹配流动资金贷款的同时,由第三方机构优先认缴公司投资总额 1 000 万元对应股权份额,降低企业融资成本的同时扩大了企业融资规模

适用阶段	产品名称	产品概述	案例
成长期	"智权贷"（知识产权质押贷款）	向持有合法有效知识产权企业，提供的以其知识产权中的财产权作质押，用于满足其生产经营中正常资金需求的贷款	某环保企业，随着规模扩大、业务量提升，面临资金运转紧张问题，且无法提供实物资产担保。在详细调研企业后，向其推荐智权贷产品。通过评估企业专利等无形资产，向其提供1 500万元流贷，切实缓解小微融资担保问题
成长期	成长贷	指以股权质押为核心担保，旨在支持高成长企业发展而设计的单一或组合融资服务方案。该产品以企业股权质押为担保，重点支持五大新兴领域；突出企业成长性指标	某脑起搏器生产研发企业，技术处于领先地位。因研发阶段大量投入资金，致使现金流短缺，无法按时进行产品推广。在详细调研企业后，我行认为其成长性较好，符合成长贷产品定位，故通过股权质押模式为其提供500万元贷款支持。企业新产品很快上市销售，收入显著增长
成长期	节能贷	定位于节能企业特别是节能领域中提供改造服务的节能服务公司，根据其合同能源管理具体项目，创新推出的以"未来收益权"质押担保方式的中长期融资方案。该产品可根据企业项目投资回收周期提供中长期贷款支持，接受"单笔融资"或"打包融资"	某节能企业，因其行业特点，项目周期长、前期垫付资金压力大。2008年，以合同能源管理方式承接某节能项目，总额约700万元。实地考察后，我行认为其模式成熟、技术领先，业主方实力较强，故以单笔融资方式，为其提供"节能贷"授信500万元，企业顺利完成该项目技术改造
成长期、成熟期	信用贷	为中关村国家自主创新示范区内高科技型中小企业而推出的信用类融资产品，适用于在中关村园区内注册，属于中关村信用促进会会员并符合中关村管委会制定的申请信用贷款基本条件的中小企业。该产品为纯信用贷款模式，采取优惠利率，可享受园区贴息	某"新三板"挂牌企业，拥有多项自主知识产权。因回款周期有所延长造成资金紧张，并影响业务扩张需求，同时具有明显的轻资产属性。在充分调研企业后，判断其符合"信用贷"准入条件，故以信用方式向其提供流动资金2 000万元，使企业的产品研发及市场推广进一步加速
成熟期、腾飞期	私募债	针对具有直接融资需求的企业，提供在交易所备案、以非公开方式发行及转让的债券融资产品。该产品可进一步拓展企业直接融资渠道，特别是北京股权交易中心等区域市场发行机制，具有程序简单、发行效率高、资金用途及融资期限灵活等优势	某投资公司，主营环保新能源发展、互联网金融、产业基金等投资板块。随着投资规模扩大，面临营运资金融资需求。了解到企业具有融资规模及期限相关要求后，全面调研企业经营稳健性及偿还能力，认为企业符合股交中心私募债产品要求，协助企业发行5.6亿元公司债券，实现企业直接融资及期限配置多重目标

在过去的二十年间，中国资本市场实现了从无到有、从小到大，从区域到全国的快速发展。中关村地区也成为资本市场不断发展壮大的直接受益者和推动者。据《2015年中关村上市公司竞争力报告》统计，中关村上市公司总数达254家。其中，境内上市公司156家，境外98家，成为我国上市公司最集聚的区域。北京银行中关村分行积极关注这一变化趋势，在科技小微企业与资本市场间发挥桥梁与纽带作用。

（1）助推初创企业迈出首贷第一步，累积自身信用记录。获得银行授信支持的创业企业，获得天使投资以及VC/PE投资的比例及额度都有着明显的提升。这当中，银行的作用不可忽视。现实中，债权融资带动股权投资的案例也有很多，而且对于企业估值的带动作用十分明显。北京银行针对这类创业创新型小微企业推出了一系列针对性的"小巨人"特色化信贷产品，以降低这类企业的金融门槛。同时，继2013年与车库咖啡签订协议后，2014年，北京银行中关村分行与车库咖啡、北京股权交易中心签署协议，共同探索股权、债权合作共赢的模式，为小微企业成长与发展搭建更为便捷、全面的资金对接服务平台。

（2）扶持成长企业成为行业小巨人，成功登陆资本市场。为了更好的适应这一发展阶段小微企业的金融服务需求，北京银行在为企业发展提供包括结构融资、信用贷款、供应链、债券融资、并购重组等在内的多元化金融服务基础上，充分发挥与各级政府部门、证券公司、投资机构等单位的协调联动优势，为企业社会形象提升、投资机构引入进而发行上市提供全方位支持。同时，积极围绕高成长性、轻资产类小微企业推出以股权质押为核心的"成长贷"产品。

（3）携手成熟企业实现发展新跨越，服务企业壮大腾飞。步入资本市场后，企业融资渠道相对畅通以及多元、业务发展形态相对成熟，这对金融服务的综合化、全面性提出了更高的要求。与此同时，也有相当一部分企业面临着转型升级、并购重组、整合上下游等金融服务需求。为此，北京银行提供包括"小巨人成长计划"在内的全方位金融服务支持，推出包含授信融资、债券发行、集合票据、并购贷款、私募债等表内外融资方式，以及私人银行、家族信托等个人高端金融服务。同时，发挥北京银行综合经营的优势，与集团内的北银消费金融公司、中荷人寿保险公司、中加基金管理公司、北银租赁公司密切合作，满足企业起步、成长、腾飞、并购等多重需求。

五、借势互联网金融

身处中国互联网产业发展的前沿阵地和核心区域，伴随着近些年国内互联网金融的风生水起，中关村分行也在快速升级自己的相关产品和服务。

2013年8月，中关村互联网金融行业协会成立伊始，北京银行中关村分行即在第一时间加入该协会，成为副会长单位，且是第一家加入该协会的银行金融机构，并于2014年3月与该协会签署全面战略合作协议，进一步加深了双方在现金管理、线上供应链、新产品等业务领域的合作。

2015年8月，北京银行互联网金融中心支行成立，并入驻互联网金融中心，与周边互联网金融机构开展业务对接。互联网金融中心支行不仅是国内首家以"互联网"命名的金融机构，也是中关村分行依托互联网平台、探索符合中小微企业特点金融产品与服务方式的特色支行。

根据北京银行中关村分行与中关村互联网金融服务中心签署的合作协议，将为其提供基础结算、公司银行、个人银行、网上银行、国际结算、现金管理、财务顾问等多项金融服务，并将共享客户资源，定期举办行业政策、金融信息等主题沙龙活动，携手推动互联网金融行业发展创新。同时，北京银行互联网金融中心支行分别与融360、有利网等互联网金融机构签署协议，为其提供资金管理、机构及个人理财，以及多项传统金融服务。

北京银行还在原有信贷工厂模式的基础上，创新推出了首家针对小微企业融资的网络融资产品——"线上贷"。这是北京银行中关村分行顺应互联网金融时代发展浪潮推出的一种全新网络贷款模式。该产品建立起从客户营销、贷款申请、贷款审批、贷款发放的全流程线上模式，通过内外部网络平台对接，应用手机APP扫描、拍照替代传统纸质资料等方式，进一步优化了业务办理环节，提升了服务效率及用户体验。今后，广大小微企业仅需在手机端安装"线上贷"APP，即可通过手机浏览银行产品、在线申请贷款、提交审贷资料，并快速获得融资资金。

2014年12月，北京银行还在中关村启动了首家智能银行，为个人或小微企业提供征信查询、贷款申请、自助开卡、理财购买、信用卡积分兑礼等快捷、个性的服务。

北京银行智能银行的业务流程充分体现了自助办理业务的理念。当客户申请贷款时，既可现场查询和打印个人征信报告，也可线上办理北京银行"金贷宝"业务。北京银行智能银行首家推出的全自助线上个人信用贷款平台"金贷宝"，能够实现即时申请、即时审批、即时签约，10万元内的贷款可即时到账。

同时，首家推出服务小微企业的预授信平台，小微企业主可自助完成预授信业务申请、取得预授信额度。北京银行还将为客户提供远程专家在线服务，通过远程呼叫，专业信贷经理将随时帮助小微企业在线解答贷款、融资、财富管理等问题。

北京银行智能银行在业内开创了多个"第一"：首次引入个人征信自助查询机；首家研发引入远程柜员服务系统；首家推出小微预授信平台并提供远程专家在线服务；首次引入可远程在线审批的个人消费贷款平台；首家研发全线上个人贷款平台、信用卡积分现场兑礼；首家推出互动智能理财终端及自助理财多媒体终端。

六、系统化、专业化的风险管理

有效识别、控制信贷风险，从而降低科技型中小企业的信贷融资门槛，是开展科技金融服务创新的关键目标，北京银行一直以来的努力无不与此目标息息相关。

创业公司的运营和信用信息从何而来？北京银行中关村分行通过实践摸索出一套不同于传统银行业务体系的专业化系统。

北京银行中关村分行在资格审查机制方面，聚焦"三型企业"，审查"三个要点"，考察"三方信息"，全面提升企业信息披露；在运营体制方面，建立了总行、分行、支行三级管理体系，搭建了1＋N的"大合作"模式，并复制推广"信贷工厂"模式中的风险嵌入理念，有效地把控信贷风险，高效地扶持科技型中小企业成长。

北京银行中关村分行愿意投身于支持这些创业者的事业中，除了被他们的创意点子及创业激情所吸引，也有着严格筛选机制把控风险。对于这个特殊的群体，北京银行关爱却不溺爱，在风险把控方面，北京银行有着谨慎却不拘泥的考虑：聚焦"三型企业"、审查"三个要点"、参考"三方信息"。事实证明，北京银行中关村分行在助力创业者梦想起航的同时，也实现了良好的风险把控。目前，中关村分行所服务的科技型企业均保持了良好的信用记录，资产质量在全行内、区域内保持了领先水平。

（1）聚焦"三型企业"。即科技型、创新型、创业型中小微企业。"了解你的客户"是银行开展业务的第一原则和前提条件。与国内其他开发区相比，中关村示范区企业的突出特点就是科技型、创新型、创业型的集中体现。"科技型"是指以技术为核心资源，围绕技术来配置人才、资本等其他资源企业。"创新型"是指拥有创新的技术、产品或者发展模式的企业,这里的创新既包括原始创新,也包括集成创新、引进消化吸收再创新,既包括技术创新,也包括商业模式创新。"创业型"是指创建新企业,即发现商业机会、整合商业资源并实现从无到有、从小到大、从弱到强、从旧到新的价值创造过程。

(2)审查"三个要点"。即考察企业的创新技术、创业团队、创利能力。对中关村科技型企业的授信评审中,中关村分行除对传统的抵押品、现金流、负债情况考察外,还对企业的市场发展空间、核心技术、商业模式、管理团队等因素作为调查和评级内容,综合得出调查和评级意见。关于"创新技术",侧重考察其在国内外、行业内是否具有独创性、排他性,并结合企业的研发费用投入、技术团队稳定性、知识产权持有情况进行交叉验证。关于"创业团队",关注其高管人员从业经验、学历背景、股东构成以及过往创业情况,评价企业的未来成长性和商业模式可持续性,从行业发展前景整体判断企业创利能力,并充分参考外部创投、孵化机构的估值评价。关于"创利能力",重点考察该企业凭借其核心竞争力,从市场中实现销售收入特别是现金性盈利的能力。

(3)参考"三方信息"。即政府促进信息、区域信用信息、产业发展信息。与一般性中小企业相同,中关村示范区的科技型小微企业同样缺乏完备、翔实的财务"硬信息"。不仅如此,由于科技小微企业发展新技术、新产品、新市场,也缺乏成熟的产业"硬信息";由于是创业型企业,还缺乏连续的发展历史"硬信息",因此更需要搜集、参考第三方的"软信息",以辅助银行的贷款"三查"。

"政府促进信息"包括中关村管委会、北京市科委、海淀区政府等政府机构发布的区域发展规划、细分产业发展规划、重点企业扶持政策等,具体表现为多种类型的扶持企业名单,例如,"瞪羚企业"、"展翼企业"、"十百千工程企业"、"高聚工程企业"、"北京市高新技术成果转化项目"、"海帆企业"等,如表8-3所示。不仅指出了特定区域的优势主导产业、优先扶持领域和未来发展方向,也对某领域内的企业群体进行了初步筛选和分层,对于银行的风险识别和评价具有重要的参考价值。

表8-3 北京市政策扶持企业名单列举

名单	主要标准	发布机构	政策扶持
北京市高新技术成果转化项目	根据《北京市高新技术成果转化项目认定办法》,经市高新技术成果转化项目认定小组认定的成果转化和产业化项目	市科委	设定高新技术成果转化专项资金,由专项资金分类、定额给予后补贴支持
中关村"展翼计划"	年收入100万~2 000万且收入增长率超过10%(含)的中关村入统科技企业	中关村管委会	配套创新融资服务、贷款贴息、担保费补贴等政策

名单	主要标准	发布机构	政策扶持
中关村"瞪羚计划"	年技工贸收入规模在 1 000 万～5 亿元，且收入或利润增长率符合特定要求的中关村入统科技企业	中关村管委会	配套创新融资服务、贷款贴息、担保费补贴等政策
中关村"瞪羚重点培育企业"	包括纳入"瞪羚计划"企业名单，连续两年实现销售收入增长，并且符合增长率位于"瞪羚计划"同一收入级别企业的前 200 名等条件	中关村管委会	配套创新融资服务、贷款贴息、担保费补贴等政策
中关村十百千工程	主营业务属于战略性新兴产业领域范围，具备创新能力强、成长速度快等条件的中关村入统企业、中央在京企业和军工企业	中关村管委会	实行"一企一策"的支持方式，配套人才引进、税收优惠、融资贴息等政策
中关村高聚工程	符合《中关村高端领军人才聚集工程方案》制定的战略科学家、科技创新人才、创业未来之星、风险投资家和科技中介人才等标准	中关村管委会	可享受诸如国家科技重大专项项目、政府创业引导基金等政策支持
海帆计划	符合特定准入条件且年度总收入不超过 1.5 亿元的海淀区注册并纳税中小微企业	海淀区政府	配套创新融资服务、贷款贴息支持、费用补贴政策等

"区域信用信息"是指中关村示范区针对科技型中小企业的信用征集和评价产品。其中，有代表性的组织是中关村企业信用促进会，北京银行中关村分行作为发起单位之一，共同参与了区域信用体系的建设，引入市场化信用评级机构，发布征信报告和评级报告等信用产品，推动信用星级评定并与差异化优惠政策挂钩，推广针对中关村科技型中小企业的信用贷款产品，最终将区域信用体系建设成果与本行的授信评审流程有机结合。

"产业发展信息"是指中关村示范区内的行业协会、产业技术联盟、孵化器、投资机构、担保机构等第三方、市场化、专业化组织或个人，对特定行业、企业、技术、产品的发展水平、竞争地位、市场前景等方面的分析和判断，这些显性或隐性的知识对银行的具体风险管理也有重要的辅助价值。

七、从"信贷工厂"到"1＋N"网络模式

专项投入和专营机构建设是服务科技创新的关键。北京银行中关村分行创新传统组织流程，建立科技金融专业服务团队，解决了广大科技型中小微企业融资慢的问题。

2010年10月，在借鉴淡马锡、富登等国外先进经验基础上，通过引入ING技援项目，北京银行中关村分行正式启动中小企业"信贷工厂"模式。作为北京市首家科技型中小企业专营机构——中关村海淀园支行，再次成为行内首家中小企业"信贷工厂"试点支行。所谓中小企业"信贷工厂"，是借鉴工厂流水线的操作方式，在明确划分市场营销、业务操作、信贷审批、贷款发放、贷后管理等环节，支行配备营销经理、信贷经理，分行派驻风险经理和风险官，实现了营销与操作职能的分离、提升中小企业贷款业务效率。

"信贷工厂"模式较传统模式的差异和创新点：一是专业化分工，提高生产力。营销与操作职能分离，营销经理专职负责营销，提高市场、渠道和客户的营销能力；二是批量化营销，提高渠道营销竞争力。为实现批量化营销，中关村海淀园支行专门设立了由副行长带队组成的渠道经理团队，建立了政府、中介、担保公司、园区等数个精品渠道；三是标准化审贷，提高审批效率竞争力。目前采取的双签审批、小企业打分卡准入技术、风险经理派驻制等风控手段，可省去传统的审查人与小组审议流程，使得操作每笔贷款的时间从以往的3周缩短为2～5天，效率提升了200％；四是差异化贷后，提高后台管理竞争力。在总行贷后管理部门的指导下，中关村海淀园支行根据贷款项目的不同，采取了差异化的贷后管理措施，设立专职贷后经理管理贷后风险，引入先进的授信后管理系统提升贷后管理效率。

2012年4月27日，北京银行中关村海淀园支行被中国银监会评选为"2011年度全国小微企业金融服务先进单位"。截至2016年5月末，中关村海淀园支行"信贷工厂"存量小微企业贷款客户超过550户，余额近50亿元，其中科技型企业占比达到了70％，成为区域同业机构中科技型中小企业服务规模最大、产能最高、创新特色最突出的专营机构。同时，起步于中关村海淀园支行的"信贷工厂"模式，正在中关村分行内部，并向北京银行在全国的异地分行复制推广。

伴随中关村的崛起，北京银行中关村分行积极融入其中，持续发挥桥梁纽带作用，加大与园区管委会、金融服务机构、产业促进机构等外部机构的合作广度与深度，搭建起了多方协作的"1＋N"的科技金融合作网络。

（1）深化银政合作机制。北京银行与中关村科技园区管委会分别于2002年、2007年、2014年三次签订全面战略合作协议，持续向园区开发建设和中小高新技术企业提供金融支持，并在"一个基础、六项机制、十条渠道"的中关村科技金融体系引领下，积极参与开发、推动"瞪羚计划贷款"、"展翼计划贷款"、"科技型中小企业信用贷款"等产品；作为中关村信用促进会发起单位之一，积极参与中关村信用体系建设，将中关村信用评级报告纳入授信评审体系中,成为中关村企业贷款贴息主合作银行、积极参与"中关村信用双百企业"评选等活动。

在市科委及其下设各中心支持下,北京银行中关村分行创新建立银行信贷与科技专项资金对接机制,推出"科技贷"系列专属融资产品,为承担首都科技项目并获得政府专项资金支持的科技型中小微企业,提供流动资金贷款支持的专属信贷业务。"科技贷"荣获中国银监会"2012 年度全国银行业金融机构小微企业金融服务特色产品"奖。2014年 8 月,北京银行与市科委达成新一轮战略合作签约,围绕北京科技创新行动计划重大专项实施及构建"高精尖"经济结构加深合作,在四年内为首都科技企业提供 1 000 亿元意向性授信。

坚持服务驻区经济,北京银行累计为海淀区重点基础设施、产业基地、各类企业发展提供信贷资金超过 5 000 亿元,成为海淀区区域经济发展的重要金融合作伙伴。2014年,北京银行中关村分行以"优化核心区融资服务与信用服务环境"为目标,以聚焦服务"海帆计划"企业为重点,针对核心区"海帆计划"中小微企业推出"海帆信"、"海帆智"、"海帆保"融资产品。2015 年 9 月,入围海淀区地税局"税银互动"首批试点合作行,在试点期间,本着促进小微企业依法诚信纳税,实现小微企业、金融、税务三方共赢为目的,尝试将纳税信用评价结果在银行授信评审中推广运用,探索推出"银税通"产品,已累计发放贷款金额超过 1.2 亿元,户均支持贷款额度约 200 万元。

(2) 积极探索银担、银租、银投合作模式。从 2000 年,北京银行开始探索中关村的科技金融服务以来,就与中关村科技担保公司共同携手,开创了银担紧密合作的先河。经过双方的共同探索,北京银行和中关村科技担保公司相继推出了一系列针对中关村科技型中小企业的担保融资新产品,从担保贷款到信托买断业务,从"瞪羚计划"到"小瞪保",从留学人员创业企业担保贷款到软件外包企业担保贷款,这一系列产品,不仅得到了中关村中小企业的欢迎与好评,也为中关村的科技金融创新做出了突出贡献。经过多年实践,双方形成了"共同下户、独立决策、风险共担"的业务操作模式,服务科技企业的效率大大提高。截至目前,北京银行联合中关村科技担保公司已累计为 2 500 余家科技型企业提供融资超过 650 亿元,占中关村科技担保公司累计担保金额的 50%。

为强化各类金融机构之间的配合协调,北京银行中关村分行与中关村科技租赁公司携手,于 2014 年 6 月创新推出银租联动一体化金融服务方案——银租通。该方案重点面向中关村具有自主知识产权的科技型小微企业,通过银租互荐机制,为其提供配套贷款、融资租赁等一揽子金融服务,有效支持企业"融资"与"融物"的多维度发展需要。

特别是,对取得合作机构融资租赁且还款记录良好的推荐企业,均可通过北京银行绿色审批通道,在综合考虑企业实际用款需求的前提下,给予其最高500万元、最长期限3年的信用贷款支持。

北京银行中关村分行积极开展银投互动,为科技型中小企业拓宽债权直融渠道,先后与北京股权交易中心(简称"四板市场")、北京金融资产交易所等区域股权交易市场建立战略合作关系,为多家中关村科技型中小企业提供投行融资服务。特别是,针对具有直接融资需求的科技型中小企业,提供在交易所备案、以非公开方式发行及转让的债权融资产品。某致力于脑起搏器产学研一体的国家高新技术企业,在银行提供信贷资金支持下,企业得到进一步发展,故提出固定资产改扩建融资需求。北京银行中关村分行通过直融方案设计,引入创投基金兜底、银行理财计划资金对接方式,发行5000万、2年期"四板"私募债,进一步拓展企业直接融资渠道。截至目前,由北京中关村分行发行的"四板"私募债在合作银行中居于首位,占比达到70%。

(3)着力拓展多方合作渠道。身处高校聚集区的北京银行中关村分行,多年来,与各类高校级科研院所建立长期稳定合作关系,以多种方式支持教育事业发展,切实履行社会责任。在银校合作中,北京银行先后与清华大学、北京大学、北京交通大学等67所高校签署战略合作协议,并成立首都银行界第一家校园支行——清华大学支行。除为高校结算中心定制集资金管理、运作、收付款管理为一体的个性化现金管理系统外,还积极扶持校企改制发展。率先与清华大学出资设立的国有独资公司——清华控股建立全面合作关系,提供首笔5亿元授信支持,及时缓解企业在改制中的资金短缺问题,并在后续合作10余年中累计提供授信支持近百亿元。除一般性的授信贷款外,北京银行中关村分行还紧跟企业产业布局需要,及时提供并购融资支持。在清华控股通过外部收购方式,跨界转型新能源领域布局时,北京银行通过结构性融资、投资基金资产管理计划等方式,为企业提供20亿元并购资金支持,助力企业构建"新能源产业平台"。在银行间市场交易商协会DFI储架发行机制推出后,北京银行中关村分行迅速组成专业团队,成功牵头完成清华控股DFI注册,成为企业首家牵头承销行。此外,北京银行中关村分行积极开展园区合作,精准定位包括上地、东升、清华园等在内的中关村重点园区,先后与"清华科技园"、"中关村国际孵化器"、"东升科技园"建立战略合作关系,为园区内企业提供多元化组合融资方案,累计服务园区内企业占比超过60%。特别是,2016年4月由北京银行中关村分行联合清华科技园共同开发的京卡—清华科技园联名卡正式发布,此卡除涵盖全部金融功能外,还全方位嵌入园区数字化应用。

日前，银监会、科技部、人民银行已联合发布了投贷联动试点政策，北京银行作为首批试点银行也正式发布"投贷通"产品。下一步，中关村分行将根据全行战略部署，从组织架构、内控管理、考核激励、团队建设等多方面入手，积极做好投贷联动工作：一是通过专业部门实现科技金融条线化管理，专项落实投贷联动业务试点；二是依托信贷工厂模式，设立投贷联动专营机构，组建专业化实操团队；三是建立与科创企业发展相适应的特色化运行机制，选派熟悉科创行业投融资且具有科技技术专业背景的人员进入投贷联动团队；四是立足中关村小巨人创客中心，加强与投资子公司业务联动，提高对科创企业的综合服务能力，扩大与众创空间、创新型孵化器、知名创投机构合作；五是加强业务培训，培养一批对科创企业特点了解，投融资产品精通，具有跨专业综合创新能力的产品经理队伍，加强客户经理团队专业性，提升风险经理风控水平。

展望未来，北京银行将持续扩大服务领域，持续深化流程再造，坚持以"科技金融创新"为使命，以"服务创新型企业和战略性新兴产业"为特色，按照"专业化队伍、针对性产品、适用性流程、批量化渠道"的"四位一体"工作方针，切实将中关村分行打造成"创新能力强、发展水平高、资产质量优"的特色分行，全力打造中关村投贷联动的"硅谷银行"。

第九章

中国式股权众筹：天使合投平台

　　上一章介绍了在中国迅速兴起的科技银行。和全球情况类似，仅靠科技银行难以满足中国科技企业发展的全部需求，而互联网金融有望成为这一系统中的生力军。互联网＋金融的价值在于，一切变得更为快速简单。对这个高速发展的领域，国内仍在探索期，本书用两章内容来介绍。

　　本章以天使汇与大家投为主要案例，介绍股权众筹在中国的探索之路。

一、天使汇:天使合投平台

我国创新经济高速发展,许多中小型企业拥有核心技术和创新能力,但因为规模小、资产轻,无法从银行和资本市场获得资金的支持。

与此同时,社会大量的闲散资金尚未高效率利用。据统计,国内个人资产超过 600 万元的人数为 270 万人,而活跃的天使投资人仅有几千位。

互联网的快速发展使得信息更加透明,如何借助互联网平台,使缺乏资金的项目获得融资,使社会资本得到更加高效的使用。

在此背景下,互联网金融蓬勃发展。

2013 年 11 月,《新闻联播》头条报道了天使汇,对天使汇在互联网金融方面的创新予以肯定。同年,"普通人也能成为平台投资人"的大家投成立,并积极探索"领投＋跟投"模式。

2014 年 3 月,国务院总理李克强在十二届全国人大二次会议上所做的《政府工作报告》中谈及深化金融体制改时表示,要促进互联网金融的健康发展。

至今,处于风口浪尖上的股权众筹,无论是政策上或实践中,仍在进一步探索中……

2011 年 11 月,天使汇上线时兰宁羽只有 30 岁,但已经拥有多次"不成功创业经历"。他成为所谓的"连续创业者":亲身经历了创业融资的种种艰难,也自己做过投资,知道怎样和人合投项目,知道怎么设定条款。2011 年,兰宁羽再次创业,将过往的失败经历变成"财富"——为创业者搭建一个融资平台,"让好的想法迅速变成现实,让融资变得快速简单"。

和大多数中国互联网创业项目一样,天使汇也有其美国原型。创立于 2009 年年底的 AngelList,目标是成为让投资者直接对话创业者的平台——供创业者提交自己的创业项目,投资人也可以就投资金额与创业者谈判。

实际上,当时中国市场对这类平台的需求比美国更急迫。尽管在一些专业投资人看来,中国刚刚经历了 2015 年风险投资大爆发,但实际上,中国市场投资人相当稀缺。在美国,有 30 万天使投资人支持本国的创业者,而中国却仅仅只有 3 000 人。与此同时,中国创业者人数正在高速增长,根据国家工商总局统计的数字,2014 年中国首次创业人数接近 300 万,其后的 2015 年平均每天新登记企业 1.2 万户,到年底总数比 2014 年又提升 20％。

天使汇上线后,立即引来市场关注,每天都会有一两百个项目进入待审核列表。天使汇团队会对这些项目严格审核,由专业团队进行多轮淘汰,只有5%~8%的项目能最终和投资人见面。3个月后,天使汇物色超过4 000个项目,入驻近200位国内外天使投资人。

兰宁羽认为股权投资是一项风险极高的投资项目,应设置较高的投资门槛。因此天使汇没有"草根"投资人,其自然投资者需满足个人年收入超过100万元人民币,或者投资者本人名下现金及其证券类资产市值100万元人民币以上等条件。

2012年4月,Snack Studio的创始人杨迅在天使汇上提交了自己的项目介绍和商业计划书。缺钱、缺人,产品小众等问题让他十分没信心,他并不确定是否会有投资人看好自己的项目。然而,几天后再登录天使汇时,杨迅发现站内信箱里躺着几位投资人的"约谈邀请"。一个月不到,Snack Studio就拿到了第一笔融资。

随着团购网站的风生水起,2013年1月天使汇推出"快速团购优质创业公司股权"的"快速合投"服务。投资人既可以详细查看每个项目的资料,还能参考其他投资人的意见,既能快速帮创业者筹集到目标资金,让产品的开发和推广更快一步,也能为投资者提供更多的投资机会,从而降低投资风险。

第一个通过"快速合投"取得融资的项目是LavaRadio,一个软硬件设备结合互联网的环境音乐电台,创始人对于融资完全没有概念,商业计划书还是在天使汇提供的建议和意见中修改完成的。但LavaRadio在天使汇上线后14天就成功募得335万元人民币,比预定的250万元多出了34%。

表面上看起来,天使汇似乎从线上走到了线下,变得不那么依靠互联网。但其实天使汇上线之初就有大量的线下路演活动,由于早期投资其实是"投创始人",但投创始人这件事完全通过线上解决,并不是一个最好的方式。面对面的交流,能让投资人有更好的体验,所以天使汇把线下的路演,逐步升级改造形成现在的闪投。例如,皇人极这个煎饼果子"O2O"项目,如果不是对创始人有充分的了解和信心,可能也很难被认可。

如今的天使汇已然成为中国早期投资领域排名第一的投融资互联网平台。截至2015年7月底,天使汇平台上已有400多个创业项目完成融资,融资总额10亿多元人民币。平台上注册的创业者超过10万名,登记创业项目33 000多个,认证投资人2 200多名,全国各地合作孵化器高达200家。

如今,天使汇已经投出多个知名项目。如经过多轮融资,如今估值已超千亿人民币的"滴滴打车"最初的融资就是通过互联网完成的。2012年,"滴滴打车"在这一平台上完成了1 500万元融资。

天使汇平台的投资领域大部分集中在科技类企业,例如,移动互联网、电子商务、O2O、社交网络平台、移动社交、生活服务、新兴技术、互联网教育、互联网金融、移动电商、医疗健康、硬件、餐饮、数据、网络社区、LBS、游戏、文艺、体育、信息、技术、旅游、工具软件、移动应用、B2C、电商平台、B2B、娱乐等(一个项目可能属于多个领域)。

以下是通过天使汇进行股权众筹成功或正在众筹的部分科技类项目如表 9-1 所示。

表 9-1　天使汇股权众筹项目行业属性分析

项目名称	项目属性
"时间者"APP	移动互联网、社交工具
移动能源共享平台	移动互联网、O2O
智慧医疗平台	移动互联网、数据
冰箱宝	智能硬件、智能家居
可降解 3D 打印仿生人工骨及其制造装备	智能硬件、新材料
智能洗肺机	生物科学
德国 Airfy 路由器	智能硬件、智能家居
Senz 情境感知	可穿戴设备
节能环保精密铸造	智能制造
火智鸟智能灶具	智能硬件
等离子除菌产品	新兴技术、创意产品
神猫科技—智能停车	智能硬件

作为一个对接投资人和创业者的网络平台,天使汇坚持区分天使投资和股权众筹的概念,"天使投资并不适合大众参与,更适合少数有经验的高净值人群,即符合标准的、经过认证的合格投资人"。

表 9-2　天使汇投资平台的运作特点

项目	天使汇	解析
项目定位	科技创新项目	平台项目大多数为科技型创业公司
项目融资时限	30 天,允许超募	
项目资料完善与估值	领投人协助完善项目资料与确定估值	估值由领投人和创业者确定,排除了跟投投资者的议价权

续表

项目	天使汇		解析
投资人持股方式	投资人超过10人走有限合伙；10人以下走协议代持		协议代持的方式可以简化操作
投资款拨付	一次性到账，没有银行托管		
手续办理	提供信息化文档服务		
平台收费	项目方5％服务费；投资人投资收益5％		
项目信息披露	非常简单，没有实现标准化		信息披露不全将不符合未来监管细则
基本特点	专业投资人的圈子内众筹，草根参与较难		
投资人要求	对于一般投资人	满足下面三个条件之一： 　　最近三年个人年均收入不低于30万元人民币，或家庭(个人及其配偶)年均收入不低于60万元人民币； 　　个人名下货币资产或证券类资产市值不低于100万元人民币； 　　个人名下固定资产(除主要居所)市值500万元人民币以上的相关证明	审核非常严格
	对于经验投资人	有TMT领域天使投资经验，并且单笔投资额大于10万元人民币	
	对于机构投资人	满足下面四个条件之一： 　　有TMT领域天使投资经验，并且单笔投资额大于30万元人民币； 　　实缴注册资本在1 000万元人民币以上； 　　总资产或管理资产不低于3 000万元人民币； 　　最近三年每年净利润不低于500万元人民币	
领投人资格	资格	至少有1个项目退出的投资人方可取得领投资格	条件非常严格
	激励	项目创业者1％的股权奖励；跟投人5％～20％投资收益	

（一）投资人走精英路线

在天使汇的平台上，无论是领投人还是跟投人，都有较高的门槛。如果在这一点上，符合了《私募股权众筹融资管理办法(试行)》的条框要求，便无疑将大部分投资人挡在门外。

天使汇采用了"领投＋跟投"模式，平台对作为领投的投资者审核极为严格，基本上是VC/PE界的知名人物，以自身的投资业绩、业界口碑来吸引跟投投资者。领投人所担负的责任较重,既要筛选项目、尽职调查,又要与创业者签订协议等一系列工作,使得天使汇中领投人的作用无比放大,这也是天使汇实施"精英路线"的主要原因。

平台操作流程图如图 9-1 所示。

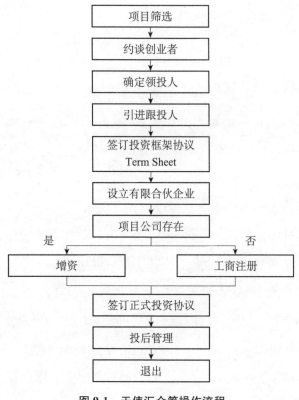

图 9-1 天使汇众筹操作流程

(二) 平台首创的"闪投"模式

目前,天使汇将重心转向"闪投"业务模式,结合了线上融资和线下推广的优势,较快地推进了创业项目的撮合,提高了创业融资的效率。由于一般众筹模式的融资期都比较长(至少一个月),因此天使汇全新打造了"闪投"模式,实现快速融资。"闪投"模式下,创业项目在上午集中路演,中午创业者和投资人共进午餐,下午和有投资意向的投资人进行一对一私密约谈,傍晚签订投资意向书,实现精准、快速的项目匹配。"闪投"将创业项目的前期推广从线上移到了线下,实现了股权众筹的 O2O,是天使汇的一大创新点。除了前期推广和与领投人精准匹配在线下进行撮合以外,其余的项目日常展示、跟投投资都放在线上进行。因为"闪投"项目在刚刚上线时就有了知名领投人投资,所以跟投资金会很快进入项目,项目成功率大大提高。

截至 2015 年 7 月底,天使汇"闪投"已在北京举办举行十九期、深圳两期、杭州两期、广州一期,共 189 个项目,1 146 人次专业投资人参加。平均每期 9 个闪投项目,50 位投资人到场,50%项目现场达成超募,最高超募 460%。

二、大家投:创投服务业的淘宝

如果说天使汇是创投服务业的天猫,那么接下来我们介绍的大家投就是淘宝网。从投资人构成角度看,两者的区别十分明显:大家投的模式是 E2E(Everyman 2 entrepreneur),而天使汇是 A2E(Angel 2 entrepreneur)。

大家投一直被外界视为"草根":作为一个创投服务平台,"大家投"对上线的项目没有什么特殊要求,普通人也可以成为平台投资人。也就是说,只要你有一个想法,就可以放上平台众筹资金,只要你有钱,就可以成为投资人,通过"大家投"来购买心仪项目的股权。这个看来最具"互联网精神"的金融创新项目自诞生就备受关注。

2012 年,一无学历背景、二无管理经历的深圳青年李群林决心创业,选择的方向极为大胆:做一个把创业者和投资人连接起来的网站,把线下的天使投资流程搬到网上来,让全国各地的人都可以投资,草根创业者也能拿到资金开展商业计划。可李群林自己没有什么钱,也不认识天使投资人,他此前只做过产品和技术。于是,他拿着项目书四处游说机构投资人。

李群林的这个想法,也就是我们所说的互联网金融中的股权众筹。2012 年,中国还没有这样的平台,绝大多数投资机构对他的想法都投了反对票。直到 2013 年年初,屡屡碰壁之后,深圳创新谷成为他的第一个也是唯一一个机构投资者。

深圳创新谷不仅是大家投的第一个机构投资者,还为其提供了免费的办公场所。随后,大家投又吸引到 11 个跟投的投资人。就这样,李群林出资 15 万元,深圳创新谷出资 15 万元,再加上其他天使投资人的资金,总共筹集了 100 万元的天使投资。

2013 年上线的大家投号称是中国第一个股权众筹平台(天使汇也被称为第一,但这个项目的创始人不承认天使汇股权众筹的身份)。

经过几年的发展,大家投通过快速自我更新运营模式,细化平台规则努力规避风险。因为最初的估值方式,价格是由创业者和投资经理在认筹前商定好的,投资人没有议价的权利。2015年7月,大家投推出了2.0版规则,其中最重要的新规则就是用荷兰式竞价法赋予众筹投资人在项目估值定价中有更多话语权。

尽管存在种种困难、风险,但是在万众创新大众创业的大潮中,第一个试水股权众筹的大家投依然快速发展起来。据统计,2013年,大家投帮助5个项目成功融资284万;2014年增长率超过4 000%,全年共帮助47个企业完成融资,总共已完成超过5 000万的融资额;2015年,已有注册用户人数3万余人,共上线115个融资项目,项目需求资金23 106万,帮助51个项目融资9 601.3万,项目数成功率为44.35%,融资成功率为41.55%;平均融资额度为188.26万。

"大家投"采取"领投+跟投"模式,业务分为线上部分和线下部分,线上部分完全借助互联网来完成,具有高效、快捷的特点,线下部分则包括尽职调查、公司登记等手续。

"大家投"的基本情况及规则如表9-3所示。

表 9-3 "大家投"的基本情况及规则

	大家投	解析
项目定位	科技,连锁服务	平台项目大多数为科技型创业公司;此外平台还涉足连锁型实体商铺的股权众筹
项目融资时限	没有限制,不允许超募	真实匹配了项目融资需求
项目资料完善与估值	平台方协助完善项目资料;估值先由创业者公开报价,议价由领投人负责	"荷兰式询价"制度是平台的一大特点,利用互联网技术,由创业者和投资者共同寻找项目价值区间
投资人要求	没有限制要求,不审核	便于扩大投资者范围
平台收费	只收项目方5%服务费;对投资人不收取任何费用	对投资人不收取费用,让利于投资者
领投人规则	有一定工作经验即可; 只有项目创业者的股权奖励,具体激励股数不限制,由领投人与创业者自行约定; 无任何费用,投资收益全归自己	便于投资者争做领投人,更好地宣传和推广了项目,提高项目成功率
跟投人规则	没有任何限制; 无任何费用,投资收益全归自己	便于扩大投资者范围
投资人持股方式	全部设立有限合伙企业	在现行法律框架下,在众多投资者的情况下设立有限合伙企业是常见方式
投资款拨付	可以分期拨付,兴业银行托管	控制了资金风险

续表

	大家投	解析
手续办理	提供所有文档服务与所有工商手续代办服务,还提供有限合伙5年报税与年审服务	为创业者提供增值服务
项目信息披露	完全实现标准化,要求项目信息披露非常详细	信息披露是股权众筹的基础,符合监管需要
基本特点	门槛较低,草根投资人容易参与	

(一)给中产阶级一个做风投的机会

2013年7月正式上线后,大家投将自己定位于中产阶级的天使投资股权众筹平台,让非专业投资者也能够跨进股权投资的大门。大家投提供的投融资服务包括:在投融资前,创业者在网站上提交项目,大家投投资经理进行辅导、审核,协助发布项目;投融资中,投资人竞价认投,大家投协助领投人尽职调查,领投人洽谈、投资人表决解决方案,大家投组织办理投资缴款、登记;投融资后,大家投协助领投人进行投资管理、交流,提供资源、人才推荐等服务,提供后续融资或投资退出支持。

用李群林的话说,股权众筹的魅力就在于机会公平。不管你在哪个城市,都有向社会展示你的追求和才华的机会,那才是真的大众创业、万众创新,"能不能融到资是一件事,有没有机会去融资却是另外一回事"。

2013年10月22日,鱼菜共生有机生态农场成为平台上第一个完成融资的项目。2014年12月22日,高强度纳米全瓷义齿材料完成融资301万,成为大家投融资额最高项目。

从创业者提交商业计划书到投资者投资满额成功,都是在"大家投"搭建的网络平台上进行(除了投资人约谈需要线下交流外),充分体现了互联网时代高效、快捷的特点。平台上每个项目均有一个由创业者认可的领投人,负责对项目进行分析、调查,并参加项目公司董事会。跟投人可以在询问、路演后在互联网上方便操作投资。投资人(领投人和跟投人)在项目认筹成功后,组建合伙企业,并由合伙企业持有项目公司股份。

股份众筹操作流程图如图9-2所示。

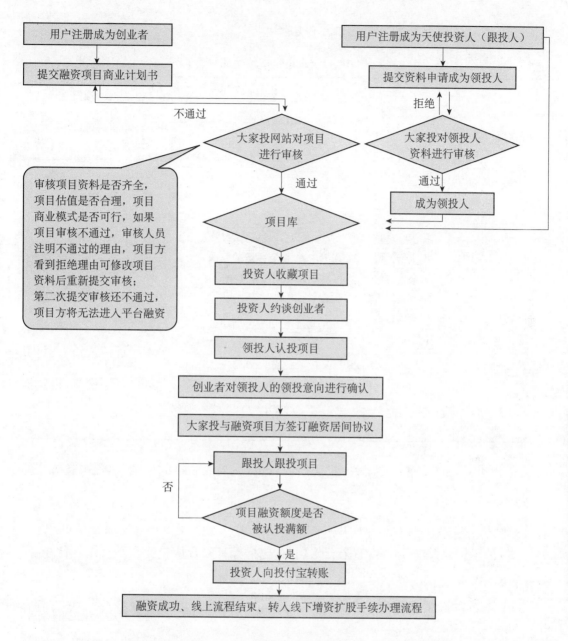

图9-2 大家投股权众筹操作流程

1. 四方主体的平等与合作

围绕着项目产生了四个参与主体,每个主体都有自己的角色分工和权限范围,四个主体通过互联网这一工具相互沟通、协作,最终完成项目。四个主体中并没有"一家独大"的某一方,四方之间存在着相互制约的制度安排,如跟投人并非只能被动的投出资金,他们也能与创业者和领投人对话,并通过项目估值询价而获得一定的话语权。这一点与下文所写的"天使汇"股权众筹平台有较大的不同("天使汇"中领投人的角色是相当突出的)。"大家投"参与各方职责如表 9-4 所示。

表 9-4　"大家投"参与各方职责

参与者	相关职责和权利
创业企业	撰写商业计划书
	向众筹平台提供项目相关信息
	与投资人问答,保持紧密沟通,召开项目路演会
"大家投"平台	信息撮合
	提供项目展示平台
	提供项目竞价平台
	提供"投付宝"作为资金支付、托管通道,保障资金安全
	提供增值服务,如线下注资、增资手续的办理
领投人	考察项目情况,提供尽职调查报告和 Term Sheet
	接受跟投人的询问
	启动项目询价
	投出资金
	进行项目投后管理
跟投人	询问项目情况
	参与项目竞价
	投出资金

与此同时,在收益分配中,大家投遵循先返本,后分配收益的原则,以保障各方主体的利益均沾。

收益分配具体方式分为如下两种。

(1) 总投资收益的 80% 由有限合伙企业(包括母有限合伙企业和子有限合伙企业)的自然人按照投资比例分享。

(2) 总投资收益的 20% 为管理收益:领投人分享 10%;大家投分享投资收益的 10%。

2. 荷兰式拍卖方式项目估值询价

大家投采取的估值方式与"荷兰式拍卖"方式类似。项目估值询价是指投资人可以对创投板项目的估值有询价的机会,投资人可以对项目估值自主出价,经创业者同意后即代表成功认筹该项目。投资者可以有两次机会对项目估值提出自己的价格,若两次出价都低于创业者同意的低价,则认筹失败。项目估值取创业者所同意的投资者出价中最低的一个。

投资者询价及认筹流程如图 9-3 所示。

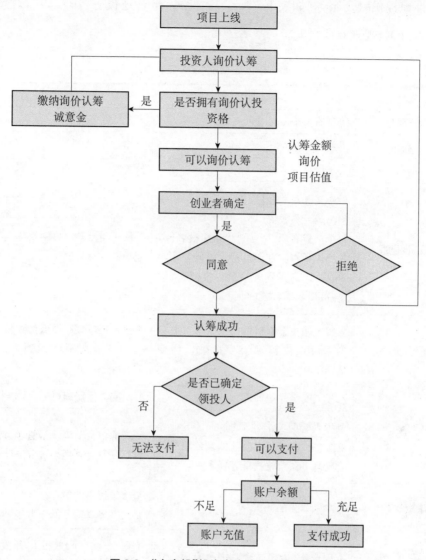

图 9-3 "大家投"投资者询价及认筹流程

恰恰由于投资者对于项目估值有两次出价机会，在投资者与创业者之间的博弈过程中，普通投资者对项目运作也有了一定的话语权，使项目估值接近于市场水平。普通投资者要报出一个比较公允的价格，就必须先对项目做充分的了解和调查，这样，"大家投"通过建立起这一独特性的"议价制度"，既保障了投资者的利益，又能调动投资者对项目的关注，充分利用大众投资者广泛的知识、技术、市场的资源，淘汰掉不好的项目，精选出优秀的项目。

3. 分层次的融资规则

"大家投"把项目分为启动板和初创板两个板块，通过制定不同的投融资规则，以便更有针对性地提供融资服务(如表 9-5 所示)。此外,平台还设立"影视版",对影视类项目进行垂直分工,规则有所微调。

表 9-5 "大家投"投融资规则

相关属性	启动板	初创板
项目融资额度	等于或少于 100 万人民币	大于 100 万人民币
投资人数量	不超过 200 人	不超过 50 人
项目估值	大家投平台审核	荷兰式询价
单笔投资额度	一千元起投,最高限额一万元,每笔必须为千元整数倍; 每个项目有 50 个 1 000 元起投名额,先到先得;前 50 名投资人可以千元起投,第 51 名投资开始最少投(剩余额度/最多剩余名额)	不低于项目融资总额 2%,向上取整单笔最低 3 万起投
领投人投资额度	领投人领投金额最低为项目融资总额的 5%;最高额度为项目融资额度的 50%	领投人领投金额最低为项目融资总额的 5%;最高额度为项目融资额度的 50%
投资人要求	跟投人实名注册即可 领投人暂时实名注册即可,证券业协会私募众筹管理办法正式实施后须符合管理办法合格投资者要求	暂时实名注册即可 证券业协会私募众筹管理办法正式实施后须符合管理办法合格投资者要求
项目融资次数	每个项目只能一次	最多可以有 2 次; 每次间隔时间不低于半年
投资人持股	有限合伙(最多 4 个);多个有限合伙企业的普通合伙人均为同一个领投人	有限合伙(1 个)领投人、跟投人共同成立 1 个有限合伙企业,以有限合伙企业的形式占股项目公司的股份

启动板的投资门槛降低至 1 000 元,初创板也仅为 3 万元,极大地扩展了投资者范围,提高了项目众筹的成功概率。

(二) 设立资金防火墙,隔离风险

"大家投"推出"投付宝"作为投资资金的支付、托管渠道,有效地防范了投资资金被挪用的风险,减轻了投资人的顾虑。一般来说,每个项目先向项目公司支付 20%～50% 的资金,在数个月之后,由投资者投票,按照少数服从多数的原则,决定是否向项目公司支付剩余的资金。平台以这种机制最大程度地保护了投资者的利益,避免因创业者经营不善而失去全部资金。

"大家投"还首家制定了投资人"风险补偿基金"制度,用于补偿投资人非正常投资亏损。创业者融资成功后 2 年内存在利用大家投进行诈骗的,投资人可获得风险补偿金(企业正常经营不善、股东间民商事经济纠纷或其他不可抗拒因素所引发的投资人亏损的,不在补偿范围之列)。具体补偿标准如下所述。

● 任一项目投资人在遭遇非正常亏损的情况下,将按照投资人非正常亏损额的 50% 对投资人进行补偿。

● 以投资人所缴纳的全部认投诚意金为限对投资人给予补偿,如出现超额的情况,不另行进行补偿。

风险补偿金来源于:① 投资人缴纳的 100 元认筹诚意金;② 投资人单个或集体退出项目时收益的 2%。

"投付宝"与"风险补偿基金"两个制度的设立,可以为风险巨大的股权众筹行业提供一定的安全保障,使得股权众筹的主要风险集中在项目日常经营上,从而有效避免了其他非系统性风险(如创业者诈骗等)。

参考文献

[1] 张新钰."大家投"网众筹融资模式分析[D]. 辽宁大学,2014.

[2] 杨百会. 天使汇:股权众筹规则制定者[J]. 企业观察家,2015(10):50-52.

[3] 荣浩. 国内股权众筹发展现状研究[J]. 互联网金融与法律,2014.

[4] 国内两大股权众筹平台商业模式:天使汇 VS 大家投. 众筹之家. http://www.baidu.com/link? url=s5Qce.

[5] 十大众筹优秀平台企业介绍. 知投网. http://www.baidu.com/link? url=JuAlp.

[6] 天使汇撮合投资人和创业者解决融资痛点——天使汇. 微头条. http://www.baidu.com/link? url=gu8DZ.

第十章

国内互联网金融风起云涌

介绍完中国式股权众筹平台,接下来这一章对国内互联网金融的其他几种主流形态进行了描述,以期展现中国互联网金融的全貌。在技术的助力下,互联网对金融的渗透在速度和深度上高速迭加:网络化、数字化使资金融通相比传统金融更为方便、快捷;资金供求双方可以通过网络平台自行完成信息传递、对接、甄别、匹配、定价和交易,无传统交易中介、无垄断利润;用户可以在互联网上快速寻找到适合自己的金融产品,信息相对公开、透明。

由于互联网金融业态众多,本章选取了供应链金融、产品众筹和大数据征信三个案例。

我国互联网金融自诞生之日起就被称为风口上的猪,快步从萌芽期迈向了大规模爆发,对传统金融产生了巨大影响。中关村创新研修学院副院长张国庆认为,如果把金属货币替代贝壳货币看作第一次金融革命,把纸币替代金属货币看作第二次金融革命,那么互联网金融就是第三次金融革命。

在实体经济出现下滑时,互联网金融模式带来的"鲶鱼效应",成为经济发展的新机遇与希望。2015年3月22日,新闻联播首次头条报道互联网金融,以《互联网＋金融加出融资高效率》为题,新闻报道时长6分钟,阐述了近年来互联网金融在我国的迅猛发展。

事实上,互联网自第三次工业革命中诞生,20年前进入我国以来,就不断地改变甚至颠覆了多个传统产业的商业模式,如通信、新闻、图书、出版、电视、音乐、商品零售等。但由于我国金融业发展的落后和金融管制的窠臼,金融与互联网之间迟迟未能实现"联姻"。

我国的金融市场存在一些结构性问题,包括小微企业主、个体工商户的融资需求无法有效满足。中国目前稳健型、固定收益类的投资工具非常少,尤其是中小投资者,更是存在缺少有效的投资渠道等诸多问题。传统金融机构由于金融运营和交易成本高、资产和负债期限匹配难度大、流动性管理困难等原因存在理财产品门槛高(至少5万起)、中小微企业无法获得融资等多种问题,无法满足市场需要。数据显示,中国大众富裕阶层中出生于1960—1989年的为绝大多数,共占了81.1%,这些人对财富管理的需求是非常巨大的,而且他们对互联网、移动互联网等新兴技术接受度高,这些都为互联网金融的迅速普及创造了可能。

随着互联网技术的攻城略地,加之科技企业对于降低成本的强烈渴求,互联网与金融开始结合,互联网金融浪潮一触即发。

金融机构开始试水互联网金融,第一家互联网股权众筹"大家投"出现,创投服务业的明星"天使汇"名声大噪。

互联网企业金融业务纷纷"借船下海"。国内阿里、百度、腾讯等互联网巨头,把控着互联网用户流量入口和大数据。阿里巴巴从第三方支付,到小额信贷、担保、保险,再到蚂蚁征信,触角伸向了传统商业银行所涉及的绝大部分领域;百度借助搜索,腾讯借助QQ等社交工具都积累了不少的用户群;京东等电商平台也借势互联网开展产品众筹等金融业务。互联网金融领域布局情况如图10-1所示。

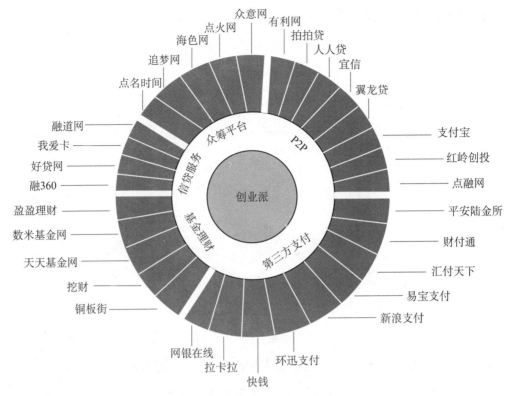

图 10-1　互联网金融领域布局情况

一、从金融机构互联网化到互联网金融

早在 2005 年以前,互联网便开始为金融机构提供技术支持,帮助金融机构"从线下转向线上",即金融机构互联网化。1997 年,招商银行推出我国第一家网上银行。2000 年,证监会颁布《网上证券委托暂行管理办法》,投资者通过互联网方便快捷地进行证券交易。2002 年,中国人保电子商务平台(e-PICC)上线,提供线上投保服务。传统金融机构成立电商部门,创建电子网站,前期主要用于信息展示,后期逐渐发展到销售金融产品、提供金融服务。

2005—2012 年,互联网和金融的融合从技术层面逐步渗透到金融业务领域。2007 年,第一家网络借贷公司"拍拍贷"成立。2007 年 6 月,阿里巴巴集团依托阿里巴巴电子商务平台,将网商的网络交易数据及信用评价作为信用依据,开始联保贷款模式的尝试,为中小企业提供低门槛融资服务。2010 年 6 月,阿里巴巴小额贷款公司成立。2011 年,人民银行开始发放第三方支付牌照,第三方支付机构进入了规范发展的轨道。

2013 年被称为"互联网金融元年",是互联网金融突破发展的一年,自此互联网深入到金融业务领域,甚至对传统金融机构产生了巨大的冲击。该年出现的"余额宝"被称为互联网金融发展里程碑事件,阿里金融旗下的"余额宝"利用当时银行间市场资金紧张以及同业货币市场基金的较高收益率,率先通过"在线理财"撕开了传统金融业务的口子。同年,北京安融惠众征信有限公司创建了以会员制同业征信模式为基础的"小额信贷行业信用信息共享服务平台"(MSP),主要为 P2P 公司、小额贷款公司、担保公司等各类小额信贷机构提供同业间的借款信用信息共享服务。该年,众筹融资平台开始起步,第一家股权众筹平台天使汇诞生;第一家专业网络保险公司——众安在线财产保险公司获批……

如今,我国互联网金融更是形态多样,百花齐放。互联网银行、供应链金融积极摸索,众筹、P2P 快速成长阶段,互联网征信已然成为业界翘楚……七种主要互联网金融模式举例如表 10-1 所示。

表 10-1　七种主要互联网金融模式举例

序号	模式	监管部门	典型企业或产品
1	互联网支付	人民银行	支付宝、微信支付
2	网络借贷	银监会	陆金所、红岭创投
3	股权众筹融资	证监会	天使汇、大家投
4	互联网消费金融	银监会	京东白条、阿里花呗
5	互联网基金销售	证监会	余额宝、活期宝
6	互联网保险	保监会	众安在线
7	互联网信托	银监会	企易贷

二、校友企业供应链的互联网融资平台——道口贷

道口贷是国内首家高校系 P2P 平台,旨在为互联网用户提供在线投资理财服务。由清华控股旗下公司发起,依托清华大学五道口金融学院[①]互联网金融实验室研究成果建立。主打"校友企业供应链融资"理财产品,清华孵化出的科技企业提供融资平台。根据不同的融资需求,通过灵活多样的融资渠道实现融资目的。

2015 年 3 月 6 日,"道口贷"正式上线 78 天后,成交量突破 1 亿元大关,11 月 27 日,道口贷网站公开数据显示,平台撮合的累计成交额正式突破 10 亿元,带给投资人 2 800 万元的收益。所有项目保持零逾期,企业按时还款率为 100%。

道口贷主要选择毛利高的行业,如:房地产、电商作为目标对象。以"校友+供应链金融"为主要特色,将校友圈资源用于规避借款企业的道德风险。道口贷发展模式如图 10-2 所示。

---

　　① 清华大学五道口金融学院的前身是中国人民银行研究生部。中国人民银行研究生部是我国金融系统第一所专门培养金融高级管理人才的高等学府。

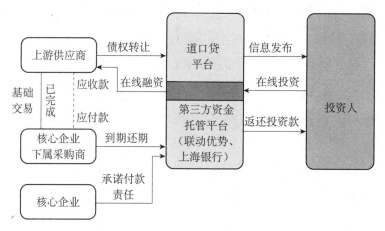

图 10-2　道口贷发展模式

以碧桂园为例,道口贷目前建立了应收账款债券转让融资模式,为供应链金融提供融资。例如,在碧桂园旗下的原材料采购商与供应商长期合作的基础上,碧桂园凭借其签署的、有效期长达一年以上的《购销合同》为标的,在"道口贷"平台发起的一款理财产品帮助中小型供应商进行贷款融资。此外,"道口贷"平台的存货融资模式、预付账款融资模式等也可以提供其他供应链融资形式。存货融资是企业以其拥有的原材料、产成品等存货作质押在"道口贷"发起融资,同时借助核心企业的担保和物流企业的监管,这一模式的还款来源主要是销售产品的销售款。预付账款融资指在经销商向核心企业采购产品过程中,在核心企业承诺回购的前提下,经销商以仓库的仓单作为抵押,在"道口贷"发起融资。

未来道口贷打造校友"学业—就业—创业—立业"全链条的金融服务。通过校友关系实现借贷,毕业的学长支持需要助学资金的在校学弟学妹,这些同学毕业之后,以每年工资的 一定比例作为还款来源,进而建立校友信用资源库。道口贷风控特点如图 10-3 所示。

风控特点

图 10-3　道口贷风控特点

三、产品众筹"京东产品众筹"：背靠电商平台的加速器

京东商城旗下有多个众筹平台，外界最熟悉的是京东的产品众筹。虽然名为众筹，但中国的产品众筹平台更多的被视为"预售电商"，对于中国以硬件为方向的创业者，产品众筹已经成为一个广泛使用的营销渠道。

（一）以众筹为名，打造智能硬件领域的加速器

京东产品众筹的上线，首先是由于这个中国最大的 B2B 电商平台希望更深入的介入硬件产业链，而其模式则受益于将众筹概念引入中国的点名时间。

创立于 2011 年 7 月的点名时间，是中国公认最早的众筹平台。早期的点名时间是典型的回报众筹，即项目的发起人不允许向支持者承诺股权或者利润等任何形式的金钱回报，而只能以实物或者服务的形式向支持者提供回报。

但点名时间上线后一直处于亏本状态，于是在 2014 年宣告转型为"智能科技产品的首发渠道"，即预售式电子商务网站。这一年 2 月，点名时间与京东达成合作，将众筹成功的科技产品放在京东商城出售，以获取流量。

点名时间的早期项目以文化创意类项目为主，这同样是众筹鼻祖 Kickstarter[①] 上最受欢迎的项目类别。2012 年 6 月，北京的独立书店单向街通过点名时间在 1 周之内筹到了人民币 23 万元，这使得点名时间成为舆论关注的焦点。不过，从 2013 年上半年开始，智能硬件项目在点名时间上的比重逐渐加大，后来点名时间甚至转向专门为智能硬件项目服务。

与美国相比，中国市场的文化创意类创业项目相对稀缺。中国本来就是制造业大国，而且从 2013 年开始，软硬件结合类的智能硬件类创业项目增长极快，由于有众多互联网及传统的制造业大公司看好这一领域，因此这类项目也很受投资人青睐。

这个模式同样也给京东商城带来了启发。京东当时也希望搭建一个智能硬件平台，并于 2012 年年底，在内部启动了"硬件加速计划"。与点名时间合作几个月后，京东产品众筹正式上线。

---

① Kickstarter 于 2009 年 4 月在美国纽约成立，是一个专为具有创意方案的企业筹资的众筹网站平台。2015 年 9 月 22 日众筹网站 Kickstarter 日前宣布重新改组为"公益公司"。

实际上,京东产品众筹和点名时间的转型方向类似,并非回报式众筹,而是"产品首发渠道",或者说"预售渠道",但京东仍然以"众筹"来命名这个平台。

由于初期高度聚焦智能硬件领域,京东众筹平台上很快就诞生了一些经典项目,如三个爸爸儿童空气净化器、55度智能水杯等。

背靠京东商城是京东众筹最大的优势,对于众筹产品除了给予线上推广资源支持之外,京东众筹还以发布会等形式线下为众筹产品站台。对于创业者,选择京东众筹不再是为了获得项目启动资金,而是一个重要的营销活动。众筹作为一个人人皆可参与的投资项目,本身就具有很强的社交传播特性。Kickstarter同样也非常重视其传播能力。

创业公司一般没有太多的资金来做大规模的传播营销,也谈不上品牌积累,利用产品众筹平台显然成本较低,而且背靠大型电商,销售转化率也更高。

2014年7月上线的京东产品众筹,作为京东商城推出的互联网金融产品,与供应链金融、消费金融、财富管理和支付构成京东金融五大业务板块。截至目前,京东众筹总筹资额已达2.39亿,项目筹资成功率已超90%,其中筹资百万级项目超过52个,千万级项目已有6个。

在京东产品众筹中,科技企业在京东产品众筹平台实现产品融资是可行和成功的。特别是部分科技企业同时在股权众筹平台和产品众筹平台上进行融资,最大程度地利用互联网众筹平台的融资渠道。京东产品众筹部分科技产品如表10-2所示。

表10-2　京东产品众筹部分科技产品

产品名称	项目属性
虫虫摄手随行摄影神器	创意产品
i-timePro智能手表	智能硬件
智能空气净化扫地机	智能硬件
冰箱宝(同时在天使汇上发布股权众筹)	智能硬件、智能家居
小明M1智能激光微投仪	智能硬件
利马赫智能旅行箱	智能硬件
小牛电动车	硬件、新产品

京东产品众筹的项目包括科技产品、书籍、影音作品以及慈善等领域。其中科技产品不仅占据半壁江山,也是融资速度最快的领域。

(二)另类的团购模式

京东的产品众筹实际上与"团购"相差无几,可以说是一种另类的"团购"模式。与

"团购"不同点在于,"团购"存在实际的产品,而产品众筹模式下,在投资者投出资金时,产品还未生产出来,因此,产品众筹降低了创业者的市场风险。

产品众筹的操作流程,因为不涉及股权架构,较为简单,其流程图如图 10-4 所示。

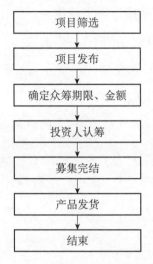

图 10-4　产品众筹的操作流程图

(三) 各方权责明确,利益共享

表 10-3　京东众筹平台各方职责

参与者	相关职责和权利
创业企业	撰写产品描述书
	向众筹平台提供项目相关信息
	与投资人问答,保持紧密沟通,召开产品路演会
	及时发货
京东产品众筹平台	严格审查项目
	提供项目展示平台
	提供资金支付及保障服务
投资人	考察产品情况
	投出资金

相比较股权众筹来说,产品众筹中参与各方的责任相对简单:平台主要聚焦于产品展示,对资金安全负有一定的责任(对发货、资金控制可照搬京东 B2C 平台的成果);创业企业除了与股权众筹一样展示项目外,只需备货、发货即可;投资者方面,既不需要领投人,普通投资者也只需投出资金后等待收货即可,不需参与投后复杂的股权变更。总

体来说,产品众筹在项目货物发出后就可终结(除售后服务外)。

京东产品众筹中,对于投资人的回报是项目公司的产品而非股权;对于创业公司,不仅可以通过产品众筹能够立即获得顾客,为产品打开销售市场,也可以对一些科技类、创意类等很难预判市场的产品进行一种成本极低的市场检验。

京东产品众筹为投资回报设定了如下几种方式。

● 普通回报:投资者投入市场水平价格的资金,以获得产品。

● 折扣回报:投资者大批量的购买,可以获得折扣。

● 1元支持性回报:投资者向产品投出 1 元,以显示对该产品的支持。京东对这部分投资者进行抽奖,以鼓励投资者进行支持。

● 无回报:投资者无偿地向产品投出资金,不获得任何产品。京东对这部分投资者有其他的奖励措施。

(四) 补偿保障体系

京东发布《众筹回报服务协议》,为投资者提供相应的延迟发货补偿。延迟 30 天内、60 天内发货时,根据订单金额分别给支持者 5％、10％补偿,最高为 500 元;超过 60 天延迟发货时,发起方不仅要向所有投资者发表致歉声明或阐述说明,并在 3 日内完成全额退款。这一规则是防止创业者有欺诈行为。

四、互联网征信"芝麻信用":利用大数据勾画信用等级

芝麻信用是由阿里巴巴推出的独立第三方信用评估及信用管理产品,其运用大数据及云计算技术客观呈现个人的信用状况,并连接到不同的场景应用,为每个人提供信用所带来的各种服务。

(一) 大数据在征信领域的厚积薄发

2015 年 1 月 5 日,中国人民银行发布了允许 8 家机构进行个人征信业务[①]准备工作的通知,芝麻信用位列其中。

[①] 个人征信业务准备工作的机构名单:芝麻信用、腾讯征信、深圳前海征信、鹏元征信、中诚信征信、中智诚征信、拉卡拉信用管理、北京华道征信。

经过几年的数据积累，依托于淘宝网、天猫网的海量交易数据，芝麻信用已经在个人征信领域上取得了领先地位，陆续将其应用范围扩展到消费金融、租车、住宿、签证等各个领域。

资料显示，芝麻信用上线后，通过云计算、机器学习等技术客观呈现个人的信用状况，已经在信用卡、消费金融、融资租赁、酒店、租房、出行、婚恋、分类信息、学生服务、公共事业服务等上百个场景为用户、商户提供信用服务。

相关媒体报道，阿里旗下金融业务板块蚂蚁金服计划于 4 月中旬完成新一轮融资，该轮融资金额将达到 31 亿美元，而蚂蚁金服估值也将接近 500 亿美元。据了解，这并非蚂蚁金服的首轮融资，2015 年 7 月，蚂蚁金服获得由全国社保基金、国开金融、中国人寿保险等八家企业 120 亿元人民币的联合投资，同年 9 月，以出让不足 5％股权的代价获取中国邮政的战略投资。

（二）与支付宝相关的评分标准

芝麻信用采取评分制，与美国的 FICO 信用评分类似，采用了国际上通行的信用分来直观表现信用水平高低。芝麻信用分的范围在 350～950 分，分数越高代表信用程度越好。如表 10-4 所示。

表 10-4　芝麻信用平台信用评级标准

芝麻分区间（分）	信用等级
350～550	较差
550～600	中等
600～650	良好
650～700	优秀
700～950	极好

据称，芝麻信用日数据处理量在 30PB 以上，相当于 5 000 个国家图书馆的数据总量，其中包含了用户网购、还款、转账以及个人信息等方面的数据。

芝麻信用的计算模型是保密的，但从芝麻分公布的数据雷达图来看，其数据主要来源于五个方面。

● 身份特质：包括个人履历、学历水平、职业等。

● 行为偏好：主要指在网络购物以及使用支付宝各种服务方面的金额、频繁程度等。

- 人脉关系：包括用户在支付宝的好友数，以及与好友之间的互动等。

- 信用历史：指用户通过"花呗""借呗"的借款历史，借款越多且还款及时将有助于提高信用。

- 履约能力：主要指用户在"花呗""借呗"等产品上能及时还款。

由于我国在个人征信数据上还是属于"各自为战"，除了央行征信报告外，征信机构（包括金融机构）的信用数据都不能彼此共享，因此芝麻信用的数据基本上来自于支付宝交易数据以及与支付宝有合作关系的机构的交易数据。此外，对于政府类、金融类的公开数据，芝麻信用分中也占相当大的比重。

（三）从透支消费到相亲的全场景应用

通过分析用户的大量网络交易及行为数据，对用户进行信用评估，芝麻信用帮助芝麻分使用者对用户的还款能力及意愿作出结论，从而提供相对应的授信服务。经过数年的发展，芝麻信用已在如下应用场景下得到应用。

- "花呗"透支消费："花呗"是支付宝推出的"赊账消费"服务，用户在网络购物时可使用"花呗"付款，在一段免息期后再向"花呗"偿还。"花呗"额度基于芝麻信用。

- "借呗"小额贷款："借呗"是支付宝推出的信贷产品，用户可以在"借呗"额度内从支付宝内提取现金，到期后偿付本息。"借呗"额度基于芝麻信用，芝麻信用分高于600分的将获得"借呗"额度。

- 租车：芝麻信用与神州租车合作，高于650分用户无须缴纳押金或预授权就可以在神州租车直营门店短租，一嗨租车也引入了芝麻信用，其规则与神州租车类似。

- 租房：青客公寓和淘宝房产结合"芝麻信用分"推出房租1元的信用权益。

- 住宿："阿里去啊"推出了基于芝麻信用的"信用住"酒店服务，600分以上用户可享受免押金的入住服务。

- 婚恋：百合网引入芝麻信用，展示给相亲双方，提高双方信任度。

- P2P网络借贷：玖富引入芝麻信用，分数高的用户可借款额度更高，利率更低。融360利用芝麻信用计算放贷金额。

- 出国签证：芝麻信用针对分数较高的用户提供出国（部分国家）免提供存款证明的便捷服务。

五、互联网金融与科技企业的互利共生

借助于互联网金融的普及,科技企业能够突破时空的限制,快速地实现金融资源的高效流转。在互联网金融模式下,资金供求双方可以通过网络平台自行完成信息传递、对接、甄别、匹配、定价和交易,无传统交易中介、无垄断利润,信息相对公开、透明。同时,互联网金融业务由计算机数字化处理,操作流程标准化,业务处理速度高,用户体验更好。

有趣的是,互联网金融行业天生又属于科技金融的范畴,科技产业所具有的自动化、智能化、网络化特征,也同样体现在互联网金融行业中。互联网金融企业在加强用户互动性、增强用户体验度、保障平台安全性等方面都需要技术手段来保证。

参考文献

[1] 程淑清. 芝麻信用之探讨[J]. 黑龙江金融,2015(4):29-30.

[2] 芮晓武刘烈宏. 中国互联网金融蓝皮书——中国互联网金融发展报告(2014)[M]. 社科文献出版社,2014.

[3] 浅谈互联网金融的基本情况. 搜狐. http://www.baidu.com/link? url=9Qqu9

[4] 张琪,张鑫. 我国个人征信体系市场化研究——以芝麻信用分为例[J]. 现代商贸工业,2015,36(16):173-175.

[5] 曹凤岐. 互联网金融与创新创业[J]. 呼和浩特经济,2015(2):31-34.

[6] 姜奇平. 为什么蚂蚁金服首轮融资估值300亿美元[J]. 互联网周刊,2015(5):6-6.

[7] 融合三大优势的京东众筹,如何能成为行业领军者. 百度百家. http://www.baidu.com/link? url=KYh8a.

[8] 谢平,邹传伟. 互联网金融模式研究[J]. 新金融评论,2012(12):11-22.

[9] 央行定义互联网金融内涵确定三个发展阶段. http://www.baidu.com/link? url=vXDed.

[10] 京东众筹规则有哪些. 希财网. http://www.baidu.com/link? url=CahNu.

第十一章

上海浦东：科技投融生态圈的探索者

互联网金融的蓬勃发展，体现出市场之手无所不在的力量。本章我们将视角从产业转移到区域，来观察政策与市场的交互作用。

如果以经线和纬线来比喻科技与金融，其相互关系总能如织锦般体现在区域经济中，大到一个国家，小到一个开发区。我们选择的区域样本是上海浦东，作为中国传统的金融中心，上海科技金融的发展既得天独厚，又有现实困难。

上海科技金融的发展,开始于 2005 年的二次创业,成就于 2013 年的试水自贸区。

10 年的努力拼搏,如今,浦东已经成为上海高新技术产业和现代工业基地,是上海新的经济增长点。陆家嘴金融贸易区、张江高科技园区、金桥出口加工区、外高桥保税区、外高桥港区、王桥工业区、上海华夏文化旅游区,七大重要片区彼此联系,形成资源互补。

地价租金便宜,政策规划合理,再加上上海与生俱来的人才高地优势,浦东逐渐纳入大大小小的企业选址范围中。

最早开始闪耀光芒的盛大、巨人、久游依旧能吸引创业者探究的目光,成为初创公司选址考量的参考。而腾讯、百度以及后来加入的支付宝,则成为新的行业地标,吐纳着一批又一批职场新人的期望和梦想。更不用说诸如小红书、一号店、洋码头等 O2O 领域的科技新贵。

如今的浦东围绕人才、科研成果转化、金融支持等主题,借势张江和自贸区两大王牌,在国家战略叠加效应下,已然成为开拓者的乐土,勇士的竞技场。

更多的活水引入浦东,奋斗中的创业者们将不再饥渴。

一、十年磨一剑,为小微企业破解"最初一公里"

浦东开发开放始于 1980 年的春天。除黄浦东沿岸外,浦东新区大部分地区仍以农业为主,经济远远落后于浦西地区。基建落后,资源紧缺,单凭古老的港口,浦东的转身显得格外缓慢而艰难。

区域基础建设步调逐渐度过高速扩张期,完善并提高服务一年比一年频繁的出现在区政府工作报告中。而集聚效应却越来越快速的凸显出来,竞争也更加激烈和高效。据浦东新区政府统计工作曾显示,平均每周有三家互联网公司宣告失败,而同时几乎每天都有初创互联网公司注册浦东。

2005 年,浦东开发开放进入二次创业新阶段。这一年,国务院正式批准浦东新区进行综合配套改革试点。

2013 年秋天,中国(上海)自由贸易试验区正式成立,依托国际金融中心与自贸区建设,浦东科技金融建设开始形成有层次的金融机构体系。通过制度建设引进更有实力、服务不同阶段公司的创投,同时呵护新兴"互联网+"企业的茁壮成长,使它们顺理成章地衔接在一起。

2014 年,作为试水的科技金融集团在滨海新区成立。集团通过提供政府引导基金、科技贷款、科技保理、科技租赁这样全方位、多层次、多结构的融资环境,逐步解决科技型企业面临的融资门槛比较高,融资成本比较贵的问题。

聚焦当下,大量的创新型金融机构如潮涌般注册自贸区,诸多转型升级中的传统企业在自贸区中寻求创新发展第二春。

而热火朝天的建设背后,上海政府并没有忘记创新创业、服务小微的初衷,通过持续的创新产品,为小微企业破解"最初一公里"的难题。

2015 年 12 月,首个科技金融创新案例在上海自贸区发布,由张江高科打造的保险"科创 E 保"获此荣誉。"科创 E 保"是由太平洋保险联合张江高科共同推出的国内首款"创业保障保险",聚焦于初创期的科技企业,为创始人在创业过程中的相关费用提供补偿,运用金融手段为有潜力的科技企业创始人保驾护航。对于加入创业营的企业,入营后 12 个月内,如发生创业项目不成功的情况,将触发"科创 E 保",为项目创始合伙人提供 6 个月的生活保障,以支持他们再一次创业或调整发展方向。

在金融改革的背景下,位于自贸区的银行业显得更加灵活。2015 年 10 月 12 日,首批 8 家试点银行——工行、农行、中行、建行、招行、光大、浦发行和华瑞银行,成功发行自贸试验区跨境同业存单,总发行量 29 亿元。发行筹集资金主要用于满足自贸试验区内实体经济的融资需求。截至 2015 年年底,上海自贸区辖内 9 家银行以"投贷联动"模式为 105 户科技型小微企业提供融资余额 10.2 亿元。

政策红利的另一面,则是中小微企业对橄榄枝的热烈回应。截至目前,作为上海自贸区扩大区的张江园区累计有 400 余家企业开设了自由贸易账户,不少企业通过自由贸易账户顺利实现了海外融资和并购,大幅降低了企业成本。

二、政策,高效催化产融结合

上海是中国的经济中心,浦东则是上海金融机构最为密集的区域。

据统计,截至 2016 年 3 月,浦东已经拥有的各类金融机构和金融专业服务机构分别为 7 649 家和 2 004 家,较"十一五"末分别新增 6 497 家和 1 519 家。其中,尤以股权投资机构和融资租赁两类金融机构增速最快,自"十一五"以来五年内,分别新增 65.65 倍和 9.47 倍。

在浦东,除了数不清的内外资银行、证券公司、保险公司外,这里还集聚了上证所、上期所、股权托管中心等要素市场，这些多元化的金融机构为满足各类创业企业的不同融资需求提供了保障。

而数量庞大的金融机构并不必然为各类企业提供雨露。事实上，尽管建立多层次资本市场的理念已经得到共识，融资难、融资贵依然是悬于中小、民营企业头上的"达摩克利斯之剑"。而初创科技企业，设立时间短、信用不足、商业模式新、缺乏抵押物……这使得它们很难获得传统意义上的银行贷款，且中小科技企业由于自身的特点，对于融资有着诸如还款期限、还款方式、抵押方式等多样化的独特需求。

中小微企业很难受到金融机构的青睐，越新越难——在马太效应的负面影响下，首次融资难、资金跟不上，导致公司飞跃速度"缺氧"的"恶性循环"，直接让它们面临坠入"死亡谷"的风险。

只有不断推出贴合中小科技企业特点的创新型金融产品，才能最大程度地帮助其发展。

而催化中小创的产融结合，政府显然是不可缺位的重要环节。事实上，放眼全球，政策先行的高效影响力，每天都在被重复证实。

政府与金融机构合作推出创新型科技金融产品，是拓展中小型科技企业融资途径的关键步骤。而浦东新区科技金融的一大措施就是通过政府、科技园等与金融机构的合作。通过银证合作，开发各类创新产品，以满足中小科技企业的需求。

依托浦东金融中心和自贸区的建设，近年来，浦东政府联合金融机构大力开发新型金融产品，通过知识产权质押，发展投保，投贷等一系列方式来拓宽中小型科技企业的融资渠道。

不仅仅是喊一喊口号，更重要的是通过合理的产品设计，为初创企业提供急需的资金，同时又规范所有人沿着相同的目标一起快速成长。这个目标，无外乎企业走向成熟，投资人获得回报，园区收获经验哺育更多的"婴儿"。

据不完全统计，截至 2015 年 9 月底，金桥新兴金融创业园集聚的私募基金、股权投资、资产管理、金融数据、金融设备、金融服务等各类新兴金融创新企业已达约 150 家。已有复星集团、华融、朱雀、从容、景林等 150 家左右各类金融企业注册成立，主要涉及私募、基金、期货、融资租赁、保理、担保、小额贷款、互联网金融、股权投资及创投、产业控股等金融业态类型。

当金融向科技开放，创新的金融服务产品如星星之火，红遍浦东。层出不穷的创新服务逆转了以往中小企业融资难的困局，让科技型中小微企业成为 N 多个投融资机构争相服务的"香饽饽"。当金融资本的轨迹并行在科技创新创业之路的时候,中小微企业就像推上了高挡位,你追我赶提速前行。

落户张江长宁园的上海数字贸易有限公司凭借个人信用贷到 6 个月流动资金 200 万元,上海瀚讯无线技术有限公司凭借上下游客户关系贷到 18 个月 500 万元;注册在张江闸北园孵化器的两家企业——上海贯城信息科技有限公司和上海华艾软件有限公司,通过闸北区创业投资引导基金,分别获得 350 万元和 3 500 万元的股权投资;还有斌瑞检测和龙创节能等一批企业,通过联动担保平台"银企通"担保基金,获得贷款超过 1.29 亿元……

仅靠个人信用、或凭客户关系、或以知识产权质押、或用股权质押、或依托联动担保、融资租赁、发行中小企业集合票据和私募债等一系列创新服务与金融产品,清除了科技型中小微企业的融资障碍,打通了科技型中小微企业的融资路径。

生当逢时。2015 年,在国家推动资源向实体经济倾斜的号召下,浦东一年内新注册了近 60 家孵化器,累计为 2 万多家科技型小微企业提供服务。在推进新区科技企业孵化器的创新发展、优化科技型中小企业的成长环境方面,"70 后的领导们"确实是不遗余力。

根据《浦东新区科技发展基金管理办法》,符合相应条件的新建、扩建孵化器,最高可一次性获得 80 万元的资助;对于引进、培育企业绩效显著的孵化器,给予最高 200 万元的项目资助;对于小额创业投资业务成效显著的孵化器,最高给予 200 万元的资助。

2015 年年底,成功孵化若干家新三板企业的上海莘泽创业投资管理股份有限公司,在北京敲响了挂牌新三板的钟声。莘泽股份既是科技企业孵化器在我国诞生 28 年来出现的第一支股票,也是较早入驻浦东新区的创投企业之一。

很多创业企业领军人物都是"偏科生",企业成长都会遇到各种不同的瓶颈。而浦东新区政府非常清楚要做什么,在这方面决策也比较高效。因此通过政策指引,政府和创投企业实际上是达成了高度一致的目标,即帮助创业企业解决迅速发展成长中的瓶颈,并组织各种资源来协助企业突破瓶颈。

张江园区与莘泽股份合作建立的一只基金,规模在 1.2 亿元,专注于移动互联网产业,张江园区为此配套资金 2 000 万元。

该基金首次投入的就是一款叫"想家宝"的智能硬件。该项目创始人之一程宇航曾是华为的高级工程师,专攻技术的他,和众多初创企业一样,有着"偏科"的短板,莘泽股份投资该企业后,迅速建立一个投后服务群,组织各种资源协助企业突破人力资源、销售等瓶颈。

诸多"在孵"小企业与这家民营孵化器共同成长。2011年投入的翰鑫科技,专注于第三方手机支付,刚开始注册资本100万元,而2014年公司净利润达到了5 000多万元,员工数量300多人。

三、当科技巧遇互联网金融

2016年,作为传统金融体系的补充,互联网金融已然成为解决中小企业融资难的新生力量。

据不完全统计,我国现有各类P2P平台数量突破3 000家,众筹数量已增至250家。而上海就有600多家互联网金融企业,首家提出"互联网金融服务"概念的麦子金服亦位于上海。在创始人黄大荣看来,上海在金融方面天然具有优势,尤其是金融改革的嗅觉灵敏度,远高于其他城市。同时,随着上海创业创新的闸门开启,汹涌而来的科技创业者与寻求突破的金融家们,一拍即合,相约成就彼此。

作为全国改革创新的前沿阵地,浦东新区,尤其是张江,汇聚了众多科技创新型中小微企业,亟须通过发展形式多样的小微金融来改善企业的融资困境。同时,传统的金融巨头在上海已然布局完毕,在自贸区金融改革的背景下,中小金融机构亦迫切希望在日趋固话的金融体系中寻找弯道超车的机会。

经过近两年的发展,位于杨高南路花木路口的陆家嘴世纪金融广场,初具雏形。园区通过提供融资、场地等方面的扶持,发掘上海互联网金融的新兴力量。东方财富、中小型证券公司、私募股权机构……原先散落在陆家嘴外缘的新型金融服务机构,纷纷汇聚于此。金融脱媒,更是给了它们绝佳的合作契机。

与此同时,原先专注于实业领域的巨头们,也纷纷借此春风入局。2016年3月,万达小贷悄然开业,注册地址陆家嘴世纪金融广场1号楼33层。据悉,阿里旗下金融子公司亦落户于此。

自2015年下半年来,陆家嘴世纪金融广场每月都会举办投融资交流会。有时是股权融资实务讲座,有时是科创企业发展阶段交流,而更多的是企业与投融资机构的约访、互诉需求。这里集聚了园区内及周边的天使、VC、PE等投资机构,来自证券、银行、基金、甚至小贷等金融机构,与来自浦东各个创业园区的企业代表等各大创新主体。

上海共有五大金融园区,而浦东即占据了两席。除了陆家嘴世纪金融广场,另一处则是聚集了各大金融机构核心数据中心的张江互联网金融园。目前,交通银行、中国人寿、上海农商行等 25 家有牌照的金融机构核心部门均落在此处。在完善张江企业生态的同时,更为初创企业的信用数据建设提供了"近水楼台"的便利。也正是由此,在"摸透家底"的基础上,各大银行纷纷开发出针对园区企业的融资优惠政策。

2015 年 9 月,来到张江文化产业园区刚刚半年的小唐,为自己的公司谈成第一笔百万级别业务的同时,也接到了浦发银行 200 万小额贷款获批的通知。整个贷款流程不超过 15 天,这其中,银行工作人员到公司只进行了一次简单详细调查。工作人员告诉小唐,公司搬进园区前后的所有数据都能在银行征信系统中查到,办理贷款手续非常便捷。而有过第一次记录后,基于公司平时的流水记录,今后的贷款流程绝大部分环节都可以实现自动化,大大缩短了放款时间。

除了传统金融机构,一些新兴互联网金融公司,如 P2P、第三方支付、网络小贷等,也开始出现在园区中。与此同时,园区也设立了相对严格的筛选标准,金融企业必须达到一定规模、具有相应牌照、监管机构明晰,方可申请入驻。"规范发展"的作风,完全延续了上海区别于其他地域的高姿态定位。

伴随高标准的,往往是更便利的服务。在园区,每天都会有各种主题、规模的项目路演活动。由各园区管委会及服务机构直接面向企业和机构解读政策、促进科技金融对接。通过政府创新政策、投融资机构、科技企业三方共同努力,改善中小企业融资环境和发展的生态环境,从而引导更多的企业走向资本市场。

四、园区,搭载科技金融新模式

在浦东,几乎每个园区都有自己的标签。不管你是哪种类型的创业团队,总有一款适合你的园区。

漕河泾创业中心借助国家级高层次创新创业人才基地的平台,引进了上海市"千人计划"联谊会,积极开展人才建设工作。在品牌建设方面,漕河泾创业中心在上海乃至全国都走在了前列。

莘闵园区连续多年参加"海创周",通过这个平台与海外留学人员进行深度交流,保持与全国的留学生创业科技园区、孵化器、创业导师团体、风险投资团体的交流,取得较好成效,尤其在海外高层次创业人才的引进洽谈上,收获颇丰。

生物医药行业素有"三高一长"的特点,作为高技术高门槛的行业,张江药谷也无疑成了高端专业人才聚集的高地。到目前为止,孵化器已累计培育出 3 位获评为"国家千人计划"企业家及行业专家,实现了人才高地的进一步突破。

张江高科技园区推出多项新型金融产品与服务,大力建设"1+2n"的科技金融格局,"1 个综合授信平台为服务支点,有 n 个科技金融产品和 n 条科技融资渠道在支点周围延伸成服务平台的扇面"。在这种科技金融格局下,园区企业不仅可选择多个金融服务产品,还能享用金融机构为其量身定制的各种融资方案。目前张江高科园区有超过 200 种科技金融产品可以服务园区企业,超过 3 万家企业已经受惠于此。

园区里,总有说不完的精彩故事。

在新三板动辄融资数十亿的中加飞机,也曾为百万元融资折腰。2005 年,中加飞机正式创立于外高桥保税区美盛路 55 号 3~4 层,主营维修飞机机载电子部件。尽管公司具有国内较强的航空电子测试维修能力,具备 817 个附件件号的维修能力,其中一项收发机维修甚至填补了国内空白。但是因为发展初期收入非常有限,固定资产几乎没有,在传统的融资标准下很难通过审核。在浦东科技担保公司的牵线下,公司通过知识产权质押的方式,获得上海银行从 2009—2011 年连续三次专利权质押贷款累计 500 万元,有效缓解了企业的融资瓶颈。

2009 年,在得到浦东生产力中心政策性担保平台的 200 万贷款后,匡宇电子用 4 个月时间就完成了近 2 000 万元的销售,超过成立 3 年以来的累计销售收入。由于公司产品的特殊性,需要前期全额垫资,此前企业资金压力非常大,大额订单往往由于缺乏资金基础而不得不放弃。这 200 万元的贷款无异于成长瓶颈上的临门一脚,推动企业进入快速扩张阶段。此后,公司的快速发展也受到了各商业银行的关注,浦发、民生银行等纷纷给出优惠的贷款条件,目前匡宇电子已获得浦发银行 300 万授信。

各个园区既各具特色,亦相互竞争。而"张江",无疑是其中名气最大的。

"张江"的名气,主要来自它的高科技园区。上海张江高科技园区完善多层次科技金融体系,以多种模式解决中小企业融资难的问题,铺设中小企业融资的"康庄大道"。

目前,张江高新区 531 平方公里的面积,占有上海 80% 的知识经济集聚区域、80% 的创新型企业、80% 的高端人才。在过去 20 年里,张江高新区基本都是以每年 30% 的速度增长的,其中包括全球金融危机时期。

为了引导社会资本投资张江建设,促进科技企业创新,张江扶持和资助各类科技金融服务和企业融资活动。据张江在线官方网站介绍,张江的企业融资资助体系至少包括三大块:科技金融服务补贴、并购补贴以及企业融资和股改补贴。

科技金融服务补贴方面,包括四大平台:科技金融服务平台,对单个平台年度最高补贴 300 万元;科技支行,对单个科技支行年度最高补贴 100 万元;保险机构服务,对上一年度超出保费总额的保险理赔额按 50％ 比例给予一次性补贴,单个保险公司的年度最高补贴 500 万元;创业投资机构服务,按实际到位资金的 5％ 给予补贴,单个创业投资机构的年度最高补贴 500 万元。

并购补贴方面,园区内企业参与国内并购的,将补贴实际发生费用的 60％,最高补贴不超过 200 万元;园区内企业参加跨境并购的,将补贴实际发生费用的 20％,最高补贴不超过 1 000 万元。

企业融资和股改补贴方面,包括贷款贴息、债券融资、融资租赁、信用保险、科技保险、改制上市六大措施。园区对于实施改制上市计划的企业激励政策,几乎涵盖了整个环节。首先,企业完成股份制改造,就可以一次性获得补贴 50 万元;其次,进入新三板挂牌后,将一次性获得补贴 100 万元;进入上海股交中心 E 板挂牌的,一次性补贴 50 万元;而在国内外资本市场首次公开发行并上市成功的企业,将一次性获得补贴 300 万元。

据统计,截至 2015 年 6 月,张江高新园区内挂牌"新三板"的企业已累计达 253 家。而一家已经挂牌新三板的电商企业董秘透露,经过 2014 年下半年的挂牌热潮,这个数字至少已经翻番。

五、科技银行,打破科技小微桎梏

融资贵又难的问题,某种程度上与中国金融机构以间接融资为主的现象有关,而银行更是成为"不作为"的典型批判对象。事实上,在金融脱媒的巨大压力下,银行,尤其是商业银行,正在不断调整转型姿势,谋求更灵活的发展路径。

但凡转型,总有目标。硅谷银行,正是当下最时髦的目标之一。1993 年,在成立 10 周年后,硅谷银行通过转型,变身为科技创业银行。在美国硅谷这个生生不息的聚宝盆里,通过投资早期的创业企业,硅谷银行获得了丰厚的潜在投资收益。世界所熟悉的 Facebook,twitter 都曾经接受过它的帮助。

借鉴硅谷银行的业务模式,浦发硅谷银行率先推出"初创期科企投贷联动"金融服务专案,并针对获得 A 轮融资后的科技企业,提供较低利率的贷款,同时配套安排认股权以补偿银行风险成本,实现了投贷联动融资服务方式的创新。

一家专注于高精度手机摄像头传感器芯片研发制造的创新企业,2013 年获得风投的 A 轮融资。但由于半导体企业初期需大量的资本投入,公司在 2014 年继续寻求资金支持。最终,浦发硅谷银行给予其总共 300 万美元额度的贷款,贷款利率大幅低于市场上其他机构债权融资成本,同时该贷款配套了认股权安排,银行获得与贷款总额一定比例的认股权。这是浦发硅谷银行推出的针对初创期科技企业的投贷联动金融服务创新案例,该方案既贴合早期企业需求,又降低融资成本,帮助初创企业成功生产出首批样品,打通优质下游合作渠道,成功实现 B 轮融资。

浦发硅谷银行的尝试,犹如打开一扇新的大门,越来越多的勇者加入"吃螃蟹"的队伍中来。

上海银行宣布推出成长型小企业"远期共赢利息"业务模式,向成立仅一年的上海秀品信息科技发放 200 万元人民币信贷,贷款利率低于行业水平。该公司从事开发自然图像识别、人工智能,在获贷款后两个月内,风投给其的估值实现翻番。这种定价模式,能够有效针对科技型企业的特性,以及信贷资金的实际使用效率,在信贷周期结束时最终确定贷款的实际使用利率。

不甘落后,工商银行上海市分行也推出了"海王星"科创企业金融服务云方案,通过一系列的投航运服务实现信息共享、动态跟踪,向企业提供投行增值服务,以满足科创企业的海内外科技创新金融需求。据公开资料统计,在海王星产品项下,工商银行上海市分行已经累计向客户提供顾问服务 100 余户,提供配套融资金融超过 200 亿元。

2014 年 12 月,浦发银行、上海张江高科技园区管委会牵头组建了"中国科技金融天使联盟",意在整合政府部门、科研机构、天使投资基金、创投基金、股权基金、券商、各板交易所等社会各界,"寻找中国的硅谷银行"。

2015 年 6 月,张江宣布筹办两大科技特色银行——张江科技投资银行和民营张江科技银行,侧重点分别为投贷联动和信贷服务创新。

根据介绍,张江科投银行拟借鉴美国硅谷银行模式,探索股权和债券相结合的融资服务模式,吸引民资进入,股权多元化。民营张江科技银行,主要着眼于信贷服务创新,建立与科技金融服务相适应的运营模式和机制,创新科技金融产品与服务,服务科技型企业、创新创业人才、科技园区等对象。

"张江版硅谷银行"走在我国科技金融的前列,不断探索股权多元化,吸引民间资本进入,希望能够突破体制障碍,形成新的对中小微科技创新企业金融支持模式的银行机构。

六、信用，奠定市场经济基石

"信用"是中小型科技企业获取金融服务与支持的最基础环节，社会信用体系建设亦是上海自贸区政府工作的重头戏。面向产业聚集区建立信用管理体系，张江企业信用促进中心开了国内先河。

园区支持企业进行信用评级，信用促进中心整合信息、做出信用评价并对接企业和金融机构，最终形成基于信用评级产品。将政府的科技金融服务与企业信用体系建设有机融合，将信用产品全面嵌入对中小企业的融资产品，这意味着，轻资产的科技型中小企业可凭借一纸信用报告，无须担保物便轻松获得贷款。

通过"信用张江公共服务平台"，逾1 800家企业完成了网上"自评"信用报告，超过150家企业提出"他评"报告申请，其中4/5获得了签约金融机构的资金支持。

从服务园区，到服务"四重"（重点区域、重点领域、重点企业、重点团队），再到资本惠及，张江正是在这样不断的试错中坚定前行。数字是忠实的检测仪，普惠服务3万多家科技型中小微企业，汇集至少200款科技金融服务产品的张江示范区科技金融服务大平台，在全国乃至世界都初具规模和影响，以政策、平台、服务为焦点的三大创新逻辑，不断撬动社会资本的力量。

与银行和投融资机构共同为科技中小微企业改善外部金融环境搭台建桥，为园区的中小微企业呈上一份金融盛宴，让以往低位运行的科技型中小微企业换挡加速跑，从一个个"小不点"，变身成为"新三板"的"香饽饽"。

七、门槛，是枷锁还是保障

上海的创业门槛高吗？多年来，人们无数次探讨这个话题。有人深表赞同，有人不以为然。

公开研究认为，金融对上海科技创新的支撑作用相对不足。上海虽然已经出台了多项政策，大力鼓励和支持各类金融机构开展中小微企业融资产品创新试点，但是总体来说，这些产品创新都是针对处于发展期和成长期的企业的，针对初创期的科技型企业的金融产品和金融服务相对较少，远远不能满足初创期的企业融资需求，同时上海天使投资人的数量有限、资金覆盖面很小，企业融资难的问题在初创期这一层面仍然表现比较突出。

随着浦东科技企业数量增加，覆盖面更广，科技发展态势千变万化，浦东在金融工具供给层次和供给结构方面的创新速度远落后于企业增速，较难实现科技与金融的"稳定匹配"。股权众筹、互联网金融、科技保险、地方性 OTC 交易平台等金融要素及其市场，仍处于发育过程中，各类资金期限错配和资源错配带来潜在的风险。

另外，各类众创空间、孵化器、技术交易所等服务机构，专业化和市场化程度不够高，尚难适应科技创新与金融创新联动的需要。园区内企业和社会信用体系不够健全，使风险投资机构和商业银行的投资决策必须面对并承担较高的风险，从而加剧了投融资供给效率的低下。

上海政府显然也已经意识到这些问题，促进自贸区内外联动，通过金融创新吸引更多机构入驻自贸区并服务浦东科技创新建设，成为近年来政府工作中被频繁提及的思想。

除了通过财政资金直接投入和无偿补贴外，政府搭台民资唱戏的方式已经成为最重要的支持力量。政府引导，市场主导，可行渠道其实更加广阔。如可以在技术创新项目立项环节，更多发挥风险投资机构的"背书效应"，或财政专项资金建立个性化、差异化的投入方式和绩效管理模式等。

八、成果转化，科技金融的天然联姻

在漫漫创业大军中，有一类创业者格外被投资人看好。因为手握技术成果，所以他们的创业探索显得更加"靠谱"。

创业投资，投的是未来。在硅谷，灵活的高科技转化机制如同荷尔蒙一样，催化着创业者与投资人的联姻。一项研究显示，近 55% 的硅谷成功投资案例都有着高科技支撑。

在中国，对成果转化的关注度，到了空前的高度。在国家层面上，中央财政科技计划的顶层设计，贯穿到国家核心技术从研发到生产的全链条中；国立创新研究院模式在关键领域推动了技术成果的有效转化。在地方层面上，针对科技人员的股权收益激励、给创业者的优惠孵化空间，源源不断地为科技创新输入养分。

创新成功转化，本身就是科技金融最自然的结合方式。

以建设科创中心为目标，上海亦做出了不懈努力。包括明确成果转化的权益与激励约束机制，包括允许将成果处置权下放到团队或个人，加大对科研团队的激励力度，实行"投资损失"免责政策,建立市场化定价机制,确立高校院所法定责任等。

但从统计数据来看,上海的科技创新成果产业化体系尚不完善。

首先,高校科技成果转化率相对较低。目前,上海高校科技成果的平均转化率仅为20％,与发达国家60％~80％的水平相差甚远。与国内对比,上海在万人技术成果成交额上仅次于北京,但指标差距却相差4倍。

其次,相关中介服务机构还不够发达。上海的相关中介服务机构以拥有政府背景的生产力促进中心、科技企业孵化器、科技咨询与评估机构、技术交易所、创业服务中心等为主,其多样化服务能力、市场化水平和国际化程度都远远不能满足科技创新成果产业化的实际需要。尤其是风险投资市场,虽然积累了一定的经验,但与北京、深圳等地相比还存在一定差距。

大多数技术成果的转化过程往往是漫长的,并不像开发某款软件一样,即出即用。尤其是涉及健康、环境、先进制造等方面的技术成果,从技术发明到最终流水线化生产,中间可能长达数年。而在这一过程中,科研人员、企业、投资人,缺一不可。任何一方萌生退意,都将直接影响成果转化的顺利与否。

2015年8月,《中华人民共和国促进科技成果转化法》在第八届人民代表大会常务委员会上正式通过,体制机制上的产学研瓶颈正在被突破。

市场需求与日俱增,生产企业和融资方早已蠢蠢欲动。在社会资本的撬动下,科技创业正在悄悄改变一线城市的竞争力和吸引力。而上海,以其厚积薄发的高教实力、鳞次栉比的金融大厦,继续探索并试图引领新一轮的科技金融潮流。

参考文献

[1] 杨亚琴.自贸试验区与张江国家自主创新示范区联动发展研究[J].科学发展,2015(5):69-72.

[2] 徐珺.关于上海科技服务业发展环境的调研[J].科学发展,2013(6):82-89.

[3] 谢颖昶.科技金融对企业创新的支持作用——以上海张江示范区为例[J].技术经济,2014,33(2):83-88.

[4] 全国人大常委会办公厅.中华人民共和国促进科技成果转化法[J].郑铁科技,2015(5).

[5] 2013年上海国际金融中心建设十大事件.新华网.http://www.baidu.com/link? url=PkJ4.

[6] 金桥新兴金融产业蓄势待发—上海·浦东.http://www.baidu.com/link? url=t5-R6.

[7] 上海:合力解决科技成果转化"最后一公里"问题.http://www.baidu.com/link? url=fdm4l.

[8] 王道军,刘思弘.张江筹建科投银行:借鉴硅谷银行模式[J].浦东开发,2015(7):18-19.

[9] 上海科技金融创新要做五件事.网易新闻中心.http://www.baidu.com/link? url=9bhhn.

［10］12个自贸金融创新案例公布，最期待科技金融"组合拳". http://www.baidu.com/link? url=－O3NN.

［11］张江示范区创新探索"1＋2n"扇形小微金融服务模式. http://www.baidu.com/link? url＝5NTqt.

［12］金桥新兴金融产业蓄势待发. 浦东时报,2015-12-23.

［13］上海张江示范区为科企"量身定做"金融服务. 中国高新技术产业导报,2014-08-20.

［14］上海市科技金融信息服务平台. 上海浦东科技融资担保有限公司正式挂牌成立,2015-04-22.

［15］上海自贸区晒案例:四个科技金融创新案例首公布. 解放日报,2015-12-08.

［16］太平洋保险"科创E保"入选科技金融创新案例. 三湘都市报.

［17］姜保平. 浦东新区的土地集约使用[J]. 上海房地,2005(4):34-37.

［18］吕舜元,秦伟. 张江为企业量身定制金融服务[J]. 上海经济,2014(9):39-39.

［19］吴珂,王霞. 张江国家自主创新示范区的有关政策及其应用研究[J]. 科技进步与对策,2012,29(12):98-102.

清华产业篇

第十二章

创新引领：清华产业的战略探索与发展之路

　　作为中国式产融互动的成功案例，清华产业依托清华大学，坚持产学研一体化，历经 30 年，走出了一条产融结合的高科技发展之路，涌现出一大批在国内国际市场大展身手的领军企业，在多个领域建立起社会影响力，已发展成为世界科技产业中一支独特的中国力量。

　　本书将用两章的篇幅来解读清华控股的科技与金融的互动之道。

同方、紫光、诚志、启迪、第四代先进核能技术、遗传性耳聋基因检测芯片、大型集装箱检测技术……这一系列知名企业、著名品牌、尖端产品,都源自同一企业集团——清华控股有限公司(以下简称"清华控股")。

2015年5月和2016年1月,李克强总理两次视察清华控股成员企业清控科创股份有限公司(简称清控科创)运营的中关村创业大街和清华控股(太原)创新基地。2016年6月,清华控股在夏季达沃斯主题论坛上重磅推出"星聚计划"和"基石计划",分别聚焦创业孵化生态体系的升级和重科技项目的研发转化,致力于打造科技创新与科技服务的世界级生态企业。

清华控股是清华大学在整合清华创办的各类企业的基础上,经国务院批准,出资设立的国有独资企业和国有资产授权经营单位,于2003年9月由原清华大学企业集团改制成立。

近30年来,清华控股及其前身清华大学企业集团,累计转化超过60项重大科技成果,孵化了1万多家创业企业,为10万余家创业企业提供了服务支持,培训了100万创业者和产业团队,培育出的海内外上市公司总市值超过3 000亿元。截至2015年年底,清华控股总资产突破2 100亿元,净资产达到700亿元,当年营业收入超过700亿元(如图12-1所示)。

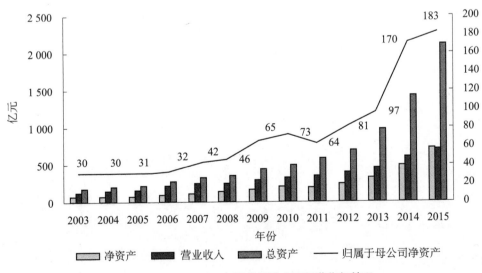

图12-1 2003—2015年清华控股主要经营指标情况

一、清华产业的历史变革之路

30 年清华控股科技产业的发展,30 年清华产业科技成果转化的历程,都植根于清华控股"以融助产、以产促融"的发展历程。

(一)起步期,风险投资的探路人

从 20 世纪 80 年代中期到 1994 年,是清华产业的起步期。当时,我国刚从计划经济走向市场经济,从封闭体系走向开放体系,全国还处于物资短缺阶段。清华大学一些教授把自己的技术变成产品,受到了市场的欢迎。清华产业远在那时,就已经开始了科技金融领域的探索。

清华大学校办产业的发展,最早可以追溯到成立于 1921 年的清华学校金木工厂和清华服务社,它们是清华大学乃至中国大学最早的校办工厂的先驱和雏形。

1980 年,积极响应国家政策,清华大学成立了全国高校第一个科技型的公司——清华技术服务公司,这家公司的成立标志着清华产业开始正式进入起步发展阶段。1988 年,清华大学组建了它的第一间综合性公司——清华大学科技开发总公司,也就是现在紫光集团有限公司(以下简称紫光集团)的前身。

1980—1992 年,清华产业开始进入有组织的发展阶段。截至 1992 年,校办产业法人单位达到 43 个,包括科技型公司近 30 家、校办工厂 10 余家。这些校办产业综合了清华大学人才、技术密集的优势,使科研成果转化与商品化紧密地结合起来,逐步成为科技成果转化和创业创新的重要基地,也使清华产业意识到科技成果转化是产业发展的重要宝藏。

校办产业展示出了强大的发展活力,1992 年清华大学全校校办产业经营总收入和实现利润分别达到 1.5 亿元和 2 600 万元。

1992 年邓小平同志南行讲话和党的十四大召开,确立了科学技术是第一生产力以及解放思想、发展社会主义市场经济的思想,加速了我国科技产业的爆发式发展。全国高校开始紧抓依靠科技进步发展经济的机遇,多层次、多形式创办高校企业,积极投身于将科技成果转化为现实生产力的大潮,高校科技产业从此开始蓬勃发展。1993 年,清华大学成立第一家集团公司——清华紫光(集团)总公司,标志着清华产业开始进入规模发展的新阶段,并开始逐步建立现代企业制度。1994 年 8 月,清华科技园发展中心成立,清华科技园建设全面展开。

在此期间,清华大学参与投资成立的重庆科技风险投资有限公司在 1993 年正式运行,开始将风险投资引入支持科技发展的体系之中,成功培育了力帆等优秀的高新技术企业,打开了社会资本支持科技成果转化、科技产业发展的大门。这是清华产业在科技金融上的首次尝试,标志着清华产业开始了金融支持科技发展的探索。

(二) 初步成型期,资本市场助力发展

1995—2003 年是清华产业的初步成形期,清华产业的发展正式加入了资本的力量。

这一阶段的标志性事件是清华产业的一些子公司开始有自身的商号。1997—2000 年,清华产业拥有了同方股份有限公司(以下简称同方股份)、紫光股份有限公司、诚志股份有限公司(简称诚志股份)3 家 A 板上市公司。在资本推动下,清华产业进入规模化发展新阶段。

资本化运作的开始,标志着清华产业开始正式进入"技术＋资本"双轮驱动的快速发展时期。与此同时,清华产业也意识到,成立股份制企业从资本市场融资也只是后端资本化运作,而清华产业要真正实现爆发式发展,必须回到技术源头,着力解决科技成果转化、创业创新的资本化运作问题,只有源头不断,才能汇聚清华的产业大河。

2000 年,清华科技园股份公司成立,以清华科技园为模式的创新创业服务开启了大学产业的另一个新篇章;同时作为中国第一个没有经营范围的公司——清华科技园技术资产经营公司成立,致力于将技术作为资产来实现成果从实验室到市场的探索之路;与此同时清华创业园、清华留创园成立,清华科技园创建了"孵化＋投资"的模式,成为后来中国创业服务的一个范式。至此,一个致力于支持科技成果转化、创业孵化等前端融资的清华产业科技金融体系初步形成。

(三) 规范与整合阶段的金融试水

2003—2011 年,随着清华产业的快速发展,体制改革和资本整合成为这个阶段发展的关键词。

由于市场经济越来越发达,社会物资从短缺走向丰富,大学教授创办的企业面临市场竞争的冲击,整个高校产业面临新的挑战。2001 年年底,国务院办公厅就发布了《关

于北京大学清华大学规范校办企业管理体制试点指导意见》，决定以清华、北大两家为试点，实现经营性资产和学校的分离。2003年，清华控股有限公司成立，对清华大学的科技产业进行整体规划、布局和调整，标志着清华科技产业开始全面建立现代企业制度，同时意味着清华控股开始以资本为纽带整合与扶持全校的科技产业。

经过整合，清华产业从2000年前后的200多家二级公司，到2012年清华控股二级公司只有63家。这一阶段，清华控股总体资产规模也从不到100亿元发展到2011年年底的580亿元。

这个阶段清华控股通过企业改制和产业整合，建立现代化的管理制度来提升清华科技产业的发展效率，从此掀开了清华产业整合发展、规范发展的新篇章。

（四）战略提升期下的产融结合之路

2012年5月以来，清华控股将高科技与现代金融相结合，借助自我积累、并购、孵化等多种方式，实现了历史性的跨越式发展。

2013年1月，清华控股发布新的战略规划，规划了未来7年的发展蓝图，启动了一系列战略性变革，提出了五个发展目标：一是高校产业的中国引领者和全球典范；二是产学研一体化的世界级标杆；三是创新型企业孵化、投资和运营的巨人；四是清华大学总体发展的重要力量；五是实现人生意义和价值的最佳选择。

2013年，紫光集团收购展讯与锐迪科；2014年，华控技术转移有限公司和荷塘投资有限公司成立；2015年，启迪控股收购桑德环境，紫光集团联手惠普打造新华三集团等，一系列产业布局不断完善。2012—2015年，清华控股净资产年均增长34%，归属于母公司的净利润年均增长60%。

目前，这一变革与发展仍在持续中。

二、六大产业领域的不俗实力

清华控股现有产业布局主要集中在高科技和新兴产业，形成了以多元化综合性科技实业孵化器、科技产业、创新服务、科技金融、文化创意产业、现代教育的产业布局（如图12-2所示），并在集成电路、科技服务、公共安全等领域培育出了在中国和世界有影响力的高科技企业。

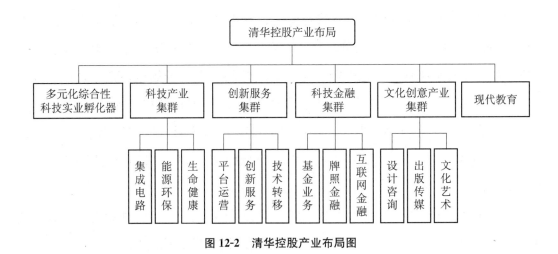

图 12-2 清华控股产业布局图

（一）多元化综合性科技实业孵化器群组

这一产业群组发展的思路是：发挥清华产业科技成果转化与运营经验，通过模式创新，致力于将关系国家战略、国计民生以及有重大影响力的科技成果产业化，培育一批细分行业的科技领头企业。其中的典型代表是同方股份。

同方股份于 1997 年 6 月成立，1997 年 6 月 27 日在上海证券交易所上市。公司以清华大学所属的计算机科学与工程系、电子系、工程物理系、热能工程系、建筑技术科学系、材料科学与工程系、自动化系、微电子学研究所等院系为依托，以信息、安防、节能环保为主业，按产业链孵化和培育了电子信息产品、智慧城市、互联网服务、公共安全、工业装备、照明、节能环保、医疗健康等与国家发展、国计民生密切相关的主干产业集群，形成同方威视技术股份有限公司(以下简称同方威视)、同方人工环境有限公司、中国知网等一批企业，拥有一级控参股子公司 50 余家。2015 年同方股份总资产 568.6 亿元，营业收入 284.5 亿元。

同方股份旗下的控股子公司同方威视，是技术创新与转化的一个典范。这家公司是在清华大学承担的国家"八五"科技攻关项目"大型集装箱检查系统"基础上发展起来的，其技术曾荣获国家科技进步一等奖、国家技术发明一等奖、3 项中国专利金奖，实现了中国核工业领域的第一项国际标准和多项产品的世界首创。同方威视现已成为全球领先的安检产品和安全检查解决方案供应商，为全球 140 多个国家和地区的客户提供安检领域最先进的创新技术、产品以及综合安检解决方案和服务。其产品及服务涵盖民航、海关、城市轨道交通、铁路、公路、港口和核电站、政府机关、银行、博物馆等重点安防机构和行业,在全球大中型安检解决方案和服务中占据三分之一市场份额,其大型集装箱检测设备和车辆安检产品连续多年全球市场占有率第一。

同方股份旗下的中国知网,即中国国家知识基础设施(CNKI),已经建成了世界上全文信息量规模最大的在线数字图书馆,拥有 5 000 万读者用户、2.7 万多家机构用户,文献总量达到 2.8 亿篇。用户遍及国内各行各业以及全球 45 个国家和地区。

(二)科技产业群组

这一产业群组涉及 TMT(Technology,Media,Telecommunication)、能源环保、生命健康三大领域。代表性企业包括紫光集团、中核能源科技有限公司(简称中核能源)、诚志股份、博奥生物集团有限公司(简称博奥生物)、启迪桑德环境资源股份有限公司(简称启迪桑德)等。

TMT 以集成电路产业为主导,向泛 IT、移动互联、云计算与云服务等信息产业核心领域集中发展,以紫光集团为代表。

近年来,紫光集团响应国家"自主创新,安全可控"的集成电路发展战略,以"自主创新＋全球合作"为手段加速发展。紫光集团先后收购了展讯通信、锐迪科微电子,与惠普联手打造新华三集团,成为全球第三大手机芯片企业,占据全球移动芯片出货量 27％,在企业级 IT 服务细分领域排名中国第一、世界第二。目前,紫光集团正向泛 IT、移动互联、云计算与云服务等信息产业核心领域集中发展,布局从"芯"到"云"信息产业全产业链,致力于发展成为世界级的高科技产业集团。2015 年紫光集团总资产达到 751.1 亿元,成为清华控股旗下最大的企业集团。

在能源环保领域,清华控股积极布局核能、太阳能、污水治理等领域。

中核能源成立于 2003 年 8 月 26 日,是在原国防科工委的支持和推动下,是由中国核工业建设集团公司与清华控股共同出资组建的核能高科技企业,中国广核集团公司2007 年对中核能源战略注资,成为公司的第三方股东。中核能源是国际领先的新一代安全核电提供者,由原清华大学校长王大中院士领衔的技术团队提供理论基础和技术支持,是两项国家科技进步一等奖——高温气冷堆、低温核供热堆技术在国内唯一的工程转化研究与产业化平台,是国家十六个科技重大专项之一、全球首座模块式高温气冷堆示范工程——山东石岛湾核电站实施主体之一。清华控股正在推动在中核能源的基础上组建更大规模的清控核能集团。

在生命健康领域,清华控股布局生物芯片、生物制药等大健康产业链条。

诚志股份于 1998 年 10 月 9 日成立,2000 年在深圳 A 股上市。诚志股份是清华大学在生命科学、生物技术、医疗健康、液晶化工等领域成果转化的产业基地,在北京、江西、广东、河北、辽宁及境外拥有二十多家分子公司,形成了以环渤海地区、江西地区、广东地区及辽东地区为主阵地并辐射全国的产业布局。截至 2015 年,诚志股份总资产 49.3 亿元。

博奥生物暨生物芯片北京国家工程研究中心,于 2000 年成立,技术曾获国家技术发明二等奖,公司拥有国内外专利授权 245 项,专利成果转化率 55%,主导起草 6 项行业标准、5 项国家标准,10 余项产品和服务为中国或全球首创:第一张遗传性耳聋基因检测芯片、第一张分歧杆菌鉴定芯片、第一张结核耐药检测芯片、第一张乙肝耐药基因检测芯片等,产品和检测机构覆盖全国。公司现已发展为囊括健康科学研究院、转化医学研究院、工程转化研究院、转化生物信息研究院、健康技术研究院等五大研究院,旗下有北京博奥晶典生物技术有限公司、北京博奥医学检验所有限公司、博奥颐和健康科学技术(北京)有限公司、东莞博奥木华基因科技有限公司、成都博奥新景医学科技有限公司等五大子公司的集团化运行架构。

启迪桑德是深圳主板上市公司,集投资、研发、咨询、设计、建设、运营、设备制造于一体,在固废处理领域为客户提供"一站式"服务及整体环境解决方案。公司业务涵盖生活垃圾处理、餐厨垃圾处理、市政污泥处置、危险废物处置、环境修复等众多领域,并已成为多个细分市场的领头羊,连续多年获得"固废行业十大影响力企业""上市公司中国成长百强""金牛上市公司百强"等荣誉称号。

(三)创新服务群组

早在国家提出"大众创业、万众创新"的口号之前,清华产业运营的清华科技园就已经开始了为社会与创业者提供创新服务。在积累了创新创业服务的经验之后,清华控股对创新服务进行了一系列的拓展布局,包括运营中关村创业大街,打造"小样社区",以及与清华经管学院等 14 个院系合作建设的面向清华师生和校友的创意创新创业服务平台 x-lab 等。清华控股旗下以启迪控股股份有限公司(简称启迪控股)和清控科创为主的科技服务企业孵化培育了大批优秀企业,其中数码视讯、中文在线、海兰信等 29 家企业成功上市。

启迪控股成立于 2000 年 7 月,其前身是成立于 1994 年 8 月的清华科技园发展中心。作为启迪控股的旗舰产品,清华科技园(TusPark)是世界上单体最大的大学科技园,园区总面积77万平方米,入驻企业超过1 200家。清华科技园已成为跨国公司研发总部、中国科技企业总部和创新创业企业的聚集地,同时也是清华大学服务社会功能的重要平台。微软创始人比尔·盖茨曾评价:"大学应该更多地为科技创新做贡献,我认为世界上有两个地方做得最好,一个是斯坦福,一个是清华科技园。"除清华科技园外,启迪控股还在南京、苏州、扬州、福州、郑州、广州、重庆、合肥、陕西、上海、无锡、深圳、香港等地建立数十家启迪科技城或科技园。2015年,启迪控股总资产503.8亿元,孵化企业300多家,管理的总资产超过1 000亿元。

清控科创成立于2010年9月,是以科技创新服务为主营业务的科技园区建设运营商和科技服务提供商。清控科创旗下包括专注于科技园区开发建设与运营的专业平台——清控科创恒业投资有限公司,专注于创业、产业、咨询服务的全新平台——北京清控科创科技服务有限公司以及专注于投资初创期和成长期企业的投融资服务平台——科创资本。清控科创创办了中国第一条创业大街——中关村创业大街,第一个"互联网+"的产业促进平台——清控科创易招商等。

(四)科技金融群组

2012年以来,清华控股按照"产业为本,金融为用"的原则,大力发展科技金融,推动科技创新与金融深度融合,实现技术资产、知识产权的资本化、商业化。清华控股围绕"全产业、全周期"布局全线基金、全牌照金融和互联网金融,资产管理规模逾700亿元。清华控股在这一产业群组中的重要企业有清控资产管理集团等。

清控资产管理集团,成立于2012年,主要从事资产管理、股权投资、投资咨询等业务,是清华控股金融资产与金融业务投资、管理和运营的平台。集团将自己定位为科技金融而非一般金融,通过科技创新与金融创新的融合,实现技术资产、知识产权的资本化、商业化。目前,清控资产管理集团已经初步完成建立全线基金业务,包括:母基金(FOF)、夹层基金、并购基金、产业基金、创业投资基金和证券基金等;正在建立金融牌照业务,包括:保险、证券、信托、银行、金融租赁、集团财务公司等,以实现全牌照金融业务体系;建立面向企业全发展周期的金融服务平台;实践开展基于资金链的信贷经营业务、基于产权链的资本运营业务和基于产业链的金融服务业务。

(五)文化创意产业群组

清华控股致力于推进文化与技术创新的深度融合,打造文化创意产业集群,涵盖设计咨询、出版传媒和文化艺术三大领域。代表企业包括清控人居控股集团有限公司(简称清控人居)、清华大学出版社有限公司等。

清控人居是国内第一家以国家最高科学技术奖——由"两院院士"吴良镛教授提出的人居环境理论为指导的大型人居环境科技产业集团,依托清华大学建筑学院、环境学院、美术学院、土木水利学院等学院,面向中国新型城镇化发展需求,提供涵盖规划、设计、咨询、建筑、工程等全产业链的综合性解决方案。公司致力于推动智慧城市、低碳城市、海绵城市、文化名城等建设,为中国新型城镇化建设提供创新模式和综合解决方案,拥有同衡规划院、建筑设计院、清尚装饰、国环环境、清城睿现等规划、设计、建筑、装饰、文化遗产保护等领域的十几家企业,所设计和施工的项目荣获 150 余项国际国内顶级大奖。

（六）现代教育群组

2013 年 12 月,清华控股出资设立全资子公司慕华教育投资有限公司(简称慕华教育),进军现代教育产业。慕华教育及旗下企业的主要业务为现代教育平台开发及运营、在线课程制作与运营、数字校园软件系统的开发与推广、在线教育相关媒体的运营以及在线教育相关企业的投资与并购。该公司旗下运营的"学堂在线"是全球三大 MOOC(大规模开放式在线课程平台)之一,是中国第一个由高校主导的 MOOC 平台,是最大的中文 MOOC 平台。它面向全球提供国内外一流名校的优质在线课程,目前已有近 1 000 门课程上线,注册用户超 500 万,选课人次超 690 万,用户分布全球近 160 个国家和地区。2016 年 6 月,清华大学与联合国教科文组织正式签约,"学堂在线"成为联合国教科文组织国际工程教育中心在线教育平台。

三、"三链融合"与"五大路径"的模式创新

回顾清华控股走过的道路,其发展模式可以高度概括为"三链融合"与"五条路径"叠加下的清控模式。

三链,是指创新链、产业链和资本链。清华控股战略变革与发展的核心,是初步搭建起了"创新链"(科技成果产业化,全方位推动科技创新)、"产业链"(培植创业生态系统,推动关系国计民生、国家战略安全和有重大社会意义的产业发展)、"资本链"(运用资本孕育创新创业生态系统)三链融合的创新创业生态系统。在这一生态系统中,清华控股

依托清华大学在科研和人才上的独有优势,围绕创新链部署产业链,围绕产业链完善资本链,围绕资本链助力创新链,进而实现人才、技术和资源的交互迭代,产业、资本和市场的融合推进,孵化、投资、运营的协调发展,各群组板块在有机协同中快速发展。

在创新链方面,清华控股作为清华大学服务社会、科技成果转化与产业化的最重要平台,始终坚持科技成果产业化,全面推动科技创新。清华控股全资设立了华控技术转移公司,致力于探索产学研一体化的创新模式,同时融合社会资源,搭建产学研一体化的运营平台;建立了科技成果转化基金——荷塘投资,推动科技成果转化,实施产业化来推动创新;创新园区覆盖全国 23 个省、38 个城市与地区,同时还负责运营中国首个创业街区,面向社会提供全方位的创新创业服务。

在产业链方面,清华控股依靠创新与资本不断拓展产业链,推动关系国计民生、国家战略安全和有重大社会意义的产业发展。依托国家生物芯片工程研究中心,建立博奥生物,开启了中国生物"芯"纪元;依托清华大学公共安全研究院,建立北京辰安科技股份有限公司(以下简称辰安科技),引领国内公共安全应急产业走向世界;围绕国家光盘工程研究中心,建立中国知网,成为全球最大的中文知识信息资源提供商;通过并购整合了通信芯片领域全球排名第三和第四的展讯和锐迪科,形成紫光集团集成电路设计产业,同时融合清华大学微电子创新资源,推动通信技术安全自主可控,全面创新。

在资本链方面,清华控股运用资本孕育创新创业生态系统。清华控股建立了母基金、PE、并购基金等全线基金,布局了证券、保险、财务公司等金融牌照业务,设立清控三联发展互联网金融业务。整合资金资源持续推动创新,用资本链条链接产业和创新,恪守"产业为本,金融为用",助力科技创新与金融创新的融合,推动资本成为科技创新和产业升级的不竭动力。

对于清华控股六大业务群组的发展来说,坚持如下五条路径是获得快速发展的重要原因。

创新迭代:根据时代与市场的发展趋势,不断推进技术创新、体制机制创新、链接方式创新。在体制机制创新方面,清华控股在混合所有制、决策机制、干部聘任机制、考核激励机制与监督约束机制方面各有创新,释放了企业活力;在业务层面,重技术型的清华产业更是在先进制造、集成电路、能源环保、生命健康等方面不断创新,打造了多家行业领军企业。

竞合发展:随着全球化与专业分工日益深化,企业从竞争走向竞合是大势所趋。清华控股引进英特尔注资展锐科技与西班牙电信、中国联通共建创业空间,与惠普联手打造新华三集团,与国家开发银行合作做大集成电路产业等,都充分体现了这一点。

产融互动:社会化大生产和资源有效配置要求产业资本与金融资本融合,需要以融助产,以产促融。清华控股、紫光集团借助金融资本斥资近200亿收购展讯通信、锐迪科,强化集成电路产业布局;清华控股、启迪控股70亿元并购桑德环境,布局能源环保;紫光股份150亿收购华三科技,做强云计算与云服务等。

跨界融合:将传统产业与新兴产业相互融合,通过互联网与传统的教育、金融、分销行业融合,推出在线教育、互联网金融与供应链金融;运用技术创新激发新兴市场潜力,将能源、制造、软件领域与技术创新相结合,分别开发出第四代核电、高端装备与公共应急系统;运用人文关怀构筑跨界新生态,将设计咨询、文物保护、出版传媒与人文关怀结合,分别开创出人居建筑、文化遗产的数字再现与数字出版。

聚合孵化:清华控股通过聚合空间、资本与服务三要素,搭建创新创业协同体系,打造辐射全球的创新网络,运营全球最大的大学科技园、中国首个创业街区,在北美、南美、亚洲和欧洲等国家和地区建立创新基地。

四、推动技术从实验室走向市场

"科学技术是第一生产力",这是1988年9月,邓小平同志根据当代科学技术发展的趋势和现状提出的论断。

我国改革开放初期,如何释放出科学技术的生产力也成为强烈需求。如今,将科研院所的科技成果进行后续试验、开发、应用、推广,直至转化成新产品、新工艺、新材料甚至是新产业,更是成为推动国家创新发展的不竭动力。

在数量巨大的科技成果的推动下,清华产业依托一流的科研人才、设施等条件,借助金融手段,整合技术平台,创新运营机制,探索出了从技术孵化到企业孵化、从转移中介到创业投资等多种成果转化路径,实现了如"大型集装箱检测技术""公共安全和应急技术""人居环境科学理论"等众多科技成果的产品化、产业化,同时也从无到有创立了清华产业。

具体来说,清华产业的科技成果转化有以下几种模式。

(一) 带土移植

清华产业探索出了一条被称之为"带土移植"的转化路径。简单的说,这种模式是指核心技术源于大学的科技成果在转化过程中,企业必须与大学建立一种互利共赢的长期合作机制,尤其是技术含量高、技术比较复杂的科技成果,脱离了大学中原科研团队的后续技术支撑,会给技术成果转化和技术的更新换代带来巨大的困难。同方威视是"带土移植"模式成功的经典案例。

"大型集装箱检查系统"源自清华大学承担的国家"八五"科技攻关项目,这一成果使我国成为继法国、德国、英国之后,世界上第 4 个拥有这一技术的国家。该技术复杂程度高,且属于国家高度管控的核技术领域,进入壁垒很高。这种复杂技术如果用"交钥匙工程"方法转移给其他公司,还有很多"缄默知识"(指那些无法系统表述的知识)无法转移。为推动"大型集装箱检查系统"产业化,清华控股成立同方威视,并将清华大学的研发成果与研发团队整体移植到公司。由于"带土移植"模式的成功推动,同方威视迅速发展成为全球领先的安检产品提供商,为全球 140 多个国家和地区的客户提供了安检领域最先进的创新技术、品质卓越的产品以及综合的安检解决方案和服务。

(二) 建立产学研生态圈

以同方威视为代表的"带土移植"模式成为清华大学科技成果转化的成功基础,而对于更为复杂的系统类成果,仅靠公司人员流动的"带土移植"模式还不足够,还需要建立长期持续合作的产学研生态圈才能够完成转化。辰安科技就是在产学研生态圈模式下,孕育出来的成功案例。

辰安科技是清华大学公共安全研究院唯一的成果转化基地,致力于推进公共安全和应急技术的产业化,不断丰富公共安全科技内涵和产业链,完善应急系统和创新安全技术,以技术引领服务于全球的公共应急安全。由于公共安全领域涉及多领域交叉创新,为了夯实技术壁垒,辰安科技以清华大学公共安全研究院为基础,与清华大学信息学院、建筑学院、材料学院等诸多相关学院建立了长期的合作关系,共建了一个产学研生态圈,及时掌握应急平台关键技术系统与装备的核心技术及自主知识产权,在公共安全和应急技术研发与应用上取得了突出成效。辰安科技先后在"5·12"汶川地震、2008年奥运安保、厄瓜多尔地震等重大事件应对中应用并提供技术保障,产生了重大社会效应。2016 年 7 月,辰安科技在创业板上市。

(三) 中国式公司化独立实验室

实验室是科学的摇篮,也是科学家们所向往的工作环境,那些国际上的知名实验室,往往代表了全球前沿基础学科的最高水平。在中国,清华大学也有一个相当成功的案例,那就是博奥生物。

博奥生物依托有限公司和国家工程研究中心的双机制推动,自诞生起就定位于为生命科学与集成医疗(包括预测、预防和个体化医疗)领域开发和提供创新性技术产品和服务。博奥生物在发展期间,中心为公司提供了国家政策、科研成果、科研人才、技术等资源的大力支持,公司同时又为中心提供成果转化所需的资金、管理、运营、市场等一系列后端服务,大幅增加成果转化的效率,助推博奥生物迅速成长。在清华大学和国家重点实验室的技术支撑下,在有限公司的高效管理下,博奥生物以市场为导向、产业化为目标,依靠自主创新一路披荆斩棘,成为我国生物芯片领域研发实力最强、申请和获得专利最多的国家级研究开发机构。

(四)融入产业链,搭建转化平台

有些产业带有天然垄断性质,例如,核电,业内全部是大型国有企业。这种产业的基础技术如何转化也成为挑战。清华大学的经验是,深度融入产业链,成为其中有价值的一环。

清华大学拥有的模块式高温气冷堆是具有我国完整自主知识产权的、能够满足新一代先进核能系统各项指标要求的反应堆型,具有安全性好、发电效率高、用途广等特点。在此基础上,清华控股与中国核工业建设集团公司共同出资组建中核能源科技有限公司(简称中核能源),旨在集聚整合清华在内的股东各方在研发设计、工程实践、产业配套等方面的优势资源,发挥产学研结合的体制优势,发挥企业主体和产业化平台的积极作用,开展了一系列科研攻关工作,取得了一系列科技成果,为高温气冷堆产业化奠定了坚实的基础。高温气冷堆核电示范工程的建成,对于推动我国掌握自主知识产权的先进核能技术、改善我国的能源结构,实现我国经济可持续发展以及占领未来能源市场的制高点,具有重大意义。

(五)联手地方政府,打造战略性新兴产业

战略性新兴产业对于国家创新体系有着十分重要的作用。特别是先进装备制造,具有技术密集、资金密集、附加值高、成长空间大、带动作用强等突出特点,是产业链综合竞争能力的决定性因素。

化学机械抛光(简称CMP)设备是集成电路等电子元器件生产进入纳米级工艺后的

一项关键设备,世界上只有美、日两国具有生产能力。为了推进化学机械抛光设备本土化生产,清华产业与天津市政府合资设立了天津华海清科机电科技有限公司(简称华海清科),以实现我国化学机械抛光技术和设备产业化。地方政府的支持,让华海清科自成立以来在资金方面无后顾之忧,得以全身心投入到技术研发、创新、改造的工作中;而清华大学则保证了公司的技术实力;公司化的运营成为华海清科迅速发展的基石。华海清科依托清华大学 CMP 设备核心技术与骨干团队,成为国内唯一具备研发和生产 12 英寸抛光整机设备能力的企业,为实现我国集成电路制造装备及工艺的国产化战略做出贡献。

(六)在前沿理论上建立大型集团公司

经过 30 年的摸索,清华产业已经有了完善的科技成果转化机制,转化对象也从最初的单一技术发展为前沿理论的输出。以清控人居为例,这个集团是由清华大学整合内部资源,以集团化运营的模式,整体输出综合科研成果创立而来。

2012 年 2 月,人居环境科学理论创建者吴良镛院士荣获 2011 年度国家最高科学技术奖,这项以复杂人居环境系统为研究对象的多学科交叉融合的人居环境科学,创造性地为当前无序的空间发展和新型城镇化进程提供了科学的理论指导。2013 年 7 月,我国第一个以人居环境科学理论为指导的大型人居环境科技产业集团——清控人居正式成立。集团整合优势资源,汇聚清华大学科技、艺术、人文三大学科群,拥有 21 个院系、63 个产研机构和 145 项研发应用。目前,人居集团拥有规划设计、建筑工程和环境工程类资质 20 多项,覆盖全产业链的重要环节,承担了北京奥林匹克森林公园规划、米兰世博会、数字圆明园等项目,曾获得联合国"世界人居奖"、国际风景师联合会"总统奖"、国家设计金奖等相关领域最高奖项。

五、收获与成长:科技创新与科技服务的世界级生态平台

历经 30 年的科技创新与科技服务之路,清华产业积极培育和布局国内外有影响力的高科技企业,探索创新链、资本链、产业链的融合发展模式,践行创新引领、竞合发展、产融互动、跨界融合、聚合孵化的发展路径,在产学研一体化、重科技产业化、科技服务生态平台等方面取得了巨大的收获与成长。

（一）坚持产学研一体化下的共享双赢

过去 30 年,清华产业始终坚持产学研一体化道路,把大学的优势、大学的价值,通过产业平台充分地为社会发展绽放能量、做出贡献。

作为清华大学科技成果转化的重要平台,清华产业从成立起就积极探索创新模式,推进关系国家战略、涉及国家安全和国计民生、符合国家战略新兴产业培育方向的重大科技成果转化与产业化。

经过近 30 年的实践,清华产业成功转化近 50 项清华大学重大科技成果,包括国家科技进步奖 25 项,国家技术发明奖 19 项,实现了 60 余项重大技术突破,推动了国家科技重大专项高温气冷堆、化学机械抛光机、重型燃气轮机等项目的转化落地。

科技成果转化对于大学和产业来说实现了双赢。首先,承担清华大学科技成果产业化的任务,是清华产业的历史使命和责任,科技成果产业化也增强了清华控股的核心竞争力。其次,产业发展同时促进了教学科研。例如,清控人居成立后,成为清华大学教职人员的科研实践基地、在校学生的专业教学实践平台,并承担起多项国家、区域和学校的重大课题。

直到如今,清华产业仍然拥有丰富的科技成果转化之源——大量的科技成果和持续的研发力量。因此,清华产业的科技成果转化仍将持续下去。

丰富的科技成果积累。拥有百年历史的清华大学围绕国家战略需求,瞄准国际学术前沿,在战略高技术、国防安全、重大基础研究等方面,组织全校优势力量攻关,取得了丰富的科技成果,为科技成果转化提供了丰富且优质的技术资源。截至 2014 年年底,全校累计获国家级科技三大奖共 488 项,省部级科学技术奖 2 359 项。1985—2012 年,清华大学累计授权专利数 9 527 余项。其中共获得专利金奖 13 项,居国内高校之首;发明专利授权数为 7 682 项,占授权总数的约 82%;国外专利授权总数 1 036 余项。

持续的研发力量。截至 2015 年年底,清华大学正在运行的科研机构共 317 个。科研机构包括三类:政府批准机构、清华大学自主批建机构和学校与校外独立法人单位联合共建机构。政府批准机构包括国家实验室、重大科技基础设施、国家重点实验室、国家工程实验室、国家工程研究中心等,共 133 个;依托院系自主建立的机构 94 个,如清华大学建筑与城市研究所、清华大学大规模在线教育研究中心等;正在运行的以协议形式与校外独立法人单位联合建立的科研机构共 90 个,其中与清华产业所投资企业联合建立的机构共 9 个。

……

（二）以院士为代表的重科技产业化之路

推动技术走出实验室，转化为现实生产力，清华产业这样的案例非常多。其中最重要的是，那些改变全球产业生态，深刻影响国家前途命运的"重科技"项目。

2016年5月，国务院正式印发了《国家创新驱动发展战略纲要》（以下简称《纲要》），围绕经济竞争力提升的核心关键、社会发展的紧迫需求、国家安全的重大挑战，采取差异化策略和非对称路径，强化重点领域和关键环节部署，实现创新驱动发展战略目标。

《纲要》指出，我国科技发展正在进入由"量的增长向质的提升"的跃升期，科学、技术、工程、产业的自主创新能力快速提升，但同时也要看到，我国许多产业仍处于全球价值链的中低端，一些关键核心技术受制于人。

未来，围绕这些关键技术，围绕"重科技"开展的科技创新和产业化，势必打开新的蓝海，帮助中国经济、社会实现新的飞跃。

在"重科技"领域，清华产业也正在积极进行众多产业化工作。十多位院士领衔的研发团队，是清华产业"重科技"成果转化的不竭源泉和有力依托，成功缔造了一大批产业龙头。

吴良镛院士，首创人居环境科学获得国家最高科学奖，清华产业以此为核心成立了中国首个以人居环境科学为指导的大型产业集团——人居集团，成为国家新型城镇化以及社会生态文明建设的先行者和领军者。

王大中院士，领衔的技术团队多年来潜心研究新一代核能技术，为中核能源成功实现全球首座高温气冷堆商用核电站的示范运营提供了坚实的理论基础和技术支持。

金涌院士，团队在碳纳米管领域的研究成果世界领先，在其有力的技术支撑下，天奈科技成功实现了碳纳米管的批量生产和商业应用，现已发展成为全球最大的碳纳米管生产商。

蒋洪德院士，汽轮机与燃气轮机领域的顶尖专家，带领团队成立华清燃机公司，自主研发、设计了达到国际领先水平的重型燃气轮机装备，成功突破了国际垄断。

范维澄院士，带领团队将其在公共安全和应急技术领域的技术成果化为辰安科技的核心优势，成为应急、安全产业领域的领军企业，在国家重大灾害和重要事件的应急措施中做出了重要贡献。

江亿院士，中国人工环境工程学科的倡导者之一，其带领的科研技术团队支撑了同方人环的发展，坚持走自主创新和成果转化之路，成为中国建筑节能及热泵应用的龙头企业。

岳光溪院士,带领团队开发了具有世界一流水平的大型煤气化装置,并成功完成了几十项煤制烯烃、合成氨等领域的工业应用,为中国的清洁能源产业添上了浓墨重彩的一笔。

程京院士,领衔博奥生物集团,通过十余年的探索和努力,成功开发了包括耳聋基因监测芯片在内的一系列首创产品,开创了中国生物芯片产业的新纪元。

雒建斌院士,带领团队通过多年攻关掌握了化学机械抛光核心技术,以此为基础成立的天津华海清科,自主研发生产了国内首台12英寸化学机械抛光机,为最终实现超大规模集成电路的国产化奠定了基础。

邱勇院士,领衔团队在OLED领域拥有深厚的技术积累,支撑了昆山维信诺公司的崛起,从而依靠自主创新实现了中国OLED产业的从无到有,推动中国显示产业从中国制造走向中国创造。

(三) 科技服务的聚合生态平台

在全球科技产业这个金字塔上,清华产业除了发力塔尖的重科技,同时也在塔基的创新创业的科技服务领域上,成为中国创新创业服务领域的先行者。早在1999年,清华创业园就已建立,此后,清华产业的双创服务不断升级演化,从"空间＋增值服务"为核心的科技服务1.0时代到"孵化＋投资"为核心的2.0版,最终进化为"聚合孵化"为标志的3.0时代。

聚合孵化指的是资本、人才和空间等助力创新创业的全要素聚合。

资本聚合,为创新创业和产业协同体系注入发展动力。一方面,清华控股以60亿母基金撬动600亿元规模的创业资本,链接116支子基金,投资项目数量达1 132个,为初创企业发展提供有力的补给和支撑;另一方面,设立荷塘基金、DNA基金、启迪创投、金信资本等专项基金,建立了贯穿创意、创新、创业、样品、产品、商品的全链条资本体系,哺育企业从0到1,从1到N,为其全程助力护航。

人才聚合,依托清华大学和清华产业两大平台,汇聚雄厚的双创人才资源。目前清华产业已汇聚导师数量近1 000人,囊括了投资人、媒体人、高校教授、高科技专家、企业高管和知识产权专家等,包括11个战略科学家领衔的研发团队,80个千人计划高聚工程领衔的高科技创业团队。

空间聚合,清华产业根植中国、布局全球,通过园区、街区和社区三区联动,布局全球创新创业孵化网络。目前清华控股在美国、英国、西班牙、韩国、俄罗斯、以色列和中国形成了近 200 个创业网络，是全球最大的孵化网络。

清华产业以创新创业为核心，搭建了资本、人才、空间、技术互动的创新服务平台。旗下公司启迪控股运营的清华科技园，是全球最大最好的大学科技园；旗下公司清控科创运营的中关村创业大街和小样社区，是中国首条创业大街和首个创业社区；搭建了 x-lab、i-center 和创＋三个平台，对应发起设立了创业 DNA 基金、种子基金，对青年学生创业给予大力支援。

清华科技园是世界上单体最大的大学科技园，入驻企业超过 1 200 家，年研发投入超过 50 亿元，年销售收入超过 1 000 亿元，成为跨国公司研发总部、中国科技企业总部和创新创业企业的聚集地。2006 年 9 月，清华科技园启动了培养世界一流技术和行业领先地位的高科技公司的"钻石计划"。该计划积极配合建设"创新型国家"的战略，旨在保持清华大学在国家高科技产业发展中的领先地位，使清华科技园始终站在推动自主创新、鼓励创业、促进大学科技成果转化的前列。转眼十年，清华科技园"钻石计划"已增至 6 批共 44 家企业，其中首批的 9 家企业，有 6 家上市，2 家被并购，1 家挂牌新三板。

而中关村创业大街更成为了中国创业的地标。开街两周年的中关村创业大街，从一个创业服务聚集区成长为全球知名的国际化创新创业生态圈，累计 16 万人次参与，孵化 1 000 个创业团队，483 个项目获得投资，投资总额达 33 亿元。

在创新创业服务领域，数字更能体现成就：过去 30 年，清华产业共孵化了过 1 万家创业企业、链接和服务创业企业 10 万家，培训了 100 万的创业者和创业团队，培育出的海内外上市公司总市值超 3 000 亿元，缔造了中国新兴产业多项第一。

目前中国国内的双创环境仍存在创新资源有限，创新经验不足，创新要素的流动仍有制约，创新主体动还需协调，创新资源配置需要更高效，鼓励创新、宽容失败的良好文化尚未形成等诸多问题。

在此背景下，清华产业的聚合孵化更加强调各种要素的聚合，具体来说就是汇聚融合政、产、学、研、金、介、贸、媒八大要素，让主体互动更加协调，要素流动更加顺畅，资源配置更加高效，创造出孕育奇迹的机制和环境。

积极坚持产学研一体化，以创新引领、竞合发展、产融互动、跨界融合、聚合孵化为路径，不断致力于打造科技创新与科技服务的世界级生态平台，清华产业以更为清晰的形象出现在世界科技产业界。

第十三章

清控科技金融：以融助产，推动科技实业腾飞

　　如果说，清华产业科技实业的巨大成就，是一颗闪耀的明珠。那么，日趋完善的科技金融便是一串更加引人注目的项链。三十年清华科技产业的发展，三十年清华科技成果转化的历程，都根植于清华控股"以融助产、以产促融"的发展历程。

　　如今，清华控股科技金融已然形成了全链条、全牌照、互联网金融三足鼎立的健康发展体系，囊括科技成果转化基金、母基金、VC 基金、PE 基金、并购基金、保险公司、财务公司、金融租赁、供应链金融等业务，成为了推动科技创新的重要引擎。

拥有清华大学超过 100 年雄厚积淀的技术学术背景,经过 30 多年"技术＋资本"的探索,并经过多个产业领域的长期实践,清华产业对产融互动有了更为深刻的理解。

　　清华产业的金融探索从创业投资起步。早在 1993 年,中国风险投资的第一家公司——重庆风险投资公司的成立就有清华产业的背景,但当时的创业氛围、资本市场、社会环境都无法支撑这家中国风险投资界的尝鲜者。

　　2001 年,清华科技园孵化器公司和技术资产经营公司成立,这是启迪创投的前身,开启了清华产业创业投资的探索之路。

　　2005 年国务院颁发了《创投引导基金管理办法》,2008 年中国创业板上市,清华产业成为中国第一批创业板上市公司的投资人之一,自此创业投资业务伴随着清华产业的创业孵化业务风生水起地发展起来。在此期间,2006 年,清华产业联合成立诺德基金管理有限公司;2007 年启迪创投正式更名成立,此后陆续成立了华控汇金、华汇通、税务基金、汉能科技创业投资基金、清控创业投资有限公司等科技金融业务。

　　这一阶段,不仅创投基金突飞猛进,清华产业其他金融业务也逐渐成形。2009 年,华融泰资产管理有限公司,2012 年,紫荆资本、金信资本成立。

　　2012 年,随着清华控股确立"以科技实业为主体,以创新服务和科技金融为支持"的"一体两翼"战略,清控资产管理集团随即成立,之后的紫荆资本、金信资本,标志着清华产业在科技金融领域迈上了新台阶。

　　随着资本愈加丰厚,金融业务愈加繁杂,2015 年清华控股集团财务公司成立,集团化的资本运作开始进入正轨,极大地提高了清华产业的整体科技金融效率。

　　至此,科技与金融的聚合效应在清华产业被更大地释放出来(如图 13-1 所示)。

　　清华控股对金融产业进行优化配置和布局后,能够在产业板块与金融板块之间形成完善的业务协同、资本协同和战略协同,通过资源、资产、知识产权及未来价值的资本化实现产业与金融融合,促进产融互动发展,实现资产增值。

　　如今清华产业以"产业为本、金融为用"为指导,打造金融平台,探索出了全线基金、全牌照金融、互联网金融的产融互动发展体系。

　　全线基金支持实现产业从产品研发生产,到市场推广营销全产业链的整合,实现产业的纵向一体化以及产业内各个环节的联动,将市场成本转化为企业内成本,从而提高企业发展各方面的能力。

　　全牌照金融通过科技金融与资本市场对接实现产权链的整合,引导各级资本市场为产业金融服务,充分利用各类资本市场的资源,为产业发展提供强有力的长期资本的

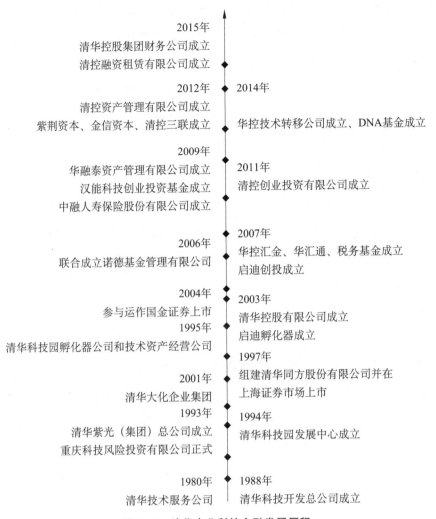

2015年
清华控股集团财务公司成立
清控融资租赁有限公司成立

2012年 2014年
清控资产管理有限公司成立
紫荆资本、金信资本、清控三联成立 华控技术转移公司成立、DNA基金成立

2009年 2011年
华融泰资产管理有限公司成立
汉能科技创业投资基金成立 清控创业投资有限公司成立
中融人寿保险股份有限公司成立

  2007年
2006年 华控汇金、华汇通、税务基金成立
联合成立诺德基金管理有限公司 启迪创投成立

2004年 2003年
参与运作国金证券上市 清华控股有限公司成立
1995年 启迪孵化器成立
清华科技园孵化器公司和技术资产经营公司

  1997年
2001年 组建清华同方股份有限公司并在
清华大化企业集团 上海证券市场上市
1993年 1994年
清华紫光（集团）总公司成立 清华科技园发展中心成立
重庆科技风险投资有限公司正式

1980年 1988年
清华技术服务公司 清华科技开发总公司成立

图 13-1 清华产业科技金融发展历程

支持和保障。

互联网金融借助互联网的技术，降低融资成本，提高融资效率。

科技金融三足鼎立，清华科技产业稳步发展。2015 年，清华产业管理基金资产规模超过 700 亿元人民币，金融资产规模超过 3 000 亿元人民币。

今天，清华产业建立起一套完整的科技金融体系（如图 13-2 所示），并以"产业为本、金融为用"为指导，通过全链条、全牌照、互联网金融三大板块助力科技创新创业。

清华产业链接了上百家创业投资机构，并以 60 亿母基金撬动 600 亿创投基金，孵化出近 1 万家、链接和服务 10 万家创业企业，培育出的海内外上市公司总市值超 3 000 亿元，缔造了中国新兴产业多项第一。

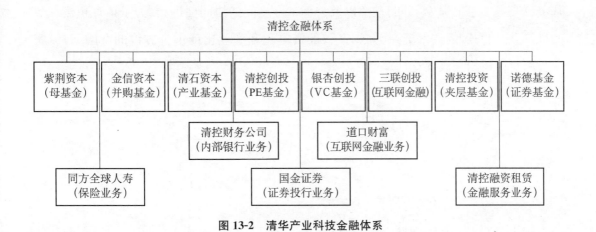

图 13-2　清华产业科技金融体系

一、全线基金聚焦科技企业服务

清华产业的全线基金并不是一蹴而就的。

随着科技创新企业不断涌现,高新技术产业自身具有的高风险与高回报特征也使其具有吸引风险投资资金的天然优势,加之 2005 年国家创投引导基金的政策开放,资本的逐利性使得越来越多的资本涌进初创企业。在此背景下,2007 年出现的启迪创投,成为促进高新技术产业的主要投资来源之一。

后来,随着中国的风险投资基金过多涌入成熟期的科技企业,而对特别需要资金扶持的初早期项目兴趣缺乏,科技创新后续乏力。清华产业背靠清华大学的技术源头,有着天使投资的先天优势,便于 2014 年创办了 DNA 基金、荷塘基金以及华控技术转移公司,专注于扶持早期科技成果转化。

而随着科技企业的成长,仅有前端的资金远远不够,清华产业配套发展了足以陪伴科技企业成长所有阶段的基金业务,便有了服务于科技企业并购的金信资本。

面对愈来愈多的产业内外的创投基金,为了增加资金杠杆,清华产业通过吸引社会资金,搭建了紫荆资本母基金,为清华实业造血和输血。

通过不断的探索,清华产业建立了中早期乃至种子期科技企业的资金扶持和服务架构;中期以孵化基金、VC/PE 基金为主;中后期以母基金、并购基金和债权基金为主,解决中后成熟期科技企业的资金募集问题;后期,着力发展以证券投资基金为主的二级市场基金产品,为成熟企业包括上市公司的资金筹划提供支持。

如今,清华产业打造了全线的基金业务产品线(如图 13-3 所示),实现母基金、孵化基金、VC基金、PE基金、并购基金以及公募基金之间的协同促进；致力于培育积极有效的科技金融业务，为技术资产、知识产权的资本化和商业化提供全方位的金融工具，实现金融对科技的全流程支持。

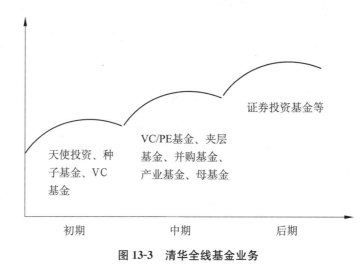

图13-3　清华全线基金业务

（一）实现从0到1的科技成果转化基金

清华有让人羡慕的校园创业环境，只要有想法，普通学生在学校和产业平台上，能获得包括科技成果转化基金在内的各种资源的帮助，走上"从0到1"的创业之路。

清华x-lab[①] 便是这样的新型的创意创新创业人才发现和培养的教育平台，平台之上由清华控股发起并设立的创业DNA基金便是这样的资本动力。

清华x-lab依托清华大学经济管理学院，由14个院系合作共建，并与清华科技园、清华企业家协会、清华控股和盛景网联建立了战略合作伙伴关系。清华x-lab独特的价值体现在三个方面：实现校内多学科合作，整合校外各种资源，提供商业模式和社会价值实现的方式和路径。

清华x-lab场地是创新创业团队进行跨学科协同创新、团队合作和互动交流的空间。场地位于清华大学东门外的清华科技园（科技大厦B座B1层和D座B1层），面向清华大学学生、校友和教师开放。

清华x-lab充分发挥"教育平台"的功能，通过学分课、非学分课、模拟实践课、训练营等多种教育方式，为清华学生和校友全面提供创意创新创业知识。三年来，清华x-lab

---

① 清华x-lab中的"x"寓意探索"未知"（Unknown）、学科"交叉"（cross），lab则体现体验式学习（experiential-learning）和团队合作（teamwork）。

开设了清华(非经管学院)本科生管理学第二学位创新创业领导力课程,推出清华大学学生创新力提升证书项目,启用清华 x-lab 创新创业跨界教师,开设了13门新课程,数十次实践课程,举办了150余场创新创业专题讲座。

三年来,清华 x-lab 聘请了23位"驻校企业家"和31位"驻校天使投资人",与100多家中外投资机构建立合作关系,引入了9家专业驻场机构,建立了对创意创新创业团队进行筛选和早期指导体系。每年举办各类培育活动40余场,与清华科技园启迪孵化器建立对接关系,免费提供帮助团队办理以科技园场地为公司注册地址的注册服务;同时为了帮助团队获得融资,定期举办 DEMO DAY 项目展示会;为了帮助团队更好地发现人才,举办创业团队专场招聘会、"合伙吧兄弟"、团队招募日等常规活动;清华大学"校长杯"创新挑战赛、北极光创新系列讲座、清华 x-lab 开放日等大型品牌活动。

清华大学生命科学学院的何霆把自己的想法写到一张纸上,拿给 x-lab 的指导老师看了看,这个想法被认为"非常有社会价值"。

后来何霆创办了艺妙神州医疗科技,方向是研发和推广最新一代用于治疗癌症的免疫细胞治疗技术:CAR-T。本项目所研发的产品正是针对难治性白血病和晚期淋巴瘤的 CART19。CAR-T 疗法在美国的临床试验获得了突破性的成功,针对难治性白血病的完全缓解率突破性的达到了90%～100%,被认为是最有可能治愈癌症的技术。

经历了接近一年的前期研发,艺妙神州已经掌握了 CAR-T 制备的全部关键技术,并得到了关键临床前试验的验证,取得了令人瞩目的业绩,相关技术指标均达到或超过国际领先水平。其中,制备的 CAR-T 对白血病细胞的杀伤能力增强20倍以上,在同一条件下对癌细胞的杀伤率超过美国公司的1倍以上。艺妙神州已经取得了免疫细胞治疗规范化培训认证,获得6项专利授权。

何霆这样讲述 x-lab 对学生创业的帮助:我们加入清华 x-lab 之前,只知道做实验,对于公司成立、融资一窍不通,非常感谢清华 x-lab 的课程及一系列的培育,让我们能够走出刚开始这段迷茫的时间,从而迎来现在更大的舞台。

清华 x-lab 平台对于学生项目的转化,提供了对接资本服务。成立于2014年12月26日的创业 DNA 基金,由清华控股、启迪控股提供资本,专门为清华 x-lab 平台上的创业者设立,旨在为创始人提供发起资本,为创意创新创业者搭建扎实的行动基础。基金资本为3 000万元,其中:清华控股出资2 000万元,启迪控股出资1 000万元。

清华 x-lab 创业 DNA 基金由投资顾问委员会、投资决策委员会和管理团队三部分组成。基金以培育＋投资的领先理念进行投资,结合 x-lab 的教育思想帮助团队获得更多的创业知识,为创业企业提供更专业、更完整的投资服务。目前,基金已累计投资 930 余万元,投资创业企业超过 16 家,涵盖多个领域,包括互联网、移动互联网、电子科技、智能硬件、生物医药、教育、先进制造、新能源、新材料等。其中,有 4 家创业企业在北京四板成功挂牌,2 家企业入围加速计划,5 家企业获得 2016 年北京市科技型中小企业促进专项立项支持。

x-lab 创业 DNA 基金的一个经典投资项目是八度阳光。创始团队来自清华大学、北京科技大学、北京林业大学等多所高校,公司成立于 2015 年 4 月,运用创新柔性晶硅技术开发新一代便捷高效、实用易操且经济实惠的太阳能光伏发电终端产品,倡导绿色、低碳、健康的理念,力争用太阳能系统为家庭提供每天所需的 8 度生活用电。

自从有了 DNA 基金的助力,清华 x-lab 累计共接收项目团队 763 个,融资总额超过 7 亿元人民币。培育的团队在多个大赛中斩获殊荣:"同玄气凝胶"团队获 2014 年全国 MBA 创业大赛金奖;"恩启孤独症康复项目"团队获得英国驻华大使馆文化教育处社会企业项目革新之星大奖和第四届中国创新创业大赛全国总决赛文化创意行业第三名和最佳人气奖;"方舟万宝"团队获 43 届日内瓦国际发明博览会金奖和全国大学生创业大赛特等奖;"易净星"团队入选中国香港国际创客节"十大青年创客";"豪斯 VR-虚拟现实家装"团队和"健康微能量"团队分别获得首届中国"互联网＋"大学生创新创业大赛金奖和银奖。

三年来,清华 x-lab 获得了政府和社会的认可。2015 年 10 月举办的全国"双创周"活动期间,清华 x-lab 在培团队淘氪空气净化器、BluePHA-可降解生物塑料团队获李克强总理点赞;12 月 11 日,清华 x-lab 荣获《中国新闻周刊》评选的"影响中国 2015 年度双创人物"。

此外,《人民日报》《经济日报》、人民网、新华网、中央电视台、教育电视台、北京电视台、《中国新闻周刊》《新京报》《Financial Times》《韩国中央日报》、新浪网、腾讯网等百余家国内外知名媒体均对清华 x-lab 进行了大篇幅报道。2015 年 5 月,人民日报内参和经济日报内参先后将清华 x-lab 写成专题报道供国家相关部门领导审阅。

(二) 加速从 1 到 10 的创业投资

对于初创期企业的融资需求,由以启迪创投为代表的清华产业的创投基金来满足。

启迪创投起源于清华科技园的企业孵化与创投业务实践。清华创业园于 1998 年开始筹备,1999 年正式开园,早期为创业企业免去一半房租,并做出将所有收入直接投向创业园企业孵化业务的决策。

2001 年 3 月，启迪创投的前身清华科技园孵化器公司和技术资产经营公司成立；同年 9 月，清华创业园召开"香山会议"，确立了"孵化＋种子期投资"的孵化器公司发展模式：通过开展对早期项目的种子投资，"与创业企业共同成长"，为看上去难以盈利的孵化器公司建立盈利模式。

2006 年 10 月，基于孵化器运营积累的经验，清华科技园提出"四个统一"，即统一团队、统一流程、统一决策、统一激励，并开始投资业务重组工作。2007 年 7 月，清华科技园技术资产经营公司正式更名为启迪创业投资管理有限公司，从此便有了"启迪创投"。

在企业孵化过程中，启迪创投依托启迪之星孵化器、清华科技园等载体，打造"孵化＋投资"模式，为初创期的科技企业提供扶持。

以兆易创新科技股份有限公司为例。这家公司创始人朱一明毕业于清华大学，早年在硅谷创业。鉴于中国 90% 以上的芯片都依赖进口的局面，朱一明瞄准国内芯片市场缺口，2005 年带着从美国融得的资金和技术回国创业，在启迪控股旗下清华留学人员创业园成立了芯技佳易微电子科技有限公司。

当时，正值 2006 年 9 月，清华科技园依据"四聚"模式启动了培养世界一流技术和行业领先地位的高科技公司的"钻石计划"。2007 年 4 月，兆易创新与海兰信、数码视讯同期入围首批清华科技园"钻石计划"，获得包括启迪创投在内的资源扶持。

历经十载，厚积薄发，兆易创新于 2016 年 8 月 18 日挂牌上交所。

兆易创新专注于各类存储器集成电路产品的研发和销售，坚持自主创新的策略，已经申请国内外专利 70 多项，并获得 11 项授权；开发出中国第一颗完全拥有自主知识产权的 1 兆位静态存储器芯片产品，并拥有世界领先的 dySRAMTM（2T-SRAM）和 gFlashTM 两项核心专利技术，成为我国第一家做存储器设计的企业。

启迪创投与启迪之星孵化器相生相伴，基于创业培训、孵化服务、天使投资、开放平台四位一体的孵化模式，帮助创业初期企业发展壮大。

以启迪创投联动其他创投基金的天使投资。开创国内孵化＋投资的创新模式，成熟的运营服务模式将为创业企业提供更专业的投资服务。自成立以来，机构每年滚动出资，至今累计出资额近 2 亿元。累计投资 300 多个初创企业，其中直接上市 18 家、间接上市 40 家，股权价值超过 200 亿元。扶持了包括数码视讯、中文在线、海兰信、兆易创新、沃捷传媒等多家成功企业。目前，启迪创投参与或直接投资早期基金超过 5 亿元，核心团队在创业投资、企业上市辅导、科技成果转化研究及经济管理等领域有超过 30 年的行业经验。2015年,荣获"清科2015年度中国天使投资机构30强""中关村天使投资协会2015年度优秀创业服务机构奖""2015年度中关村优秀天使投资人"等荣誉。秉承着一对一导师、顾问式服务理念,启迪创投整合产业资源,使清华科技园多年来孵化培育的高科技企业与小微初创企业"手拉手",帮助创业企业迅速成长。除基本的创新创业孵化、利好政策扶持之外,还提供全方位的增值服务。

启迪创投的孵化+投资经验和启迪之星全球孵化网络,充分发挥自身产业化和资本化优势,正在逐步完善金融化、专业化、国际化、网络化、集群化战略布局,助建创新创业服务的优势资源,打造创新创业的生态体系。

目前,启迪创投整合启迪内外部资源,为创业者提供持续和全方位支持的开放式科技创业平台。拥有100余个平台,合作机构覆盖14大类服务业务。

为创业者提供导师匹配、创业课程、创业沙龙等培训课程。每年组织启迪创业沙龙、启迪创业汇、创业行、启迪之星Demo Day等创新创业活动300余场。

以钻石计划为例,钻石计划依据"四聚"模式于2006年启动,旨在培养世界一流技术和行业领先地位的高科技公司。挑选一批"准钻石"企业,以资金、技术、人才、产业链等各个角度,整合来自大学、企业、政府和国内外等各方面资源,给予全力扶持和帮助。计划从2006—2011年的5年里,整合社会各方资源对优选的20家具有核心技术、发展潜力远大的入园企业予以资源倾斜和重点扶持,帮助其快速成长,启动2亿元的创业投资基金,并广泛联合其他投资机构对这20家企业予以重点扶持和帮助,5年计划投资总额将达20亿元。截至2015年5月,累计评选出5批共36家钻石企业,其中9家已经上市,5家被并购,多家启动或完成股改,已有北京海兰信数据记录科技有限公司、北京慧点科技开发有限公司、北京数码视讯科技有限公司、北京芯技佳易微电子科技有限公司、北京展讯高科通信技术有限公司、北京中文在线教育科技发展有限公司等13家公司入围"钻石企业"名单(如表13-1所示)。

表13-1 清华科技园"钻石计划"入围企业名单

钻石计划入围企业名称	所属行业
北京海兰信数据记录科技有限公司	船舶电子产品
北京慧点科技开发有限公司	软件开发
北京数码视讯科技有限公司	数字电视
北京芯技佳易微电子科技有限公司	集成电路
北京展讯高科通信技术有限公司	集成电路

钻石计划入围企业名称	所属行业
北京中文在线教育科技发展有限公司	网络出版
江苏天瑞信息技术有限公司	分析仪器
浦华控股有限公司	环保水务
中国万网志成科技有限公司	互联网服务
紫光捷通科技股份有限公司	智能交通
中科合成油工程有限公司	煤制油
陕西西大华特科技实业有限公司	现代农药
北京创毅视讯科技有限公司	手机电视
山石网科通信技术(北京)有限公司	网络安全

启迪孵化器依托启迪创投的资金支持,通过"七步孵化"构建全链条企业孵化服务平台,涵盖梦想课堂、梦想实验室、启迪之星孵化计划、启迪之星创业营、钻石计划、上市公司、全球网络等。目前,已累计孵化企业 2 000 余家,其中钻石企业 44 家,"金种子工程"企业 41 家,"千人计划"、"海聚工程"和"高聚工程"领军人才等 80 人,并已有 29 家企业成功上市,间接上市公司 40 余家,股权收益超过 200 亿元。

(三) 支撑从 10 到 100 的并购投资

在科技企业实现从 10 到 100 的并购飞跃中,强大的资金实力是保障。金信资本,即清控金信资本管理(北京)有限公司,创立于 2013 年,是清控资产管理集团成员企业中从事并购基金投资和管理业务的唯一专业机构,多年来始终专注于深耕国内并购市场,已经成为国内最优秀的并购服务商之一。

目前,金信资本旗下管理着金信华创、金信华通、华清本草、清芯华创、清控华科、华清汇金、金信慕华、金信卓华、金信恒德、金信恒智、清控股权等多支基金,投资活动专注于信息技术、节能环保、医疗健康、文化传媒、先进制造、新材料和新能源等行业的并购机会。截至 2015 年,管理基金总规模超过 200 亿元,是国内最具活力的并购基金管理人之一。

金信资本以联合控股权收购为立基,充分发挥清华的产业、金融和学术资源优势,运用各种金融工具帮助并购企业成长。在实践中,金信资本为目标公司提供一揽子增值服务,包括但不限于品牌营运、管理提升、机制优化、战略诊断、行业整合、业务重组、金融服务,一方面灵活运用夹层融资工具、债务融资工具、权益工具等,为目标企业优化资本结构,进而最大程度地提升股东回报水平,另一方面通过输入战略、管理和专利技术知识,全方位多角度地帮助被投资企业提升核心竞争能力,促进被投资企业的价值增加。

金信资本的投资理念日臻成熟,主导或协助完成了对展讯、锐迪科、H3C、惠生能源、桑德环境、豪威科技、互众广告等交易规模近800亿元的重大并购活动。

在新能源领域,2013年金信资本开始并购整合惠生能源,按照清华控股体系的公司治理要求对企业进行了管理经验全方位的梳理和改造。2016年金信资本协同清华控股将惠生能源并购入上市公司诚志股份体系,各方共同致力于推动诚志股份向新能源领域进行战略转型,逐步将诚志股份打造成清华控股新能源产业的主要上市平台,并通过在新能源领域的收购兼并,借助产业整合做大做强新能源产业,使新能源产业成为清华控股未来发展的支柱产业之一。

在环保领域,2015年金信资本协同清华控股旗下的启迪科服等企业完成了对上市公司桑德环境(现更名为启迪桑德)的控股权的收购,是改革开放以来中国环保行业最大的一宗并购案。启迪桑德是中国大型环境综合处理利用类上市公司,是全产业链专业环境综合服务商,可为客户提供固废处理领域投资、研发、咨询、设计、建设、运营、设备等"一站式"服务。收购完成后,金信资本促进了启迪桑德与清华控股体系内的资产进行了有效协同,各业务领域都得到了有效提升。通过对启迪桑德的收购,金信资本帮助清华控股开始系统性全方位进入固废、水务、环卫一体化领域,为清华控股在环保领域的发展打下扎实的基础。

在集成电路领域,2013—2014年,紫光集团在集成电路板块连续完成两次国际并购,作为并购交易参与者的金信资本在其中也起到了积极的作用:2013年12月紫光集团斥资17.8亿美元收购美国纳斯达克上市公司展讯通信,强势进军集成电路芯片产业;2014年7月斥资9.07亿美元收购美国纳斯达克上市公司锐迪科微电子,加强了在集成电路产业领域的整合与协同。并购完成后,紫光集团一跃成为世界第三大手机芯片企业、世界排名前十位的集成电路企业,奠定了清华控股在国际集成电路领域的强势地位,清华控股集成电路板块一跃成为国内集成电路领域龙头。

半导体行业作为清华控股的业务方向之一,金信资本主导完成了行业内豪威科技的并购项目,豪威科技借助与清华产业及金信资本的合作,在技术革新、建立战略合作关系、资金筹集这三个方面得到重大提升和改善。基于此,本次收购不仅对金信和其联合投资方来说是一个很好的投资项目,使投资者获得更好的回报,也将有效促进中国半导体产业的发展。豪威科技成为中国企业,改写了图像传感器市场的国际竞争格局,为清华控股海外并购积累了宝贵的经验。

（四）搭建创投生态系统的母基金

清华产业发挥母基金对资金的战略引导作用,根据不同基金的投资特点和不同资金对风险和收益的预期对资金进行调配,做到资金和基金的合理匹配(如图13-4所示)。

图13-4　清华产业母基金投资阶段图

母基金产品通过投资于不同阶段、领域、地区和策略不同的基金,通过投资组合多样化达到降低非系统性风险的目的。由于投资人直接充分了解投资目标的成本较高,投资母基金是一种高效率的选择,能够有效降低投资人的筛选门槛、资金门槛、议价门槛、投资机会门槛和投后管理门槛。

紫荆资本便是清华控股旗下的一家运营私募股权母基金(PE Fund of Funds,PE-FOF)的专业投资管理机构,于2012年在原清华控股投资部的基础上更名并组建,目前也是国内最大的专注于行业型VC基金投资的母基金管理集团。

紫荆资本定位于回报至上的市场化母基金管理机构,其核心业务为封闭式主动管理型私募股权母基金,拥有丰富的母基金投资管理经验及行业资源。

紫荆资本不追逐热点,不跟风投资,坚持一致的投资策略,致力于运用对行业与产业的深刻理解,发挥清华大学和清华产业的资源优势。

在资产配置方面,寻找并配置到各领域内优秀的基金管理人,分散风险,稳定收益;就投资阶段而言,紫荆资本以VC为主,兼顾并购,构建赛道中最优秀GP的投资组合。2015年,紫荆资本母基金的配置结构中,60%以上为行业型VC基金,20%～30%为综合性及并购基金,10%～20%做直投或跟投类项目。其投资综合类基金、并购基金、跟投和直投的主要目的在于平滑基金的现金流。紫荆资本会在投资期首年即配置一部分期限在3+2年或4+2年左右的并购基金,以及剩余期限不高于5+2年的子基金二手份额;在首年及剩余的投资期内完成对特色行业子基金和综合性基金的配置。通过上述综合性配置,按照预期,在母基金成立第3～4年(即投资期结束后1～2年)以后,母基金即开始会有现金流入,第5～6年以后会有较高增长。且在第5～6年以后,投资的并购基金基本完成清算,恰好和行业型子基金开始产生高回报的周期衔接,母基金的整体现金流状况良好。

在机会识别方面,紫荆资本利用管理团队十余年一线直接投资的成功经验,能够发掘出优质直接投资项目的跟投机会和基金二手份额的交易机会。成立之后,紫荆资本不断完善,形成了基金筛选体系和评价方法,长期跟踪市场上几乎所有GP(普通合作人)的动态,并建立内部数据库。紫荆资本会考察基金管理公司情况、相对同类型基金的独特优势和核心竞争力、团队的经验专长、资源获取能力、利益捆绑机制、过往的投资业绩、投资和决策流程等因素。

目前,紫荆资本布局了大量从BAT团队走出来的最优秀的创投机构,这些机构拥有共同特点:都是由知名产业集团高管设立,资源丰富,天然有获得项目的能力,核心人员有较深的产品运营经验。紫荆资本也会重点关注从原有优秀机构走出来的创业团队,包括从传统投资机构里走出的明星投资人,这样的团队经验丰富,拼劲更强,且已积攒了一定的项目资源。

在行业选择方面,紫荆资本前瞻性地发掘战略新兴产业领域内有爆发性的增长点,重点布局有特色的尤其是专注于行业的子基金,按行业分类,每个行业持续关注近百家管理公司,精选每个行业最优秀的GP。例如,汽车行业在整个GDP里占的产值近10%,但在如此大的行业里,VC却很难找到投资机会。清华大学在汽车电子领域具有先天的优势,紫荆资本在清华汽车研究院的基础上,以研究院的团队为班底,支持培育出了专门投资汽车领域,包括汽车电子和新能源汽车的基金。再如核能应用,清华是国内唯一一家拥有核电技术和应用的高校科研院所。实际上,核技术的应用特别广泛,如物理学、医学和生命科学、环境科学、工业、农业和社会安全等,常见的比如医院X光检查、集装箱检测等,具有大量的应用空间。基于此,紫荆资本也支持了合作团队在这一领域耕耘。

截至目前,紫荆资本管理规模为65亿元,有效带动其他社会资本投资基金,发挥资本放大效应,带动社会资本量逾350亿元。通过对49个项目基金的投资决策,二期基金目前已实现40%的账面回报。截至目前,与清华产业协同的基金包括:清华控股并购平台金信资本,参与清华控股产业体系内的资源整合,参与收购了美国摄像头传感芯片龙头、iPhone相机镜头芯片主要供应商豪威科技;清华系的文化基金合一资本,投资项目梦之城,获得北京最具影响力动漫游戏企业大奖;促进清华与斯坦福的技术交流的丹华资本,投资项目FlightCar,是世界上最早的机场租车服务O2O公司;清华控股体系内专注在线教育投资的VC基金慕华教育基金;积聚了清华大学老中青三代学者的研究成果的华创赢达资本、清研资本;由清华控股和中芯国际共同发起设立的北京集成电路基金;清华大学在科技投资孵化领域内的重要平台清控科创;布局清华的集成电路产业的武岳峰半导体基金;还有优秀清华校友创办的同渡信成、北极光创投、大河融科、钟鼎创投、易禾资本、高榕资本、蓝山资本、达泰资本、源渡创投、助力资本、青松基金等,总管理规模超过 130 亿元,其优秀项目包括桑德环境、互众广告、ISSI、新傲科技、德朗能动力等。

紫荆资本作为唯一承接国家科技型创新基金入资的母基金、中国母基金协会(联盟)秘书长单位,曾连续获评"投中集团 2014 年度、2015 年度中国母基金年度前 10 名""清科集团中国母基金年度前 10 名",并获得"投中集团 2015 年中国最具创新力中资母基金"等荣誉称号。

二、全牌照金融为科技金融保驾护航

创新型科技企业的金融服务需求总量巨大,要求高度异质化,唯有提供更加专业化、细分化、多元化的全牌照金融产品及服务,才能够在保证安全和效率的前提下满足这样不同阶段、多层次的金融服务需求。

清华产业在将自身业务做扎实的基础上,逐渐开发创新金融业务,加强金融与产业的关联程度。

2006 年,清华产业成立诺德基金,开展类信托业务以及股权质押等各种融资方式和各类资产证券化等创新型业务。

在后期发展阶段,依托集群优势,清华产业深耕节能环保、清洁能源、高端装备垂直领域,打造一家具有突出专业化特色和卓越资产管理能力的一流的科技型融资租赁企业——清控融资租赁有限公司。

2015 年,清华控股开设财务公司,实现各金融业务之间的相互衔接,资源互补,为科技产业发展提供全方位资金和相关咨询服务支持。

通过并购、自筹等方式,清华产业初步形成保险、证券、信托、金融租赁、集团财务公司全牌照金融业务体系。以"金融综合服务"方式来解决中小企业融资难的问题,由此减少对中小企业"单打独斗"带来的高成本。

(一)深耕垂直领域的融资租赁

清控融资租赁有限公司的成立是清华控股贯彻产融结合战略,服务实体经济和国家创新的具体实践,是清华产业在科技金融领域的又一重大探索和布局。

清控融资租赁有限公司作为清华控股旗下子公司,是经商务部备案和国家工商总局批准的国有控股中外合资融资租赁公司。

在业务层面,清控融资租赁提供基础服务和增值服务(如图13-5所示)。其中基础服务包括直租、售后回租、经营性租赁、应收账款保理和反向保理;增值服务包括融投结合和多维度为优秀企业提供科技、人才、资本、管理等多维度的资源配置和深度服务。相比传统间接融资,融资租赁可以为企业优化负债结构、大幅结税、优化财务报表以及提高企业的融资能力。

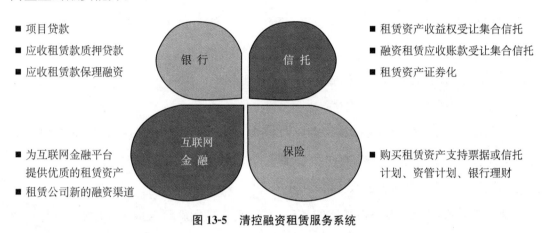

■ 项目贷款
■ 应收租赁款质押贷款
■ 应收租赁款保理融资

■ 租赁资产收益权受让集合信托
■ 融资租赁应收账款受让集合信托
■ 租赁资产证券化

■ 为互联网金融平台
  提供优质的租赁资产
■ 租赁公司新的融资渠道

■ 购买租赁资产支持票据或信托
  计划、资管计划、银行理财

图13-5　清控融资租赁服务系统

(二)集成资金协同运作的财务公司

清华控股经过十几年的发展,已经发展成为跨行业多元化的大型企业集团。集团内部下属公司层级较多,行业和地域分布都较为广泛。多年来,由于各公司在资金管理方面各自为政,形成了账户多、银行多的局面,不利于清华控股资金的集团化管理。各企业资金收支情况不同,集团内部企业资金短缺或闲置现象并存,存贷双高,不利于提高集团整体资金配置效率。同时,随着清华产业的快速发展,也需要进一步拓展金融产业,设立集团财务公司是解决上述问题的一个有效途径。

为了加强企业集团资金集中管理和提高企业集团资金使用效率,清华产业成立了财务管理服务的非银行金融机构——清华控股集团财务公司。集团财务公司于2015年4月9日成立,集团有利于清华控股加强内部管控和防范风险;有利于发挥产业布局优势,提升公司核心竞争力;有利于推动清华控股实现集团跨越发展。

集团财务公司,以服务清华产业为根本,以深化产融结合为突破口,努力建立业务协同、效益协同、创新协同、风险可控的集团金融服务体系,最终打造成为集团产融结合平台、成员企业综合金融服务平台、金融价值创造平台。

目前集团财务公司从事的业务有：对成员单位办理财务和融资顾问、信用鉴证及相关的咨询、代理业务；协助成员单位实现交易款项的收付；经批准的保险代理业务；对成员单位提供担保；办理成员单位之间的委托贷款及委托投资；对成员单位办理票据承兑与贴现；办理成员单位之间的内部转账结算及相应的结算、清算方案设计；吸收成员单位的存款；对成员单位办理贷款及融资租赁；从事同业拆借；中国银行业监督管理委员会批准的其他业务。

经过一年多时间的发展，财务公司业务经营已步入正轨，在服务集团企业中实现跨越式发展，成为行业优秀的创新型财务公司。截至 2016 年 6 月 30 日，共有成员 66 家企业开通了财务公司网银，开立各类内部户 218 个，银企直联账户数 56 个，归集资金余额45.4 亿元。2016 年上半年，完成各类结算业务 16 611 笔，结算总金额 882 亿元；累计发放贷款 48.11 亿元，洽谈客户 40 余户，涉及信贷业务品种 6 个。其中，2016 年上半年，累计发放贷款业务 20 笔，累计金额 28.13 亿元，授信客户数 21 家。截至 2016 年 6 月 30日，自营贷款余额（含贴现）27.51 亿元。

三、借势互联网，高效配置金融资源

互联网既冲击着各行各业，也影响着金融业务的重构。发达国家借势互联网金融掀起了新一轮的科技创新发展之路。美国萌生了 AngeList，英国出现了 Zopa……

面对互联网技术的战略机遇与挑战，清华控股联合清华大学五道口金融学院，开始探索互联网金融的中国模式。

2012 年清华控股与清华大学五道口金融学院合作，成立互联网金融的创新孵化平台清控三联公司，迈出了金融创新的第一步。依托清华大学五道口金融学院强大的金融研究背景和 30 多年的金融教育资源，家财网成立，为中国家庭提供安全、专业、个性的理财规划及咨询服务，提倡大众智慧理财。

随着互联网金融的遍地开花，互联网征信成为保障科技企业网上融资的门槛。而清华恰恰有着国内 IT 领域的最先进经验和金融领域专业能力。2013 年，华道征信诞生，帮助金融机构及社会各界获得优质的征信服务，帮助个人进入正规金融体系，帮助个人开展科技创业等商业活动，推动普惠金融发展，推动我国金融市场发展。

中国中产阶级已经完成初步的财富积累。为了用社会零散资金解决科技产业的融资难题，2015 年，清华产业依托雄厚的产业实力，成立了道口贷，摒弃传统上依赖抵押担保的资产保全模式,充分利用供应链上大型核心企业的信用传递,提高中小企业融资效率的同时,也大大降低了其融资成本。

随着华道征信、道口贷、道口财富,家财网等互联网金融平台的建立,清华产业取得高于传统金融服务的经营绩效,对科技企业发展产生了积极的推动作用。

(一) 专注于个人征信业务的专业机构

随着互联网金融的爆发式增长,互联网征信成为一道亟待突破的领域屏障。华道征信有限公司(以下简称"华道征信")便是清华产业旗下的一家专注于个人征信及相关业务的专业机构。由清控三联等四家机构于2013年共同发起设立。

华道征信在依法合规的前提下,广泛采集个人的信用信息以及其他能够反映个人信用状况的信息。

华道征信的成功主要得益于其在数据采集方面的优势。华道征信收集的数据主要在五个方面:信贷数据、公安司法数据、运营商数据、公共事业数据、网络痕迹数据。其中,信贷数据主要来源于广大的小微贷机构。华道征信推出华道小贷联盟,是一个同业征信平台,聚集尽可能多的P2P平台以及小微贷机构,提供一个独立的第三方平台;公安数据,目前华道征信已经与公安部建立了联系,数据可以实时验证;运营商数据,通过其股东亿美软通的渠道整合的数据,公共事业数据目前主要是燃气数据;网络痕迹数据,华道征信将与百度、阿里巴巴、腾讯等握有大量网络数据的互联网巨头合作采集。

针对饱受热议的个人隐私保护方面,华道征信专门建立了"防火墙"机制,未来每一条数据到华道征信,都必须获得用户的授权,这也可以从根本上确保用户隐私不受侵犯。比如未来个人贷款之前需要征信机构提供征信报告,用户向华道征信提出征信报告的请求,华道征信必须先获得用户的授权,从而可以向其他数据源获取该用户的相关信息,出具征信报告。

在产品设计方面,华道征信即将推出首个基于移动端的信用产品"华道猪猪分"。该产品主要面对租房细分市场,通过给租客打分的方式让房东可以更了解租客的信用情况。在该款产品上,个人信用被分解为身份认证(姓名、性别、身份证号等)、背景特质(学历、年龄、职业、相关的执业资格等)、消费水平(收入、消费记录等)、生活信用(网络痕迹数据)、日常行为(电信运营商数据、网络痕迹数据等)五大模块,每一个模块都有独立的评价并最终形成一个总的分数。获得用户授权后,房东可以在APP上查询用户的信用信息。未来华道征信还计划陆续推出面向金融市场、租赁市场、婚恋市场、人力资源市场等细分领域的征信产品。

凭借科学的征信机制，以及可靠的数据资源，华道征信入选中国首批 8 家个人征信业务试点名单。

（二）在线理财教育平台

家财网是清华产业在线上理财教育的积极尝试，是中国首家致力于理财投资的知识、经验与技巧的普及平台。

家财网依托清华大学五道口金融学院强大的金融研究背景和 30 多年的金融教育资源，为中国家庭提供安全、专业、个性的理财规划及咨询服务，提倡大众智慧理财。目前公司主要开展金融知识普及教育、家庭资产配置规划、个人理财咨询服务等业务。

家财网目前拥有一批享有国际声望的知名教授，同时聘请业内专家从用户需求出发，精心打造独有的金融知识教育体系和理财规划智慧中心，为用户量身定制个性化的金融教育和理财咨询服务。家财网以网络课程、行业论坛、主题沙龙、智慧中心等形式，从基础知识、理财技巧、财商培养等多方面指导投资者树立正确的投资理财观念，提高理财素养。现家财网已与相关政府部门、企业、学校等建立了良好的合作关系，开展金融知识普及"三进"活动（即进社区、进企业、进学校）及各类金融知识教育讲座。

未来，家财网将积极响应国家"十三五规划"中对普惠金融发展规划的建议，充分发挥自身优势，积极、稳妥、全面地为社会各阶层和群体提供金融教育和理财咨询服务。

（三）智能化移动理财综合服务平台

清控道口财富科技（北京）股份有限公司（以下简称道口财富）是国内首家高校科技成果与大型金融集团相结合的互联网金融平台。公司成立于 2015 年，由清华控股子公司联合上海陆家嘴集团子公司共同发起设立。

道口财富以"理财教育为入口，精准的客户定位、风险收益的最优匹配、丰富的产品服务"为核心，借助清华五道口互联网金融实验室的风控技术和投资组合理论，结合上海陆家嘴集团丰富合规的金融产品，着力打造立足于我国财富管理领域的智能化移动理财综合服务平台。产品涵盖信托、基金、保险、银行票据、融资租赁等。

道口财富依靠自身专业的风控和投资团队对产品进行二次风险甄别，为投资人提供一站式的金融服务。同时将结合用户的理财需求提供深度、系统的投资咨询及理财交易。例如,平台首批上线产品车贷宝,依托独有风控体系＋持牌金融机构,为投资者打造一款安全、透明、稳健的汽车消费贷款产品。

截至 2016 年 9 月 27 日,道口财富用户累积投资金额 912 万元,用户平均已获得收益45 905.83元,年利率最高 12％。

四、聚合、共赢一直是清华产业发展的主要特征

清华产业"科技为本、金融为用"的投资理念,"以科技实业为主体,以创新服务和科技金融为支持"的"一体两翼"的产业规划,都体现了共赢的理念。

"我们希望通过自己的努力,为国家科技产业发展做出贡献,探索属于自己的特色路径,推动集团乃至行业整体发展。"清华控股董事长徐井宏如是说。

后　记

科技金融是一个前沿领域，政策、市场都在快速变化，因此《共赢》一书的写作、编辑工作持续了一年之久，凝聚了来自各方的支持和帮助，一路走来心存感激。

首先本书的编撰出版得到了社会各界的大力关怀和重视，在此表示衷心的感谢和由衷的敬意。特别感谢国务院发展研究中心、科技部、教育部、清华大学、中关村科技园区管委会等相关部门给予的支持。

本书的编写，得到了许多国内外行业专家的支持，在提供相关资料、专业意见的同时，专家们认真负责的精神和工作态度，也极大地鼓励了我们。特别是，科技部、国务院发展研究中心在全书的框架、研究视角以及案例选择上给予了专业的指导，在此对赵昌文老师、沈文京老师、陈道富老师表示衷心的感谢；北京银行小企业事业部、中关村分行在我们选题立意、资料搜集、内容撰写等方面提供了大量帮助，在此对北京银行王晓宁、中关村分行付东晖的参与和指导表示感谢。

此外，清华产业内战斗在科技金融一线的团队，为本书提供了大量的资料和案例，在此感谢清控资产管理有限公司、启迪控股有限公司、清控科创控股有限公司、盛景网联科技股份有限公司的支持。不能尽述，在此一并表示诚挚的感谢。

同时，我们还要感谢清华大学出版社的编辑和老师为本书顺利出版所付出的辛勤努力。

从《转型》到《聚合》，再到《共赢》，希望广大读者对区域创新、创新服务和科技金融有所审视和收获。在此，感谢您的阅读，也欢迎广大读者将宝贵意见反馈给我们。

《共赢》编委会

2016.9.19